高等院校立体化创新系列教材·外国语言文学及文化系列

跨文化交际教程
Intercultural Communication

主编 郭继荣 龙 湛
编者（按姓氏笔画）
车向前 李蓓岚
张莉娟 蒋 飞

西安交通大学出版社
XI'AN JIAOTONG UNIVERSITY PRESS

图书在版编目(CIP)数据

跨文化交际教程 / 郭继荣,龙湛主编. —西安:西安交通大学出版社,2022.4
ISBN 978-7-5693-1698-8

Ⅰ.①跨… Ⅱ.①郭… ②龙… Ⅲ.①文化交流-教材 Ⅳ.①G115

中国版本图书馆 CIP 数据核字(2021)第 075569 号

书　　名	跨文化交际教程 KUWENHUA JIAOJI JIAOCHENG
主　　编	郭继荣　龙　湛
责任编辑	李　蕊
责任校对	张静静
封面设计	伍　胜
出版发行	西安交通大学出版社 (西安市兴庆南路1号　邮政编码 710048)
网　　址	http://www.xjtupress.com
电　　话	(029)82668357　82667874(市场营销中心) (029)82668315(总编办)
传　　真	(029)82668280
印　　刷	西安五星印刷有限公司
开　　本	710 mm×1000 mm　1/16　印张 13　字数 214千字
版次印次	2022年4月第1版　2022年4月第1次印刷
书　　号	ISBN 978-7-5693-1698-8
定　　价	55.00元

如发现印装质量问题,请与本社市场营销中心联系。
订购热线:(029)82665248　82667874
投稿热线:(029)82668531

版权所有　侵权必究

前 言

全球化的加速凸显了文化差异、文化互动和文化交融对人类社会发展的意义。美国著名神学家、思想家雷茵霍尔德·尼布尔（Reinhold Niebuhr）说："请赐我智慧，以理解不同于我的"(Grant me the Wisdom to know the difference)。跨文化交际关注的正是这种如何"理解不同于我的"文化的智慧：它将理解异质文化背景下的沟通方式及其与各自所在语境和信念系统的关联作为不变的学术旨趣，将文化间的交流、交叉作为本学科最基本、最根本的研究内容。当今时代的发展，使这种异质文化中的人与人、族群与族群、国家与国家之间的交往互动与信息传播的研究显得愈发重要，也推动研究者们不断开辟跨文化研究的新领域。本书正是基于这一背景，阐释跨文化理论，介绍跨文化方法，探究跨文化研究新的可能性，以期为展开在跨越广阔区域的文化变化的因果关系的研究中，做出有益的引导和必要的探索。

跨文化研究自20世纪80年代引入中国以来，经历了迅猛发展，特别是随着全球化进程的加快和"一带一路"倡议等国家重大方针政策的施行，国内跨文化交际相关研究更是呈现出了勃勃生机。然而目前已开展的大量研究依然集中在如管理、教学等微观言语行为层次的探索上，忽略了跨文化研究内涵开阔且涉及多学科多领域的特点。事实上跨文化研究与一般研究最大的不同，就在于它姓"跨"。因为姓"跨"，所以要求研究者要熟知至少两种语言和文化，要对交流或者对话的双方/多方的文化有比较到位的把握；因为姓"跨"，所以要求研究者要有开放的眼光和开阔的视野，以视域融合的意识提出更加复杂的互动性视域设想，因此不能拒绝使用有用的理论与方法,特别是不能拒绝与哲学、历史学、社会学、情报学、语言学等其他学科的联手与合作。跨文化研究也需要"顶天立地"的意识。"顶天"者,即既要有理论意识,注重对理论形态研究范式的不断反思,实现观念、方法、框架上的创新,又需有宏观大局意识,围绕重大选题进行研究。"立地"者,即接地气,关注文化对话实践中的具体问题,以多元文明交互为主线来解释人类历史的传统范式、审视人类发展中的新情况、新问题,同时也要特别注重对接国家社会的重大战略需求。

本着这些理解,本书首先关注跨文化交际研究涉及的基础概念与命题、基本方法,因此,本书详细介绍和阐释了处理文化冲突、文化认同、文化适应、共文化、人类文化通性与差异性文化等具有普遍性和整体性意义的根本问题的相关理论,力图构建一种具有一定深度和广度的知识框架与系统来充分理解跨文化交际实践。因为理论的发展需要不断地调整观察过去的视角,以拓宽领域和加深认识,在此基础上,本书特别强调跨文化研究如何超越传统研究的局限而获得更广阔的视角,探索跨文化交际研究新的视阈融合之可能性,即在"一带一路"倡议、中国文化"走出去"等背景下,探讨跨文化交际与翻译等领域如何结合、有何作为的问题。这些论说力求对现有的研究进行吸收、融合,内容看似抽象,其实处处踏在跨文化交流之中。本书的主编、编者及责任编辑在多次探讨中共同勾画了一个较高层次的跨文化研究愿景:透过对跨文化理论之"道"的阐释和"跨"学科之"术"的实践,使读者依据思想之差异和文化之距离成全更有启发意义的视角、激发独特的思考,以道御术,为推进跨文化交际与传播研究的纵深发展添砖加瓦。

本书既可作为跨文化交际、传播等相关领域硕、博士教学的基础教材,也可作为有一定基础的文化研究爱好者的读物。书稿由西安交通大学外国语学院跨文化研究中心负责规划和撰写,郭继荣、龙湛主编。参与编写的有(以姓氏笔画为序)车向前、李蓓岚、张莉娟、蒋飞等。全书由郭继荣、龙湛负责统稿。本书在编写过程中,得到了西安交通大学外国语学院领导及老师的大力支持和积极帮助,在此谨表诚挚感谢。此外,本书借鉴、参阅和引用了国内外同行的研究成果,在此一并对这些研究者表示深深谢意。

限于编者的水平、前期积累及其他客观原因,本书难免有疏漏、不当之处,诚恳希望同行专家和广大读者不吝赐教,予以批评指正。

编　者

2021 年 12 月

目 录

第一章 跨文化交际绪论 /1

第一节 文化、交际与语言 /1

第二节 跨文化交际与文化的深层结构 /24

第二章 文化模式模型 /37

第一节 文化模式研究 /37

第二节 文化模式理论模型 /39

第三章 共文化交际理论 /53

第一节 理论提出及相关概念厘析 /53

第二节 共文化交际理论 /55

第三节 国内外共文化理论相关研究及实践 /61

第四节 共文化理论未来研究与发展方向 /68

第四章 身份认同与文化认同理论 /73

第一节 身份认同、文化认同、民族认同与国家认同 /73

第二节 交际认同理论 /83

第三节 文化认同理论 /87

第四节 身份协商理论 /93

第五章 文化冲突与跨文化适应 /99

第一节 跨文化冲突理论 /99

第二节 跨文化适应理论 /115

第三节 跨文化适应综合理论 /123

第六章 跨文化交际研究方法 /132

第一节 跨文化研究方法概述 /132

第二节 跨文化交际研究方法 /135

第七章 跨文化传播研究 /158

第一节 跨文化与传播学概述 /158

第二节 文化霸权与话语权 /167

第三节 中国国家形象的对外传播 /175

第四节 中国文化"走出去"研究 /181

附录 参考资料 / 183

第一章

跨文化交际绪论

第一节 文化、交际与语言

一、关于文化的概念

"文化"是一个含义极广的概念,由于其内涵和外延的不确定性,导致这一概念的定义学者们历来莫衷一是。"文化"一词的首次出现,最早可追溯到西汉。刘向《说苑·指武》中有这样几句话:"圣人之治天一,先文德而后武务。凡武之兴,为不服也,文化不改,然后加诛。"这里所说的"文化"是与"武力"相对的教化。更早在《易·贲卦》(《象传》)中也有这样的句子:"观乎天文,以察时变;观乎人文,以化成天下。"句中所谓"人文""化成",孔颖达在《周易正义》中解释其包含两个内容:一是指典籍,一是指礼仪风俗。这样,"文化"一词在古代的含义,当指文治教化、礼乐典章,这一认识一直延续至近代。然而我们今天使用的"文化"一词,其含义与古代不尽相同,它是 19 世纪末期从西方引进的。当时,人们并没有专门为它下过定义,只是根据自己的需要和理解去使用它。

"文化"一词,英文、法文都写作 culture,其词源是从拉丁文演化来的,拉丁文 cultura 含有耕种、居住、练习、留心或注意等义项。19 世纪中叶,一些新的人文学科,如人类学、社会学、民族学等,在西方兴起,文化的概念从而发生了变化,逐步成为概括以上新兴学科的、具有现代色彩的重要术语。最早把文化作为专门术语来使用的,是被称为"人类学之父"的英国人泰勒(E. B. Tylor),他在 1871 年出版的《原始文化》一书中给文化下了定义:"文化是一个复杂的总体,包括知识、信仰、艺术、道德、法律、风俗,以及人类在社会里所得的一切能力与习惯。"

自此以后,不少西方学者纷纷给文化下定义,以致关于文化的定义有上千种之多。

在中国,"文化"一词的含义也十分广泛,读书、写字、修养、文学、艺术、文博、图书、考古、民俗、礼仪、民族、宗教等,都可称作文化。如此说来,"文化"的含义似乎有些不可捉摸。但有趣的是,模糊语言往往同样能够准确地表达事物。比如"文化"这一概念,与其试图精确地界定其内涵、外延,不如从集合的角度对这一概念的范围做一个限制。这样,人们将发现,文化虽然看似包罗万象,但正如很多专家赞同的那样,大致可归纳出三个方面的含义,即观念形态、精神产品、生活方式,包括人们的世界观、思维方式、宗教信仰、心理特征、价值观念、道德标准、认知能力,以及一些虽然从形式上看起来是物质的东西,但透过物质形式,却能够反映人们观念上的差异和变化的一切精神的物化产品。此外,"文化"还包括人们的衣食住行、婚丧嫁娶、生老病死、家庭生活、社会生活等诸多因素。需要说明的是,构成文化的各因素之间有着千丝万缕的相互联系,人们学习和研究文化,必须将其作为一个有机整体,不仅要考察它内部的各构成因素,更要努力探寻它们之间的内在联系。

众所周知,中华民族之所以是一个伟大的民族,就在于它在改造自然世界、创造物质财富的同时,还创造了辉煌灿烂的文化,为世界人类的进步和发展作出了巨大的贡献,中国文化的许多成分具有世界性的意义。中国传统文化有着强大的生命力,它既深刻地影响着中华民族,也影响着世界。越是处于中西方文化碰撞交融的时代,我们越是有必要认真研究我们的传统文化,同时,也要认真地研究西方文化。我们必须用开放的眼光和科学的态度去整理和研究我们自己的文化遗产,描绘其真实面貌,弘扬其优秀内核,进一步发展自己的民族文化,只有这样,才可能参与国际文化的交流和竞争。

1.1 两个"文化"的概念

提到文化,可以列举出一大串的名词,有新文化、旧文化,有古代文化、传统文化、现代文化、前卫文化,还有主流文化、非主流文化,有民族文化、部落文化、家族文化,有饮食文化、服装文化、花鸟文化、建筑文化,有城市文化、社区文化、街道文化,现如今又有了企业文化、家庭文化、网络文化,等等。

非严格意义上,它们都可以叫作文化,但这些只是"所谓"的文化,说到底,仅仅是文化的"创造",商业的炒作,并不是文化自身。真正的文化,是深深植根于历史过程中的,被这个历史传承的(包括自觉的或不自觉的),并且客观地存在于人与自然世界、社会关系中那些相对稳定而非易变的,被人类的自觉意识发现并经常应用于生活中的、具有规律性的东西。梁启超认为,文化者,人类心能所开释出来之有价值的共业也。易言之,凡人类心所能开创、历代积累起来、有助于正德、利用厚生之物质和精神的一切共同的业绩都被称为文化。

文化是一个范围很广,使用频率很高的词。学界将文化进行了初步区分,分为广义文化和狭义文化。广义文化(Culture),又称学术文化(academic culture),包括物质文明和人类思维的所有产物。狭义文化(culture)又称人类学文化(anthropological culture),注重人类精神创造的活动及成果,指人们的生活方式和行为模式。本书中涉及的文化定义均指狭义文化。狭义的"文化"排除人类社会以及历史生活中关于物质创造活动及其结果的部分,专注于精神创造活动及其结果,所以又被称作"小文化"。

在汉语言系统中,"文化"的本义是"以文教化",亦属于"小文化"范畴。《现代汉语词典》关于"文化"的释义为,"人类在社会历史发展过程中所创造的物质财富和精神财富的总和,特指精神财富",当属狭义文化。一般而言,凡涉及精神创造领域的文化现象,均属狭义文化。以下列举几个文化的典型定义。

早在1952年,克罗伯(Kroeber)和克拉克洪(Kluckhohn)在人类学的文献里就收集到164个文化定义。随着时代的发展和研究的深入,目前中外学者对于文化的定义已经多到不胜枚举。其中最有影响力的,涵盖面最广,引述最多的定义依然是人类学家泰勒于1871年在他的《原始文化》一书中提出的定义:"所谓文化和文明乃是包括知识、信仰、艺术、道德、法律、习俗以及包括作为社会成员的个人而获得的其他任何能力、习惯在内的一种综合体"(Tylor,1871)。这一定义强调的不是具体的实物,而是知识、能力、习惯等。

社会语言学家古迪纳夫(Goodenough)在1957年给出的定义也是跨文化交际领域里较为著名的,他认为文化是"由人们为了使自己的活动方式被社会的其他成员所接受,所必须知晓和相信的一切组成。作为人们不得不学习的一种有别于生物遗传的东西,文化必须由学习的终端产品——知识——就这一术语最宽泛的意义来说——组成"。古迪纳夫的定义强调知识是文化的组成,是社会的产物。

克拉克洪和凯莉(Kelly)提出的简明定义是:"文化是历史上所创造的生存式样的系统,既包含显性式样又包含隐性式样;它具有为整个群体共享的倾向,或是在一定时期中为群体的特定部分所共享"。这个定义强调了文化的社会属性和文化的群体属性以及文化的形式多样等。

克拉克洪还有一个关于文化的定义是:"所谓文化指的是历史上创造的所有的生活样式,包括显性的和隐性的,包括合理的、不合理的以及谈不上是合理的或不合理的一切,它们在某一时期作为人们行为的潜在指南而存在。"这个定义指明文化是人们行动的指南,及文化具有相对性的特点。

从以上定义可以看出,文化是通过人的活动创造而成的,是社会和历史的产物;文化包含的范围很广,既包括精神生活如知识、信仰、习俗等,也包括物质生活;文化是后天习得的,而非生来就有的;文化是指导人们生活的。

1.2 文化的特征

文化是后天习得的,这是文化最重要的特征。一个人具有的文化特征不是由民族或种族决定的,而是取决于这个人生活的文化环境的。在生活中寻找事物意义的能力是在前人经验的基础上学习的。

1)文化适应(enculturation)。文化适应指学习某种文化的整个过程,是个人有意识或无意识在某一特定文化中获得的能力。如吃饭用左手还是右手,用筷子还是刀叉,等等,都是文化适应的结果。

2)通过谚语、民间故事、神话和传说学习文化。由于人类的共性,谚语、民间故事及传说也具有普遍的价值观,如勤奋、节俭、善良等。但也有数量可观的谚语和故事传递着不同的文化内涵,如"天助自助者""人命天注定""纪律等于一半的生命",这几句话所反映的文化观念有很大不同。有的民间故事强调责任和义务,有的神话故事强调个体主义,这也是不同文化的反映。谚语、民间故事、神话和传说涵盖了文化的各个方面,是传承文化的有力工具,是学习文化的重要途径。

3)通过艺术学习文化。艺术既是对美的创造性表达,也是对文化的传达。有的艺术风格强调自然之美,有的艺术风格强调精神层面的感悟,有的艺术风格强调宗教的影响,有的艺术风格强调人文主义。建筑风格的差异也反映其不同的文化特点。艺术能够反映不同文化的价值观念、宗教信仰和历史记忆。

4)通过大众传媒学习文化。大众传媒在人们的生活中扮演着重要角色。大众传媒是主要信息来源,影响并强化着社会主流价值观。大众传媒所反映的社会经历,会成为人际交往的话题并对人们的社会生活产生影响。

概括来说,文化不是天生的,而是后天习得的,习得文化有多种形式,如文化适应、谚语、民间故事、神话、传说、艺术等。文化传播有多种方式,如家庭、朋友、学校、媒体等。

文化具有代代传承的性质。在没有文字的社会里,人们的经验、知识、信仰、观念等,凭借口头及图画的方式传承;在有文字的社会里,通过著作、法规、文学、艺术等进行文化传承。一种文化要延续,就必须保证它的关键信息和元素得以共享,并传递给下一代,任何一个社会的文化都包含了历史文化的积淀。文化的代代传承是通过交际实现的。

文化是以符号为基础的。符号是同一文化背景下人们用来指代特殊意义的任何东西。语言、手势、图片、书籍、旗帜、视频等都是符号。不同文化中,符号的意义有很大差别。人们在交际中,常常会无意识地使用一些非言语符号,有时对交际产生积极效果,有时会给交际带来误解或障碍。

文化内容中的大部分是不自觉的,存在于人的潜意识层面。日常行动中,人们往往感受不到文化的支配作用,只有在与不同文化接触时,人们才会认识到自己的文化是什么。

克拉克洪指出文化中有的部分是显性的,有的部分是隐性的。文化冰山理论常被用来解释这一特点,人们能够看到的只是它的一小部分,看不到的却是大部分,能够看到的小部分是显性文化或表层文化(surface culture),看不到的大部分是隐性文化或深层文化(deep culture)。显性文化包括服饰、音乐、食物、建筑、文学艺术作品等。隐性文化则包括人的信仰、看法、世界观和价值观,等等。显性文化容易看到,也容易改变,而大部分的隐性文化却是看不见摸不着的,但潜移默化地影响人们的行为,并具有相对的稳定性。

文化是动态的。文化是一个不断发展变化的创新过程。文化的动态变化有三种方式:创新、扩散和同化。1)创新:创新是对新技术、新工具和新观念的探索,使文化中的成员能够逐渐接受并略微改变社会习惯和行为的过程。比如,科技的创新逐渐改变了人们的卫生习惯、社交习惯等,进而逐渐影响到人们的生活方式。2)扩散:扩散指一种文化对另一种文化的借用,是变化的另一种机制。从历史上看,只要文化存在,扩散就存在于不同文化的接触之中。比如,通过丝绸之路,西方的人们穿上了丝绸服装,用瓷器插花、品茶,东方的人们用上了玻璃制品,吃到蕃茄和胡萝卜,这便是文化的扩散。3)同化:同化是文化变化的另一种类型,由于受主流文化的影响,另一种与之接触的文化会因此发生剧烈变化的过程。如大量移民的涌入,两种及以上文化的快速融合,是文化的同化过程。文化通过创新、扩散和同化,实现了文化的动态发展变化。

人们一方面看到文化不是静态的,而是易于波动的,另一方面也应看到,文化的动态性是有规律的。经常改变的、容易改变的是人类的初级行为,如服饰、饮食习惯、交通方式和居住方式等,属于表层文化的内容;而人们的伦理、道德、工作和休闲观念以及宗教信仰等深层文化却不会轻易改变,即文化的深层结构拒绝根本性改变。

文化具有相互关联的特性,是一个完整的系统。爱德华·T.霍尔(Edward T. Hall)曾经说过:"如果触及文化的一个部分,任何其他部分都会受到影响"(Hall,1976)。正所谓:牵一发而动全身。文化中各部分的相互作用是相当重要的。文化的各部分必须合理地加以整合,才能使它们形成合力,发挥适当的功能。

文化具有种族中心性。种族中心主义是人类交际过程中的普遍现象。人们总会无意识地用自己的文化习惯和价值观去评价和解释别人的行为。比如,与异国文化相比,通常人们会认为本国的食物是最有营养的,语言是最美的,教育观念是最科学的,宗教信仰是最合理的,等等。种族中心主义是跨文化交际的最主要障碍。严重时,会带来文化冲突。

文化具有适应性的特征。从历史上看,文化会因为法律或价值观的变迁、自然灾害或战争而变化。正是由于其适应性的特点,这些文化才能与时俱进地得到发展,拥有强大的生命力而不至于消亡。

综上所述,文化具有后天习得性,能够代代相传,文化是基于符号的。文化内容的大部分是不自觉的,能够区分显性文化和隐性文化。文化是动态的,通过创新、扩散和同化的方式发展变化。文化是一个完整的系统,具有相互关联的特性。同时,文化又具有种族中心性和适应性。

1.3 主导文化和群体文化

世界上大多数社会都存在着诸多的群体或社团,这些群体或社团共享一些文化系统,如地域、世界观、价值观、历史及生活方式,称之为某一文化或某一交际文化。在这一文化或交际文化之下有主导文化和群体文化之分。

通常状况下,某一个群体所代表的文化,如中国文化、美国文化、印度文化等,实际指的是这群人所在社会的主导文化(dominant culture)。其他类似的术语还有"保护伞文化"(umbrella culture)和"主流文化"(mainstream culture)。目前较常使用"主导文化"这一术语,因为它意味着该文化在社会中的强势地位。其强势地位主要表现在其对文化公共机构的掌控中,如教堂、政府、教育机构、军队、大众传媒、金融机构等。这一群体处于文化的中心,因为他们有权决定并操纵这些公共机构的内容和信息流向。所有文化都由一个主导群体引导,在感知方式、交际方式、信仰和价值观等方面产生重要影响,因此当仁不让地成为这一社会的主导文化。

群体文化(ethnic culture),又称亚文化(sub-culture),是指存在于某一主导文化之中的某种少数群体文化,群体文化的行为模式有别于主导文化的行为模式。有时,群体文化的形成也可以建立在共同的民族、种族背景、年龄、性别等基础之上,如老年人群体文化、青少年群体文化、女性群体文化等。

二、关于交际的概念

从已有文献来看,目前对于交际(communication)的定义远远超过 100 个。不同学者将它译为"交际""传播"或"沟通"。涉及大众传媒领域时,多使用"传播";涉及文化交往和人际交往时,多使用"沟通"或"交际"。在本书中,这几个术语都有所涉及,如在跨文化舆情部分,采用的是其"沟通"含义;在跨文化传播学部分,采用的是其"传播"含义;在涉及文化与人员交往时,采用的是其"交际"含义。不同术语的选择恰恰反映了 communication 一词的丰富内涵。

交际,或传播,可被定义为"在人类交往中使用符号来创造并表达意义的一个动态、系统的过程"(Wood,1994)。交际具有符号性,语言、手势、声音、表情、图画,以及建筑等都是符号,在交际中都能传达并反映意义。交际是一个动态的过程,因为交际的状态不是静止的,会因时因地而变化。时代的变迁也会给人们的交际方式带来变化。交际是系统的,不能孤立存在。交际必须放入特定的环境中综合考虑,尤其是文化背景。交往规则、价值观、行为方式、传统、禁忌和习俗都会极大地影响人们的交际行为与效果。

2.1 交际的特征

交际是一个编码解码过程。编码是指信息的发送方把思想、感情、意图等编成言语码或非言语码的过程;而解码则是信息的接收方对这一编码的意义进行解读的过程。解读过程往往是对编码者意图的推断和猜测。在相同语言及文化背景下,解码过程相对容易,沟通相对有效,但即便如此也避免不了交际失误的发生。不同语言与文化背景下的交际,交际失误的可能性会极大地增加。

交际行为是社会行为,容易受到社会中诸多因素的影响和制约。经济发展水平、年龄结构、性别差异、价值观、文化取向等,都会对人们的交际行为产生直接或间接的影响。不同的背景因素带来不同的信息量,不同社会背景下的人们对这些信息量的不同解读,容易造成交际双方编码与解码过程的不对等。

交际中人们有共性与差异性。在跨文化交际中,关注重点总是不同文化间的差异,如服饰差异、饮食习惯差异、语言差异、宗教差异、价值观差异、行为方式差异等。由此带给人们的误解常常是:不同文化间差异是主流。但其实,即使文化不同,全世界人类都存在普遍共性,人类的共性能够超越文化差异而存在。人类的共性表现在:1)人类的物理、化学性质存在诸多共性。尽管种族、民族、肤色各有不同,人类依然具有相似的体貌特征、相似的解剖结构,组成人类的基本化学结构也相同。2)寻求精神愉悦和逃离精神创伤是人类的共同追求。马斯洛的需求层次理论具有普遍适用性。实现自我价值的需求是人们对精神愉悦追求的反映。不同文化中,人们对于"自我"的认同也大体类似,如自尊、自负、羡慕等精神特征是全人类共有的。3)家庭是人类的普遍认知。不同文化的人们大都是在家庭中长大,寻求伴侣,渴望爱与关怀。4)不同文化中的人都面对着相同的基本哲学问题并试图寻找答案。如生命是有限的,人们对生命与死亡的探寻;人的一生都在主动或被动地做抉择;如何赋予世界意义。而自由与安全是人类的共同向往,期待世界和平是全世界人类的共同愿景。这些共性是超越文化差异而存在的。即使语言不通,文化各异,对于人类共性的追求是不同文化中的人们交际成功的根本所在。

2.2 交际的类型

交际可以分为自我交际、人际交流、组织交际、大众传播和跨文化交际。

自我交际(intrapersonal communication)指的是一个人在头脑中进行的交流或自言自语。由于这种交流同样包含意义的发送与接收,因此也公认为是交际的一种类型。

人际交流(interpersonal communication)是指两个人或两个人以上的信息交流,如两个人之间的交谈、小组讨论、大会发言等都可以被界定为人际交流。

组织交际(organizational communication)是指在学校、公司、工厂、机关、军队、党派、社会团体内的交际。学校内部的通知、公司内部的通报或产品演示、社会团体的宣传都是组织交际。

大众传播(mass communication)是指职业化的传播机构利用相关技术手段

向不特定的多数人传递信息的行为或过程,通常包括报纸杂志、广播电视、互联网等多种信息发布、社交、自媒体传播等方式。大众传播具有信息传播快速、广泛的特点。

跨文化交际(intercultural/cross-cultural communication)指的是两种交际类型,但在汉语中都被译为跨文化交际。区别在于:intercultural communication 指的是具有不同文化类型的人际间的交流,侧重于人与人的交际活动;而 cross-cultural communication 指的是不同文化类型的比较,侧重文化类型对比研究,通常提供跨文化人际交往的理论依据。有时为了方便区分,常将后者称为跨文化交际学。

三、关于语言的概念

为了证明语言的多样性和复杂性,本书罗列了从 19 世纪初至今,近 200 年间一些比较权威的关于语言问题的代表性观点,共计 68 条。

1) 列宁:"语言是人类最重要的交际工具"(列宁,1916:822)。

2) 张世禄:"语言是用声音来表达思想的。语言有两方面,思想是它的内容,声音是它的外形;人类所以需要语言,因为有了思想,不能不把它表达出来。这是根据人类的表现性(instinct of expression)的"(张世禄,1930:10)。

3) 吕叔湘:"语言是什么?就是我们嘴里说的话……说话的效用受两种限制,空间和时间。这两种限制都可以拿文字来突破……可是一般地说起来,文字只是语言的代用品,只是语言的记录"(吕叔湘,1982:1)。"语言是什么?语言就是人们说的话(用文字把话写下来,当然还是语言)"(吕叔湘,1983a:1)。

4) 王力:"什么是语言?语言是表达思想或情感的工具。……人类最普通的语言是用口说的,可以称为口语,也就是狭义的语言。口语虽然便利,但是不能传远或传久,于是开化的或半开化的民族又创造文字来代替口语。文字也是语言的一种,可称为书写的语言,或文语"(王力,1985:21)。

5) 倪海曙:"我们平常口头上所说的语言或言语,都是口头上的说话;但是语言学上的所谓语言,至少包含有三种东西:态势语、声音语、文字语"(倪海曙,1984:5)。

6) 斯大林:"语言是工具、手段,人们利用它来互相交际,交流思想,达到相互了解"(斯大林,1953:20)。

7) 高名凯、石安石:"从语言本身的结构来说,语言是由词汇和语法构成的系统……这个系统中的每个成分即每个语言成分都是由声音和意义两个方面构成的。""就语言的基本职能来说,语言首先是交际工具……而且是思维工具"(高名凯、石安石,1963:16-17,28-34)。

8)赵元任:"语言是人跟人互通信息,用发音器官发出来的、成系统的行为方式"(赵元任,2003:2)。

9)北京大学《语言学纲要》教材:"语言是人类最重要的交际工具。……语言是思维工具,也是认识成果的贮存所"(叶蜚声、徐通锵,1981:15,16)。

10)王希杰:"语言是一种社会现象……语言区别于其他社会现象的专门的特点是:(1)它是作为人们交际的工具、作为人们交流思想的工具来为社会服务的;(2)它是作为人们的思维工具来为社会服务的。……就语言自身而言,它是由语音和语义结合而成、由词汇和语法所构成的符号系统。语言这个符号系统区别于其他符号系统——如:红绿灯、旗语、代数符号等——的特点是:社会性、复杂性、生成性"(王希杰,1983:116-117)。

11)陈原:"语言是一种社会现象。语言是人类最重要的交际工具。语言是人的思想的直接现实"(陈原,1984:3)。

12)《语言学概要》教材:"交际功能是语言基本的社会功能,其他如思维工具的功能,表情达意的功能,都是交际工具的派生物"(刘伶等,1984:18)。

13)《简明语言学词典》:"语言是人类特有的交际工具、思维工具,也是人类特有的一种信息工具。语言结构本身是个音义结合的符号系统"(王今铮等,1984:428)。

14)胡明扬:"语言是一种作为社会交际工具的符号系统"(胡明扬,1985:5)。

15)张静:"语言是音义结合的全民交际工具。在这个定义里揭示了语言的三种性质:社会性、全民性、体系性"(张静,1985:1)。

16)《简明不列颠百科全书》:"每一个生理和智力正常的人自幼就作为说话者和听话者掌握了一套使用有声交际系统的能力,用以传递信息、表达情感和影响他人的活动,并使自己在与他人的关系中采取相应的态度"(中美联合编审委员会,1986:238)。

17)《语言学辞典》:"语言是人类最重要的交际工具,由语音、词汇、语法构成的体系"(陈新雄等,1989:291)。

18)申小龙:"说到底,语言不仅仅是一个交际工具或符号系统,语言本质上是一个民族的意义体系和价值系统,是一个民族的世界观"(申小龙,1990:76)。

19)《语言学百科词典》:"语言:作为人类交际工具的音义结合的符号系统"(戚雨村等,1993:444)。

20)徐通锵:"从语言的性质来说,它是现实的一种编码体系;从功能来说,它是人类最重要的交际工具,而所谓'交际',其实质就是交流对现实的认知"(徐通锵,1997:21)。

21)洪堡特:"从真正的本质上来看,语言是一件持久的事物,在每一个瞬间都稍纵即逝,即使通过文字保存下来的,也只是不完整的、木乃伊式的东西,只在描述当前话语时才重新需要。语言本身绝非产品(Ergon),而是一个活动过程(Energeia)。……把语言表述为'精神作品',这个术语完全正确,非常充分,因为这里所说的精神只是且只能被理解为一个活动过程"(Humboldt,1836:49)。

22)缪勒:"动物与人类之间的最大障碍是语言。人会说话,而至今没有什么动物说过话。""语言中所有正式的东西都是理性组合的结果,所有基本的东西都是精神本能的成果"(Müller,1861:14,40)。

23)施莱赫尔:"语言是天然的有机体,它们完全不受人类意志的支配,它们根据一定的规律自发地产生和发展,它们会变老,也会死亡。它们会受到我们称之为'生命'的一系列现象的制约。因而,语言科学是一门关于自然的科学,它的研究方法也同研究其他自然科学基本上一样"(Schleicher,1863:20—21)。

24)辉特尼:"语言是获得的能力,文化的组成部分,为人类普遍具有,也只有人类才有。语言与人类其他表达手段的区别:语言需要产生的直接动因是交际,这是语言史上自觉的、并起决定作用的因素"(Whitney,1875:291)。

25)赛厄斯:"语言既表达思想,又创造思想,因而一部语言史同时也就是一部人类思想史"(Sayce,1880:57)。"语言是有意义的声音,思想的体现和外在表现,尽管是不完备的"(Sayce,1880:132)。

26)斯威特:"语言通过把语音组成词来表达概念,把词组成句子来表达思想。……各种语言的语音或语音系统不同,组词造句表达的意义也不同"(Sweet,1892:6)。

27)鲍阿斯:"如果说人种学是研究人们精神生活现象的科学,那么,作为精神生活一个最重要表现的人类语言就自然而然地属于人种学的研究范围,除非能说出特别的理由不这样做"(Hymes,1964:17)。

28)铎查:"语言是思维的工具;语言是社会产品;语言是语音的集合;语言是

用文字记录的"(Dauzat,1912:9)。

29)索绪尔:"语言是一种自足的结构系统,同时又是一种分类的原则"(Saussure,1916:25)。

30)萨匹尔:"语言是人类特有的、非本能的一种方式,借助于自身创造的一种符号体系,用来交流意见、感情和愿望,这种符号首先是听觉上的,是通过所谓'发音器官'发出来的"(Sapir,1921:8)。

31)马林诺斯基:"语言的最原始功能是作为行为方式,而不是思想的对应记号"(Malinowsky,1923:296)。

32)房德里耶斯:"语言是工具,同时又是思维的辅助形式,它使人类既能了解自己,又可彼此交流,从而形成了社会"(Vendryes,1925:1)。

33)伏罗希诺夫:"语言是说话人用口语进行社会交际的一个持续的、能产的过程"(Volosinov,1929:98)。

34)刘易斯:"语言是一种活动形式,可能是人类最重要的一种行为模式"(Lewis,1936:5)。

35)弗斯:"我们总觉得语言就是表达感情或交流思想的工具,这个轻率的定义对于活生生的事实来说真是太简单化了。言语行为涉及整个社会组织,还必须把日常生活中周而复始的情形考虑进去"(Firth,1937:153)。

36)沃尔夫:"每种语言都是与他种语言各不相同的形式系统,其形式与范畴都由其文化所规定,人们不仅利用语言进行交际,还利用它来分析外部世界,对各类关系、现象或关注或漠视,从而理清思路,并由此建立起他自身的意识大厦"(Whorf,1941:252)。

37)布龙菲尔德:"语言社团内部的人们通过语言进行合作,语言弥补了不同的人们在神经系统上的差距,对语言社团中某一个人的刺激,可能会引起另一个人的反应行为。语言把个别的人凝聚成社会的有机整体"(Bloomfield,1942:267)。

38)布洛克、特雷杰:"语言是社会集团内部用来协调一致的一个任意的有声符号系统"(Bloch & Trager,1942:5)。

39)叶斯柏森:"在研究前人说法的过程中使我们明白了如下几点,这是要了解什么是语言所绝对不应该忘记的:个人的某种瞬间行为——这些行为与同一个人以前的行为间的一致,个人的习惯——某个人的习惯与其他人的习惯的一致。最后的这种一致是通过通常说的模仿来实现的,这是使某种个人行为或个人习惯成为一群人的行为或习惯、成为大大小小的社团的共同行为或习惯,亦即使之社会化的基本条件。因而,一头是行为——习惯——模仿,一头是个人——较小的圈子——较大的圈子,语言的生命就全在那儿了"(Jespersen,1946:23-24)。

40)克拉克洪:"每一种语言都不仅仅是交流信息和观点的手段,都不仅仅是表达感情、泄发情绪,或者指令别人做事的工具。每种语言其实都是一种观察世界以及解释经验的特殊方式,在每种不同的语言里所包含的其实是一整套对世界和对人生的无意识的解释"(Kluckhohn,1949)。

41)考比:"我们可以在语言基本的信息功能的基础上,再区别出另外两种功能,分别叫作表情功能和指示功能"(Copi,1953)。

42)乔姆斯基:"语言是一组有限或无限的句子的集合,其中每一个句子的长度都有限,并且由一组有限的成分构成"(Chomsky,1957:13)。

43)古迪纳夫:"事实上,我们可以用给文化下定义的完全相同的术语来给语言下定义。语言就是人们为了彼此充分交流而必须知道的一切,并且采用彼此所能接受的方式"(Goodenough,1957)。

44)波特:"有效的语言总是交互的,它首先是一种交际工具,由一套任意性的语音系统或模式组成,用来传递、并与他人分享自己的思想、感情和愿望"(Potter,1960:12)。

45)卡雷尔:"语言是任意性的声音和声音系列所组成的结构系统,用来在某一人类社团内部进行人际交流,它还可以相当完备地记录事物、事件和人类生活环境的其他种种"(Carrell,961:10)。

46)叶尔姆斯列夫:"语言是人类形成思想、感情、情绪、志向、愿望和行为的工具,是影响他人和受他人影响的工具,是人类社会最终和最深层的基础,同时也是人类个人最终和不可缺少的维持者,使他在孤独的时刻、在因生存和搏斗而心力交瘁的时刻,能独自沉浸在诗歌或思考中得到解脱"(Hjelmslev,1961:3)。

47)马丁内:"语言是一种交际手段,不同语言社团的人依此把自身的经验分析成音义结合的'语子'(潘文国按:monemes,马丁内自创的术语,类似于一般说的'语素')。而语子的语音形式可以进一步分析成有区别性和连续性的发音单位音位。特定语言的音位数是固定的,各种语言中音位的性质和彼此的关系并不相同"(Martinet,1962:26)。

48)罗宾斯:"语言通过两条途径接触世界。说话利用人体的某些器官、空气的物理性质和耳朵的生理特性;书写则利用平面上的可视记号及眼睛的生理特性"(Robins,1964:13)。

49)韩礼德等:"语言是人类在社会中的一种活动方式,具有可以类型化的特点"(Halliday et al.,1964:4)。

50)本弗尼斯特:"语言是一个系统,其中任何东西的本身毫不重要,其重要性在于作为某种类型的成分,它们的'意义'或功能是结构赋予的。交际可以无限制地进行的原因也在于此:因为语言是有系统的组织起来并按照编码规则运作的,说话人就能以一些为数很少的基本成分,先组成个别的符号,再组成成组的符号,最后是无限的话语,而听话人能辨别他所说的一切,因为在他身上也存在着同样的系统"(Benveniste,1966:21)。

51)赵元任:"语言是习惯性的声音行为形成的一个约定俗成的体系,社团成员用来彼此进行交际"(赵元任,2003:1)。

52)鲍林杰与赛尔斯的《语言面面观》:"人类语言是由听说两方构成的交际系统,它与使用者的经历有关,采用任意性的声音单位组成的约定俗成的符号,按固定的规则组装起来"(Bolinger & Sears,1981:1—2)。

53)平克:"语言不是文化的产物,我们并不像学会看钟表或了解联邦政府如何运作那样学会语言。相反,语言是人类大脑的生理构成中的一个清晰的部分。语言是一种复杂的专门化的技术,是在儿童期间自发地、无意识地、不需花力气也不需特别指导地形成的。使用语言时也并不意识到它背后的逻辑。对所有人来说。语言能力是一样的,与一般的加工信息、举止得当的能力不同"(Pinker,1994:18)。

54)弗罗姆金等的《语言学导论》:"如果只把语言看作交际系统,那么语言就不是人类所特有的,尽管人类语言有一些别的动物没有的特点。人类语言的最基本特点在其创造性:说话者能把一些基本的语言单位组成无限的组织良好、合乎语法的句子,其中绝大部分是新颖的、以前从来没有听过或说过的"(Fromkin et al.,1999:23)。

55)《语言与语言学词典》:"语言是人类交际最重要的工具。语言是语言学研究的主要对象,语言学家在什么是语言的问题上观点各不相同(潘文国:以下举萨丕尔、索绪尔、乔姆斯基为例)……除了语言学家的贡献之外,其他学科也有所建树,如人类学家认为语言是文化行为的形式;社会学家认为语言是社会集团的成员之间的互相作用;文学家认为语言是艺术媒介;哲学家认为语言是解释人类经验的工具;语言教师则认为语言是一套技能"(Hartnenn & Stork,1972:123-124)。

56)《哥伦比亚百科全书》:"语言:声音符号的交际系统,是人类具有的普遍特点"(NE,1975:1527)。

57)《拉鲁斯百科大辞典》"语言(Language):①人类具有的普遍能力,先用声音符号系统,后来又用文字系统,来表达思想,进行交际;②用声音符号实现交际功能的结构体系"(EL,1984:6119)。"语言(Langue):各个社团内部用来表达思想和进行交际的声音符号系统及后来的文字系统"(EL,1984:6124)。

58)《牛津英语大词典》:"语言:一个国家、一个民族或'种族'使用的全部词及词的组合方式"(OED,1989:634)。

59)麦克米伦教育图书公司编《科里埃百科全书》:"语言:人类用来交流思想感情的声音和书写符号系统"(CE,1991:299)。

60)《牛津英语手册》:"语言:①一种交际系统,它使用成体系的语音或其转化的其他媒介,如书写、印刷或身体符号;目前多数语言学家认为语言能力是人之所以为人的根本特征。②这种系统的特例,如阿拉伯语、法语、英语、梵文、斯瓦希利语等。③多多少少带点系统性的交际手段,例如动物的叫喊或动作、代码、姿势、机器语言,或一些比喻性的,如'梦的语言''爱的语言'等。④某一社会团体的用语,如科学语言、技术语言、新闻语言、俚俗语言等。⑤社会上可疑的一种用语,往往带有修饰成分,如'不良语言/下流语言/激烈语言'等,但也有单独用的,如'注意你的语言!'"(McArthur,1992:571)。

61)《语言与语言学百科词典》:"语言:人类社会用来交际或自我表现的、约定俗成的声音、手势或文字系统"(Crystal,1992:212)。

62)《韦伯斯特美国英语大词典》:"语言:相当数量的人群经过长期使用而确立、可以彼此理解的词汇、词的发音及词的组织方式的总和"(WD,1993:1270)。

63)《语言与语言学大百科》:"语言:语言有两个不同而又互相联系的意义,其联系表现在都与人类行为的一种特定表达有关,其意义上的不同则正好与语法上的一个区别相应,即'语言'是一个集体名词呢? 还是一个可数名词。①作为集体名词的'语言',实际上用在好几种场合,可表示特定情况下人的某种行为,如一个人在说话,或写作,或作某种手势,我们就说他在'用语言交际',现在常把这种能力看作人类和人类社会存在的区别性标记。……'语言'也可用来指人类大脑中的生物学上的能力,正是这种能力可使上述行为得以实现。……语言也可指所有的说话和文字的体系。……'语言'的一些不常用的用法可延伸到指大类交际除了说话、文字、手势之外的系统,如'体态语''姿势语'。计算机专家、逻辑学家、数学家为了有限的目的设计了一些性的系统,他们也称之为'语言'。在某些场合,人们还提及'动物语言',这也已司空见惯。②可数名词的'语言',指一群人所共用的说话、文字或手势系统"(Asher,1994:1893—1894)。

64)《路德里奇语言与语言学词典》:"语言:表达或交换思想、概念、知识与信息的工具,也是凝固与传递经验与知识的工具"(Bussmann,1996:253)。

65)《美国百科全书》:"语言:正常人类所具有而为其他物种所不备的能力,能通过口头或书面方式,来表达精神现象或事件。其根本点是在语音与思想、概念、头脑中的形象之间建立联想关系,并能用重复方式发出和理解这些语音。语言的主要功能是进行人际交际"(EA,1996:727)。

66)《大英百科全书》:"语言:人类作为社会集团的成员及其文化的参与者,所用来交际的约定俗成的说话和书写系统"(EB,1997:147)。

67)《剑桥语言百科全书》:"语言:①人类社会用来交际或自我表现的、约定俗成的声音、手势或文字系统。②一种特别设计的信号系统,以为计算机进行编程与进行人机对话。③动物用来交际的手段。④语音学(常包括音系学)以外的语言符号"(Crystal,1997:430)。

68)《简明牛津语言学词典》:"语言:①普通意义上的语言,如英语、日语。与之相对的也是作普通用法的'方言';②人类用口语或书面语进行交际的现象,也是普通用法。因而语言学的对象既包括人类一般特性的语言(意义①),也包括个别语言(意义②)。意义②的'语言'常引申到包括其他形式的交际。尤其是'动物语言',指的是其他动物的交际行为。……形式化语言经过引申,不仅可用于所谓的自然语言(意义②)及意义①中的一般语言,还可用于逻辑学或计算机科学中使用的人造语言"(Matthews,1997:198)。

从以上 68 条定义,我们会震惊地发现:一个貌似简单的问题,竟会有如此多不同的回答,而且不同答案间的差异也非常明显。这些定义涵盖语言功能、语言范围、语言系统性等不同特征,具体如下:

3.1　语言的功能

在语言的功能方面,有的定义注重交际功能,有的定义侧重表情达意功能,有的定义认为还应加上思维功能,有的定义倾向于加上指示功能(即指令他人做某事),有的定义认为"交际功能"就可以涵盖其他所有功能,有的定义认为交际功能不能涵盖一切,语言另一个重要功能是储存知识及延续经验。洪堡特鲜明地指出:"语言的产生是人类内心的需要,而不只是为了维持外部的与人交流,语言存在于人的本性,是人类发展的精神力量,达到世界观不可缺少的东西"(Humboldt,1836:27)。

3.2 语言的范围

在语言的范围方面,有的学者只承认口语是语言,有的学者认为语言包括口语和书面语,有的学者认为除口语、书面语之外,还应包括聋哑人的手势语。戴维·克里斯托尔(Crystal,1997)的《剑桥语言百科全书》里提出语言的三对媒介,在传统的"听""说"(口语),"读""写"(书面语)之外,还加上了"做""看"(手势语)。从以上列举的几种百科全书上的定义来看,范围趋广成为近些年的新趋势。

从另一角度看,有学者认为语言的内涵只相当于法语的 langage,有的学者认为"还应包括法语的 langue"(方光焘,1958:46)。戴维·克里斯托尔的《语言与语言学百科词典》既包含以上内容,同时把法语的 paerole(言语)与乔姆斯基的 performance 和 competence 都包含在内(Crystal,1992:212)。

语言的外延,除口语、书面语、手势语之外,有学者主张应包括体态语、姿势语、计算机语言、逻辑语言、数学语言,乃至动物语言,等等。

对于语言本身的成分,有两合说与三合说。前者认为语言只包括词汇和语法,后者认为语言包括语音、词汇和语法。乔姆斯基对此下的著名定义是:"语言是一组句子的集合"(Chomsky,1957)。

3.3 语言的系统性

19 世纪的语言学家极少提到语言的系统性[1]。索绪尔之后,人们谈到语言,几乎言必称"系统"。但也有例外,如叶斯柏森(Jesperson,1946)、马丁内(Martinet,1962);近年来更有人对之表现出争论,如申小龙(1990)、平克(Pinker,1997)与弗罗姆金(Fromkin,1999)等。

说到语言的属性,必然要提到萨匹尔与平克的尖锐对立,前者认为语言是一种非本能,而后者认为语言是一种本能。

---

[1] 只有洪堡特说过:"语言中没有什么彼此无关的东西,它的每一要素都仅仅表现为一个整体的组成部分"(洪堡特,1820:10)。这体现了一种系统论思想。

关于语言的动态与静态方面,以索绪尔为代表的结构主义主张语言是一种静态研究,这与他前后的语言学家表现出明显的对立。在他之前,洪堡特强调语言不是完成的作品,是活动;缪勒等"自然学派"强调语言的演进过程。在他之后的乔姆斯基语言学,则标榜"生成"。国内学者中,只有王希杰(1983)明确提出了语言的生成性。

面对人们对语言下的众多定义,语言学家大致采取四种态度(潘文国,2001)。

一是尽量综合,力求全面。以胡明扬为代表,他说:"同一事物,同一现象,可以从不同的角度来研究分析,因此也会有不同的定义。认为同一事物、同一现象只能从一个角度来研究分析,只能下一个定义的想法是不符合科学发展史的实际的。……从语言作为一种社会现象的角度来研究语言,那语言就是一种交际工具。从语言作为一种结构系统的角度来研究语言,那语言就是一种符号系统。……在一段时间内,我们只提语言是一种社会交际工具,不提语言是一种符号系统,那是片面的。国外一些语言学家只提语言是一种符号系统,不提语言是一种社会交际工具,那同样是片面的。比较全面的提法应该是:语言是一种作为社会交际工具的符号系统"(胡明扬,1985:5)。

二是看到各种定义间的分歧,但各有道理,只是适合不同的研究目标,以韩礼德为代表,他说,"看来各种对于语言的解释都很难适用所有的目标。理论是行动的手段,有许多不同的行动都会涉及语言。同时,人们也不希望理论专门得只能适合一件事情。语言学可以适用的目标有这么一些:了解语言的性质与功能;了解各种语言的共同点与不同点;了解语言的演变;了解儿童如何学会语言,语言如何促进人类发展;了解语篇的质量,为什么语篇能传达出它的信息,为什么人们又是这样衡量它的;了解语言如何因使用者及使用目标的不同而不同;了解文学与诗篇,以及口头创作的性质;了解语言与文化、语言与情景的关系;了解语言在社团和个人中所起作用的方方面面,如多语现象、社会化、意识形态、宣传等;帮助人们学习母语;帮助人们学习外语;培训口译和笔译人才;为各种语言编写字典、语法等参考书;了解语言与大脑的关系;帮助诊断和治疗因大脑损伤(如肿瘤和意外事件)或功能失调(如孤独症、唐氏综合征)而引起的种种语言病症;了解聋哑人的语言;设计助听器;设计计算机软件,以读写文本或从事机器翻译;设计能理解和产生言语的系统,在口语和书面语间进行转换;通过对照声音或用语习惯协助司法判断;设计更经济有效的方式来传送口语和书面文本;等等"(Halliday,1985)。

哈特曼和斯托克的《语言与语言学词典》则把不同的定义看作是不同学科的贡献,与此相似。

三是看到语言涉及的方面庞杂,下定义太难,就采取列举的方式,不厌其烦地列举语言的种种"特点",以迪宁以及鲍林杰等为代表。迪宁在他的《普通语言学导论》里提出了语言的11条特点:有声;线性;体系性;系统中套系统;有义;任意性;约定俗成;对立面并存的系统;创造性;唯一性;(各种语言的)相似性(丹侬,1967:6-11)。后来鲍林杰与赛尔斯也不甘示弱,在他们影响甚广的《语言面面观》里列出了语言的10个特点:只有人有语言;语言与思想与行为相联系;语言的媒介是声音;语言有层次性;语言通过变化来适应社会变化;语言常伴随着手势;语言既有任意性又有非任意性;语言有纵向也有横向;各种语言的结构大体相似;语言有听和说两个方面(Bolinger & Sears,1981:1-14)。弗罗姆金等人在《语言学导论》里列出语言的12条"共性",也属于这种做法(Fromkin et al.,1999:16-17)。

四是"最小共性说",以马丁内为代表。他说,"我们要想知道语言到底是什么,不该把我们在学习各种大相径庭的语言中所遇到的特点都列举出来,然后提出一个包罗万象的定义。相反,我们应该努力找出我们所知道的各种语言、各种我们愿意称之为'语言'的交际工具所真正共有的东西,这样我们就不会把'语言'称作符号系统了,因为它不具备这种最小的共性"(Martinet,1962:20)。

然而,对于这四种态度,多数人都不敢苟同,因其都表现出不同程度的缺陷和疏漏。

"列举"是一种避难就易、回避矛盾的方法。表面上公正平允、巨细无遗,谁也不得罪,谁也难推翻,但实际上对解决问题丝毫无益。语言观要回答语言是什么的问题,如果语言什么都是,就等于什么都不是。一种事物可以有许多属性、许多特征,但必有一两条是本质属性与本质特征,正如前文说过的,"抓住了本质,一两条也许就够了;抓不住本质,讲十多条也还是多余的"(潘文国,1997:104)。

韩礼德的目标说也类似,在方法论上倒因为果。语言观决定语言研究的目标,而不是相反。语言研究虽可以有许多不同目标,但不同的目标只能从各自的角度来说明语言,反映语言。从根本上看,语言研究的目标无法说明语言的性质,而语言的性质也不会因为研究目标的改变而改变。哈特曼等的《语言与语言学词典》把语言的各种定义分门别类归纳到各个学科的名下,但语言的性质不会因学科差异而不同。语言学家常喜欢把语言研究比作盲人摸象,认为各人摸到的部位虽不同,但都反映语言的某一个方面,合起来即是语言的全貌。这个比喻也是值得商榷的。摸到象耳朵的说大象像蒲扇,摸到象鼻子的说大象像条蛇,摸到象脚的说大象像柱子,摸到象尾巴的说大象像绳子,摸到象身体的说大象像堵墙……但不能说大象的性质就是"蒲扇+蛇+柱子+绳子+墙"。同样道理,若要了解语言的性质,即使把研究目标列举得再全也没用。

马丁内运用在各种语言特点中找"最大公约数"的方法,认为各种语言都囊括的"特点",就是语言的普遍特点和本质特点。可以肯定,这种研究方法本身就决定了该研究不会成功。吕叔湘说:"一种事物的特点,要跟别的事物比较才显现出来。比如人类的特点——直立行走、制造工具、使用语言等,都是跟别的动物比较才显现出来的。语言也是这样。要认识汉语的特点,就要跟非汉语比较;要认识现代汉语的特点,就要跟古代汉语比较;要认识普通话的特点,就要跟方言比较"(吕叔湘,1983b:137)。一种语言的特点,是在跟另一种语言进行比较时才得以体现的,如把英语跟拉丁语比,才知道英语重分析,拉丁语重综合;日语和英语比较,才知道英语是 SVO 语言,日语是 SOV 语言等。特点是只存在于语言比较中的相对概念。没有比较,就不存在语言的特点。如汉语没有形态而印欧语有形态,是通过比较得出来的,因为单独一种语言,无所谓有形态或没形态;而如果将汉语与印欧语相比较,要反映出这些语言的共同特点,就应把它们作为一个整体,再与另外的语言比较。推而广之,要了解人类语言作为整体的性质,只有同语言之外的事物比。

综合的办法需要一个前提,即所综合的各种意见必须沿着同一个方向互为补充。例如胡明扬列举的两条,基本可以满足这个要求[1]。但我们知道,语言定义远远不止这两条。在诸多的语言定义里,有许多是彼此冲突、势不两立的,如"本能说"和"非本能说",无法综合成"语言既是本能又是非本能"。还有的看似是量的积累,是在同一个方向上的,实际则隐含了彼此绝对不相容的观点。例如,有学者认为语言只能指口头语,文字语不能算(至多只能算代用品);有学者认为语言应包括口头语和书面语。如果采用前说,则没有"综合"后说的意见;如果采用后说,则前说绝不会被赞成。事实上,许多语言学家提出新定义的过程就是对前人

---

[1] 说"基本",是因为严格按照索绪尔的定义,这两者也是不相容的;"交际"属于"言语",而"系统"属于"语言"。

说法的批判过程。例如叶斯柏森的定义,就是在批评索绪尔及其学生巴利等的过程中提出来的;平克更是将前人的说法几乎全盘否定之后,才提出他的新定义。他们的意见与所批评的对象之间,根本不存在综合的可能。因此,对于前人提出的许多说法,绝不能只做简单的加法,而是要经过自己的批判性思考进行取舍;取舍的标准是哪个更有利于说明语言的本质属性。根据上面对马丁内的批评,我们的起点是在语言外,即把语言放入整个人类生存的大环境、把语言学放入人类从事的所有研究学科中去考察。

人类迄今从事的所有科学研究都可以归纳为三大门类:自然科学,关于自然或带有自然性质的科学;社会科学,关于社会或带有社会性质的科学;人文科学,关于人类自身的科学。这个分类有其合理性,因为它们分别针对不同的对象,从"共时"的角度去看是如此,从"历时"的角度去看也是如此。这三个门类所研究的,是前后相承的三个"世界":天地之始,宇宙初辟,一直到第二种动物诞生之前,这个只有矿物和植物的相对静止的世界,就是自然世界;动物的出现带来了由自由活动的个体组成的群体,有了群体必然有关系需要协调,有信息需要交流,这时出现了第二世界——社会世界;动物进化到人,人类世界出现,与第二世界的区别在于:人类有语言和思想。所有学科都可以归纳进三大门类里,当然学科间可能会有交叉,有的还可能兼属于三个门类。但不管怎样,它首先有个基本归属,而这个基本归属必然是所研究对象的本质之所在。给语言定性的关键在于,对于语言这个复杂的现象,究竟应该从哪个学科门类的角度来给它作基本的定性,是关注语言的自然属性,社会属性,还是人类本身的属性?这是必须首要解决的关键问题,也是语言定义分歧产生的根源。

前文所列举的 60 多个定义,有一点可以明确:所有的语言学家、所有的工具书编纂家和其他学者,都特别强调:语言是人所特有的、是人区别于其他动物的最根本特征。

由此得出一条初步结论:语言的基本属性只能从人文科学的角度去研究。凡从自然科学角度或社会科学角度得出的结论,即使反映一定的事实,也必然不是语言的本质属性。

由这个初步认识出发,前面的众多定义大约可归纳为四类。第一类强调语言的自然属性,其代表是"自足系统说",代表人物是索绪尔;第二类强调语言的社会属性,其代表是"交际工具说",代表人物是斯大林;第三类强调人类的自然属性,强调用自然科学的方法去研究语言;第四类强调人类的历史文化属性,强调用人文科学的方法研究语言差异。第三类的代表是"本能说",代表人物是乔姆斯基;第四类的代表是"世界观说",代表人物是洪堡特。第三类和第四类都从人类自身出发,许多人说乔姆斯基是洪堡特的重新发现者,但其实二人的观点针锋相对。乔姆斯基强调语言研究中的自然科学方法,他说:"这个世界有许许多多方面,有机械方面、化学方面、光学方面、电学方面等,其中还有精神方面。我们的观点是,所有这些方面应该用同一种方法去研究。不管我们考虑的是行星的运动、力的场、高分子的结构公式,还是语言能力的计算性特征,都一样。我们可以称之为'精神研究的自然主义方法',意思是我们希望用自然科学的理性探索特征来研究世界上所有精神方面的东西"(Chomsky,1996:31-32)。而洪堡特却强调语言中的民族精神:"语言的所有最为纤细的根基生长在民族精神力量之中;民族精神力量对语言的影响越恰当,语言的发展就越合乎规律,越丰富多彩。由于语言就其内在联系而言只不过是民族语言意识的产物,所以,我们如果不以民族精神力量为出发点,就根本无法彻底解答那些跟富有内在生命力的语言构造的有关问题,以及语言的最重大差别由何产生的问题"(Humboldt,1836:21)。

"自足系统说"和"交际工具说"不能反映语言的本质属性,在一定程度上,它们要为20世纪以来语言研究的某些失误负责。

单纯地说语言是个"系统",话并不错,却是句"伟大的废话"。因为世上万事万物,大至宇宙天体,小至细胞微生物,乃至原子、中子、质子,无一不在系统之中,无一不本身又构成一"系统"。系统性并非只是语言的特性,更不是语言的本质属性。以索绪尔为代表的结构主义语言理论的要害在于"自足的"学说,或者是他的学生巴利和薛施蔼在整理他的遗著时加上的那句"名言":"语言学的唯一的、真正的对象是就语言和为语言而研究的语言"(Saussure,1922:317)。这一指导思想,给20世纪的语言研究带来了灾难,它使语言研究脱离了使用它的母体——人,和使用它的环境——社会,成为实验室供解剖用的标本。

"交际工具说"最早是18世纪法国启蒙主义思想家卢梭提出来的,他在《语言起源论》一书中指出:"当一个人发现对方也是同自己一样的有知觉的人的时候,就会产生一种交流思想感情的愿望或需求,并寻找这种交流的手段。这种手段只有从人们互相作用的唯一工具即感官上去引发,结果就产生了用感官信号来表达思想的做法"(Rousseau,1772:138)。后来列宁加上了"最重要的"这个修饰语,再经过斯大林的阐释,成为社会主义诸国对语言性质的经典定义,反过来又被西方国家采用。其实这个定义还不够准确,因为"交际"并不是人类所特有的,凡"社会性"的动物(social animals)都有这种需求,也各有其进行交际的手段,如蜜蜂用舞蹈、猿猴用叫声,还有的动物能发出超声波等。因此,这个定义并不能够反映人类的本质特点。这个定义,即使加上"符号体系",仍然为"语言"范围的不断扩大打开了方便之门:计算机语言、数学语言、逻辑语言、音乐语言、舞蹈语言、动物语言等。尽管凭直觉,这些与我们观念中真正的"语言"不同,但在"交际工具+符号系统"的定义下,却没有办法将它们拒之门外。至于"工具"这一字眼的恰当与否还是其次。

基于人类自身的定义中,哪种更能反映语言的本质属性呢?这是当前语言学界两大潮流分野的语言观背景。其实,这种分野从19世纪就开始了,以洪堡特为代表的哲学语言学或普通语言学,和以葆朴等人为代表的历史比较语言学,就分别代表了两种倾向。进入20世纪以后,这种分野还在继续,一方从以索绪尔为代表的结构主义,发展到以布龙菲尔德为代表的美国描写主义及后来乔姆斯基的转换生成语言学,另一方则是以"新洪堡特主义者"魏斯格伯尔(Leo Weisgerber)、人类学语言学家萨匹尔和沃尔夫、功能语言学家弗斯和韩礼德等为代表,加上近年来的社会语言学、认知语言学及在中国逐渐兴起的文化语言学。双方在从语言观到语言研究方法论等一系列问题上均存在着深刻的分歧,正如韩礼德所说的,两派之间虽然"有交流,也借用对方的见解,但基本的思想体系完全不同,有时根本无法进行对话"(Halliday et al., 1985:XXVIII)。在国内外,形式语言学一直是20世纪以来的主流,但另一派的观点越来越引起人们的重视。

毋庸讳言,在四类关于语言的定义中,多数研究者赞成第四种,其出发点来自上文所说关于三个学科门类的划分。因为这三个门类的区分既是横向的,又是纵向的。由于对象不同,研究方法不同,大致来说,适合于后期对象的方法也可以用于早期,而适合于早期对象的方法用于后期就显示出局限性,因为它无法解决早期对象没有的特点。粗略地说,自然科学的对象由于相对比较静止固定,其变化比较有规律,可以用比较精密的计算方法;社会科学的对象由于增加了个体间的关系,是个难以精确测定的可变因素,需要用比较模糊的方法,有时甚至只能说出趋势,不能完全用数学和物理学的方法进行研究。而人文科学的研究由于涉及人,就必须运用文化、历史与心理的方法。乔姆斯基强调以自然科学的方法去研究语言,实质上是背离了语言研究属于人文科学这一本质属性的。

在综合考查前人的见解之后,我们对语言试图下的新定义是:语言是人类认知世界及进行表述的方式和过程。尽管由于侧重点关系,此处无法展开对新定义的论述,但其特征是明显的:不强调系统,不强调交际,强调认知与表述,因为这两者才是人类特有的功能;不强调工具,而强调方式,这体现了语言的主体性而非客体性。此外,本书特别强调过程,因其是对索绪尔以来的静止语言学的反拨,和对洪堡特动态语言学思想的回归。

第二节 跨文化交际与文化的深层结构

一、跨文化交际

1.1 跨文化交际的发展历程

跨文化交际学始于人类学研究,二战后在美国兴起,主要对外交官和派驻外国的美国人进行对外交往培训。人类学家爱德华·霍尔被尊称为跨文化交际之父,他的著作《无声的语言》(*The Silent Language*)(1959)对文化概念和跨文化的基本问题进行了探讨,是跨文化交际领域的开山之作。萨莫瓦尔等(Samovar et al.,2000)对跨文化交际的定义为:跨文化交际是具有不同文化认知和符号系统的人们之间的交际,其文化认知和符号系统的差别足以改变交际本身的性质。文化认知指人们对于文化的看法,如世界观、信仰体系、价值观、行为方式和社会实践等。符号系统指包括语言和非语言在内的,能够表达和传递意义的任何东西。简言之,跨文化交际就是来自不同文化背景的人们之间的交际。在跨文化交际中,对于同一文化现象,交际双方可能会产生不同的认知和反应。

1970年,跨文化交际被正式纳入传播学,成为其分支学科。1972年,跨文化交际第一届国际会议在日本东京召开,成立了国际跨文化交际学会(IAICS)。1974年,跨文化教育、训练和研究学会(SIETAR)在美国马里兰州建立,这是跨文化交际学方面最有影响的组织。20世纪70年代,美国陆续出版了一批有关跨文化交际学的书籍,到70年代中期,美国有超过200所大学开设跨文化交际学课程。有关跨文化交际的培训和咨询也逐渐发展起来。

中国的跨文化交际研究起步较晚,20世纪80年代初期人们才开始注意这方面的问题。80年代中期,开设跨文化交际学课程的大学不超过10所。1995年,中国第一届跨文化交际研讨会在哈尔滨工业大学召开,成立了中国跨文化交际研究会(CAFIC)。大会初期决定每两年召开一次,2016年起改为每年一次。中国的跨文化交际研究经历了内容广而泛的初期发展阶段,目前已经向纵深发展,取得了一定的成果,但在理论研究和动态研究方面依然有很大的研究空间。

1.2 跨文化交际的多学科性质

多学科性质是跨文化交际学的突出特点。跨文化交际的研究领域涉及人类学、心理学、传播学、社会学、语言学、文化学、哲学等,前三个领域在跨文化交际研究中影响较大。

人类学对跨文化交际学发展作出了重要贡献,尤其是文化人类学。跨文化交际之父爱德华·霍尔,以及一批对跨文化交际学有重要影响的学者,如克罗格、克拉克洪·鲁思·本尼迪克特、许烺光(Francis Hsu),都是人类学家,跨文化交际学的奠基之作《无声的语言》对文化的定义、文化与语言的关系、非言语交际,以及时间取向等都进行了一定研究,为跨文化交际学的创立奠定了基础。

社会心理学与跨文化心理学对跨文化交际学的发展也有重大贡献。心理学者理查德·布里斯林、吉尔特·霍夫斯泰德、哈利·特里安第斯、丹·兰第斯等同时也是跨文化交际学的著名学者。他们运用心理学的方法,进行实验设计、调查、收集数据、分析数据、得出结论,出版了跨文化交际学的重要著作如《跨文化交往》(Cross-Cultural Encounters)、《文化的后果》(Culture's Consequences)和《文化与组织——心灵的软件》(Cultures and Organizations: Software of the Mind),极大地推动了跨文化交际学的发展。

传播学的发展最终确立了跨文化交际学中传播学分支的学科地位。传播学领域对跨文化交际研究作出重要贡献的学者有威廉·古迪昆斯特、约翰·康登、丁允珠、金荣渊等。这些学者对跨文化交际学的发展提出了重要的研究理论和方法。

同时,社会学、语言学、文化学、哲学等也都对跨文化交际学的发展作出了贡献。社会学、社会语言学和语用学的研究成果对跨文化交际学的影响很具体。社会学关于角色与角色关系、符号互动、社会关系的理论是跨文化交际研究的重要依据。社会语言学也必须关注交际,语用学的研究成果对跨文化交际研究的影响也不小。

由于跨文化交际学的跨学科、多学科性质,不同领域的学者从不同的角度,运用不同理论和方法来应对问题,因此跨文化交际学并没有统一的、固定的模式来解决所有的跨文化交际问题。

1.3 跨文化交际研究态度

在跨文化交际研究中,必须要注意解决研究态度问题,以保证研究的准确公正。但是,在面对不同文化时,刻板印象、偏见和种族中心主义是常见的交际影响因素,避免交际障碍应秉持注意个体独特性、消除偏见、保持客观性的态度。

刻板印象(stereotype)也称文化定势。刻板印象是对某些个人或群体属性的一套信念,比如人们认为美国人热情、法国人浪漫、日本人古板等。这些属性包括正面的,也包括负面的。刻板印象对跨文化交际有直接影响,因为人们对文化中某个人行为模式的判断通常来源于人们基于该文化的刻板印象。人们对于该文化的刻板印象越准确,对该文化个体的行为预测就会越准确,交际成功的可能性就越大,所以刻板印象具有正面属性。

但通常来说,刻板印象过于简单化地归纳某个个体与其文化的相关性和联系性。虽然多数情况下文化类型能够印证刻板印象,即某一文化中多数人具有相似的信仰、相似的价值观和行为模式,但不代表文化中的每一个人都会对同一文化现象做出完全相同或相似的反应。比如市场咨询公司在招聘入户访问的员工时,一般都喜欢选择女性,而不太愿意要男性。为什么呢?这是因为在人们的心目中,女性一般比较善良,具有亲和力,较少攻击性,也比较柔弱,因而入户时不会对主人造成太大的威胁;而如果换成身强力壮的男性,要求入户访问时,被拒绝的可能性要大得多,因为他们很容易使人联想到一系列与暴力、攻击有关的事情,增强人们的戒备心理。

避免负面刻板印象,应具有的态度是注意个体独特性。虽然同一文化中的个人有一些文化共性,但每个人都是具有思考和感知能力的个体,会对某一文化事件做出自己的反应,这一反应可能与该文化中大多数人的反应相同,但也极可能与其他人迥异,这就是个体差异性。因此在分析某一文化刻板印象的影响时,一定要注意区分个体独特性与刻板印象之间的关系。

偏见(prejudice)是针对某一群体建立在以先前经验为基础的错误认识和错误观念上的一种固有态度。刻板印象和偏见总是一起出现。偏见是后天形成的对于特定人群或事件的一种固定倾向(通常是消极的)。偏见按严重程度可分为:言语攻击、避免接触、歧视、人身攻击和屠杀。偏见会严重影响跨文化交际中的人际交往,因此在跨文化交际中,人们应该有意识地克服对不同文化的偏见。

种族中心主义(ethnocentrism)指认为自己的文化是解释一切现实的根源,包括人们的行为举止、交际方式、社会习俗、管理模式及价值观念等(胡文仲,1999)。由此,种族中的主义者总是认为自己的行为方式是正确的,或是有道理的,别的文化的行为方式或价值观是错误的或不科学的。威廉·格雷厄姆·萨姆纳(William Graham Sumner)认为种族中心主义是指某个种族把自己当作世界的中心,把本种族的文化当作对待其他种族的参照系;它以自己的文化标准来衡量其他种族的行为,并把自己与其他文化隔离开来(贾玉新,1997)。人们判断其他国家文化好坏对错的标准,通常来源于种族中心主义。

世界上任何民族、任何文化、任何群体的成员都常常自觉和不自觉地表现出不同程度的种族中心主义。从积极方面看,种族中心主义有助于增强一个民族或一个种族的自尊心和自豪感;从消极方面看,种族中心主义常以自己的价值观去衡量他国文化,导致文化间的不信任、误解,甚至冲突。

克服种族中心主义的态度是注意客观性。虽然人们都会受到种族中心主义的影响,但在跨文化交际中,应该始终秉承的理念是:文化没有优劣,只有价值观和行为方式的差异。交往中应该尊重彼此的法律和习俗,在平等基础上,为实现共同的目标而努力。

本节内容就交际、文化与跨文化交际的基本概念、特征、类型进行了阐述,介绍了跨文化交际的发展历程、多学科性质及跨文化交际研究中应该避免以及应该秉承的态度。重要的概念包括:交际、人类的共性与差异性、广义文化与狭义文化、文化适应、显性文化与隐性文化、主导文化与群体文化、刻板印象、偏见、种族中心主义等。

二、文化的深层结构

不同文化在文化价值取向、生活方式、价值观念、思维方式、时间取向及社会规范等各方面存在巨大的差异,不同文化中的人对上帝与人、集体与个人、国家与公民、父母与儿童、丈夫与妻子之间的关系会有不同的看法;他们对于权利与义务、自由与权威、平等与等级地位哪些更重要也会持有不同观点(Huntington,1993)。对这些关系的不同看法与观点,折射出不同文明对文化深层结构的不同认知。如果要深刻理解一种文化,就需要理解构成这些认知的深层原因。这些认知主要集中在三个方面:世界观、历史和家庭。在不同文化中,世界观、历史和家庭具有代代传承的特征,传递并维系着所有文化的基本要素,指导着文化中的个人如何生活。这三方面具有相对稳定性,是文化的核心组成部分。

文化的深层结构承载着文化中最重要的信息。世界观、历史和家庭影响着该文化重要问题的答案,比如人应该追求物质享受还是精神富足,应该相信命运还是相信人可以扭转命运,相信人生来是受苦的还是享乐的。同一文化中的绝大多数人对于这些问题秉持相似的看法,因为世界观、历史和家庭潜移默化却显著影响着人们的普遍观念。

文化的深层结构具有持久性和感召力。世界观、历史和家庭的影响长期存在。敦煌壁画所反映的宗教、社会生活和历史故事,直到今天还影响着世人。不同宗教的教义也影响世人达千年之久。对世界观和国家的不同认知可以引发人们强烈的感情表达。

文化的深层结构赋予我们文化身份。每个人都不是孤立存在的,是在与社会的交往中明确自己身份的。比如国家的概念确立了人的国籍身份;宗教信仰确立了人的宗教身份;家庭的观念确立了人的归属身份。每个人都在这些文化身份中找到自己的身份认同。

2.1 世界观

世界观是人们按照个人的文化预设,对事物进行美化、塑造和安排等方式的内在观点(Hoebel & Frost, 1976),是"某种文化共同拥有的整体思想,这些思想关乎现实的最终面貌与内容"(Haviland, 2005)。通过世界观,某种文化的成员可实现对社会世界进行建构、发展,以及设想。世界观会影响人们认知的方方面面,进而影响人们的信仰、价值观体系以及思维方式。有学者认为,一种文化的世界观甚至会影响到一个国家的社会、经济和政治生活(Olayiwola, 1989)。文化与世界观紧密地联系在一起。文化是一种无意识的自然过程,世界观也常常如此。"世界观通常在无意识的层面运行,如果我们不知道看待世界的其他方式,这既是可能的,也是可以理解的。就像我们呼吸的空气一样,世界观是我们身份的重要组成部分,但我们通常并不对其进行反思"(Hall, 2002)。达娜(Dana, 1993)指出了世界观对跨文化交际的重要作用:"世界观为我们提供了一些未经验证的理论基础,说明同一种文化中的人对现实的感悟和体验。某种文化的世界观的作用是正确地解释人生经验,避免使其被说成是混乱的、偶然的、无意义的。世界观由集体智慧塑造,作为被认可行为的基础,帮助人们生存和适应周围的世界。"

世界观涉及一个人生存发展的所有阶段,涉及生命意义的问题。世界观是对上帝、神灵、自然、存在的意义、宇宙、生老病死等影响人们如何看待世界的哲学问题的一种文化取向。世界观是文化的核心所在。世界观、感知和交流是紧密相连的。戈德(Gold, 1994)对人的精神世界和世界观如何决定人的生存方式进行了清楚的阐释。

宋朝哲学家张载所著《西铭》中写道:"乾称父,坤称母;予兹藐焉,乃浑然中处。故天地之塞,吾其体;天地之帅,吾其性。民,吾同胞;物,吾与也。"这篇文字较好地阐释了"四海之内皆兄弟,四海一家"的儒家思想。

世界观的表达方式有三种:科学的、形而上学的、宗教的,其中宗教的表达是主要方式。

虽然所有的宗教都具有各自的特点,但他们也包含一些相似性。宗教一般都试图回答三个问题:我来自何方?我为什么在这里?我死后会发生什么?世界主要宗教的相似性表现在:经文、宗教权威、宗教仪式、道德准则,以及为其信仰者提供精神力量和安全感。

经文:经文给信教者以认同感、权威感和理想主义。每种经文,无论是口头的还是书面的,都具有将该文化的智慧代代传承的作用。

宗教权威:在几乎所有的宗教中,都有一个或多个为信教者提供指导和教化的权威人物。这些人通常是宗教的创始人。

宗教仪式:仪式是指具有宗教色彩的、有象征意义的行为。仪式可以服务于各种目的,在文化中具有重要作用,从确认文化意识到表达文化身份,以及提供认知框架等,仪式都发挥着作用。有的仪式强调"空间",有的仪式注重"时间",有些仪式设定的时间跟太阳、月亮、星辰等的宇宙运动相符,跟生命或死亡有关。

道德准则:宗教总是包含着伦理道德的成分,并致力于形成道德准则。

精神力量和安全感:所有的宗教都致力于为信教者提供认同感和安全感。

2.2 历史

对于文化研究来说,历史的重要性不言而喻。英国著名作家波克曾说过:"历史就是已经去世的人、活着的人和还没出生的人之间的共同体。"历史是过去的见证,能够指导现实,明晰历史发展的潮流。历史就是文化,因为历史和文化都是沟通过去、现在和未来的途径,都诚实地传递该文化重要的核心信息。

历史,作为文化深层结构的一部分,自然而然成为跨文化交际研究的有机组成部分。因为文化深层结构的所有元素(世界观、历史和家庭)都交织在一起,历史研究离不开对该文化的政府职能、社区组成、政治体系、历史人物甚至地理的探索。对文化历史的探索,能够清晰反映该文化成员的身份、价值、目标和期望。

每种文化的历史极大地影响着人们的观念和行为方式。中东冲突、非洲部落冲突、多个国家少数族群与主导文化之间的冲突都有着深刻的文化历史根源。理解历史,才能更好地理解这些冲突带给人们的观念和行为方式。

历史学家巴西莱(Baslile)指出:"对于所有人来说,历史是集体意识的源泉"(Kerblay,1983)。历史研究对于跨文化交际的意义表现在两点:1)历史事件有助于解释文化特征。2)在一种文化中,力图记忆并传递给下一代的内容反映了该文化的特性。

2.3 家庭

2.3.1 家庭的定义及类型

家庭,作为人类参与活动的最古老和最基本的社会结构,在世界上已存在了几千年。诺勒和菲茨帕特里克(Noller & Fitzpatrick,1993)给家庭下了一个宽泛的定义,他们认为家庭是"能够营造家的感觉与群体身份的一群亲密无间的人,他们以忠实与情感作为纽带,分享过去与将来的经历。"这个定义几乎能涵盖所有文化中的家庭模式,如多元文化下的一夫多妻、以血缘为基础或不以血缘为基础的家庭模式,还有一些国家法律准许的同性婚姻。无论在哪种文化中,即便对于家庭的概念和成员认知可能不同,家庭都是社会的基本单位,是个人感知世界的起点和获得文化身份的地方。

无论何种文化,家庭都是重要的社会基本单位,帮助人们实现自我认知和与人交流的作用。但在不同文化中,家庭的类型却有不同的区分,这些区分主要"跟特定社会的、历史的以及生态的语境有关"(Haviland,2002)。一般来说,按照人的生命历程,家庭可以分为原生家庭(family of orientation)和生殖家庭(family of procreation)。原生家庭指人们出生时所在的家庭;生殖家庭指与配偶组成的家庭。按照家庭代际层次和亲属关系,可以分为核心家庭(nuclear family)和扩展家庭(extended family)。核心家庭是包含一个或多个孩子的单亲或双亲家庭;扩展家庭是包含祖父母与亲戚的大家庭。不同文化中,还存在同性家庭、一夫多妻家庭等家庭类型。

2.3.2 家庭的重要性

即使文化不同、对家庭概念的认知不同,家庭对于个人的重要性也仍大体相同。家庭的重要性表现在它的文化传承性。

家庭是把一个生物有机体转变成一个社会性的人的过程。家庭把一个婴儿养育长大的过程是一个文化传承的过程。在这个过程中,个体的人逐渐对社会产生认知并学会与他人交往。人们首先在家庭中形成了责任观念,如服从、自立、承担、合作等。其次,人们在家庭中学会交往。语言的习得、情感的展示、自我的表达、与他人辩论或合作,这些能力都来源于家庭的传承。

虽然价值观和世界观深受文化历史等观念的影响,但家庭才是最初为社会新成员传授这些观念的地方。文化具有代代传承的特征,儿童最初形成的价值观和世界观主要源于家庭。孩子在家庭中学习语言,学习基本的行为规范,形成对与错、美与丑、好与坏、善与恶的基本判断,这些都是家庭承担的价值观和世界观的传承作用。

家庭赋予人们部分文化身份。人们通过家庭习得该民族或文化群体的行为方式、习俗、传统及语言等文化知识,从而获得自己特有的文化身份。姓名能够表明一个人的家庭身份,语言能够表明其民族身份,宗教信仰能够表明其宗教身份等,这些不同身份都是文化身份的组成部分。而个人的出生、命名、语言习得、宗教信仰等多数特征源自家庭,因此可见,个人对于文化身份的最初认知源于家庭。

2.3.3 文化与家庭

文化与家庭密不可分。不同文化中存在不同类型的家庭,在社会中具有不同的角色和地位。如在集体主义文化中,家庭的概念以扩展家庭为主;在个人主义文化中,家庭的概念以核心家庭为主。在集体主义文化中,孩子在家庭中学会尊重长辈;在个人主义文化中,孩子在家庭中学会独立。因此,文化对于家庭的影响是巨大的。在性别角色、个人主义与集体主义、年龄取向以及社交技巧方面,不同文化均对家庭有不同程度的影响。

- **性别角色**

正确识别家庭中的性别角色分工,是每种文化都具有的家庭模式。在孩子很小的时候,他们就开始了区分性别分工的活动。通常,家庭会教导他们什么是男孩行为,什么是女孩行为,以及如何与同性或异性交往。

不同文化中,家庭性别角色分工有很大不同。在传统日本家庭中,绝大多数的女性以照顾家庭为职业,男性在家庭中拥有绝对权威的地位。在斯洛文尼亚、克罗地亚、黑山、塞尔维亚等国,家庭性别角色分工就不太明显,男性和女性可以自由选择"主外"或"主内"的工作。

在印度或一些阿拉伯国家,家庭中的性别差异也很大。男性处于明显的优越地位:男性拥有家庭事务的决定权,保证家族血脉遗传并继承家庭遗产;男性参加公开的宗教活动和仪式,女性则处于从属地位,服从并服务于家庭里的男性成员。

文化深层结构中的历史等元素都影响着家庭性别角度区分。一些文献中都有对家庭中两性区别对待的文字,一些文化将男性置于一家之主的地位,认为男性是家庭收入的主要来源,因此他们是家庭事务的决策者,女性应该也必须屈服于男性。世界历史也表明,在一些古代文明发源的地方,家庭中男性都处于主导地位,女性处于从属地位,这种家庭性别角色分工模式几乎贯穿世界历史主线,涵盖几乎所有国家。这类现象直到近代才开始在一部分文化中得以改变。

需要强调的是,随着文化的发展变化,性别角色分工也在发生着变化。比如,与过去相比,如今女性的地位有了很大的提升,她们的工作范围不再局限于家庭,工作类型不再有明显的男性工作和女性工作的区分,男性承担家务的比重也在增大,等等。但作为文化深层结构的一部分,它的变化注定缓慢且艰难。

- **个人主义与集体主义**

个人主义与集体主义文化对世界的看法差异比较大,个人主义与集体主义文化下的家庭也呈现出显著差异。在集体主义文化中,每个个体都是集体的一员,集体为个人的发展提供帮助和支持,个人的发展要考虑集体的利益。而在个人主义文化中,个体通常凭借个人奋斗而不是依靠群体支持,自力更生、不依靠他人是个人主义文化的特征。

集体主义文化的家庭通常认为集体利益高于个人。家庭类型以扩展家庭为主,个人对家庭的责任感非常强烈,家庭利益永远大于个人利益。家庭成员之间相互提供资源及帮助,家庭为其成员提供终生支持、情感依靠和归属感。比如,老年人帮儿女照顾孩子,做家务,年老时靠孩子赡养,一家人一起劳动、一起分享,"父母在,不远游"和"光宗耀祖",这些都是家庭集体主义文化观的体现。

个人主义文化的家庭通常崇尚个人的独立自主,家庭类型以核心家庭为主。个人主义文化注重培养孩子的独立性,鼓励自我奋斗与自我实现。孩子从小就被培养独立解决问题的能力,有自己独立意见的性格,一般在成年后离开父母的家,不承担赡养老人的义务。

- **年龄取向**

人们如何看待年龄,以及如何对待不同年龄的人,不同文化之间也有很大差异。家庭是最早向孩子传达年轻与年老的概念,以及如何对待老年人等观念的地方。在一些国家,尊老敬老是家庭中长久流传的文化传统。老年人在家庭中受到尊重,在重要事情上享有发言权和决定权。还有一些国家,人们对待老年人持负面态度,认为人进入老年就不再精力充沛,不能跟上时代发展,价值观也过时。在这些国家的主流文化中,老年人尽量让自己显得年轻,不希望被看作老年人,更不愿被当作老年人来照顾。跨文化交际中,某些文化中的敬老行为会因年龄分层的不同态度被误读,造成交际失误。

- **社交技巧**

家庭传授的社交技巧会受到其所处文化的影响。孩子在家庭中学会最初的社交礼仪和社交方式,但是社交礼仪和社交方式可能因文化而不同。在社交场合,有的文化中的认知是谈话不应该冷场,有的文化却奉行"沉默是金"。

综上所述,世界观、历史和家庭三个主要元素构成文化的深层结构,因为它们承载着一种文化最重要的信念。世界观是一种文化对宇宙、自然、人及其他哲学问题的看法。历史包含着文化深层结构的所有要素,历史是过去的见证,指导着现实生活。历史事件能够解释文化特性,会影响人们的感知与行为。家庭传达性别角色,带有个人主义或集体主义倾向,影响家庭成员的年龄取向,并传授社交技巧。世界观、历史和家庭传承着重要的价值观并塑造其成员的文化身份。

三、文化身份

世界观、历史和家庭传承重要的价值观并塑造其成员的文化身份。文化身份是什么?人们什么时候开始思考自己的文化身份?如何界定自己的文化身份?一个人如果出生在一种文化却在另一种文化中长大,他的文化身份又是什么?

3.1 文化身份的定义

文化身份是指一个人对某一特定文化或种族的归属感,是在成为某一特定文化成员的过程中形成的。文化身份的形成包括学习和接受习俗、遗产、语言、宗教、祖先、审美、思维方式及文化的社会结构(Lustig & Koester, 2007),即人们把该文化的信仰、价值观、行为规范和身份作为自我认知的一部分。丁允珠(Ting-Toomey, 2005)认为文化身份是"源于家庭、性别、文化、种族和个人社会化过程中的自我意识和自我形象的反映。"这两个定义都强调对于文化内涵的学习,以及将文化内涵形成自我认知。

古迪昆斯特(Gudykunst, 2004)提出的身份分类方式在目前跨文化交流与传播中最为重要。他认为,人的社会身份可以分为五种:1)人口统计学的成员身份(如国别、种族、性别、年龄和社会阶层);2)社会角色(如学生、教授、家长);3)社团身份(如政党、俱乐部);4)职业(如科学家、艺术家、园艺师);5)受歧视群体身份(如流浪者、艾滋病患者)。一个人的个人身份和社会身份会无可避免地受到文化的影响,从而形成其文化身份。

3.2 文化身份的形成

由于文化动态性特点,一个人的文化身份也不可能是静态的,而是随着生活阅历的增加而变化。社会阶层变化、社会角色变化、职业变化等,都会带来文化身份变化。如果从本土文化进入客国文化,文化碰撞所带来的文化身份会更加复杂多变。

关于文化身份的形成,这里将介绍菲尼(Phinney)的三阶段模式,以及马丁(Martin)和中山(Nakayama)的"四阶段"民族认同形成模型。文化身份的形成过程也是文化的认同过程,对于民族融合和跨文化融合有重要的借鉴意义。

菲尼(Phinney,1993)的三阶段模式主要着眼于对青少年民族认同感的培养,但同时也适用于文化认同感。三个阶段分别是:未经检验的文化身份、文化身份探寻和文化身份认同。未经检验的文化身份主要指人们由于种种原因没有或不愿认真思考自己的文化身份,仅仅想当然地认为本国主导文化的刻板印象就是自己的文化身份。文化身份探寻包括了对民族文化身份质疑并探寻的过程,这个过程能够更好地理解自己的文化以及理解文化成员的含义。通过探索文化,文化中的个人能够学习本民族文化的长处,从而接受这一文化和自己的文化身份。文化身份认同是指清楚、自信地接受自我并内化自己的文化身份。在这一阶段,人们已经能够正确对待刻板印象和歧视,清楚对自己族群文化的看法,并不会在意别人的负面态度。对于少数族群的个人,还需要增加一个条件,即能够灵活处理族群碰撞中的差异以及某些陈规陋习。文化民族认同感的形成还能增强个人信心并提升自我价值。

马丁和中山(Martin & Nakayama,2005)建立的关于少数族群"四阶段"民族认同形成模型分为:1)未经检验的文化身份:文化个体对民族认同感并没有形成明确的观念。2)对强势文化的屈从:文化个体努力适应强势文化,表现出对本民族文化的不自信。3)对强势文化的抵制与分离:文化个体对本民族文化产生归属感,同时开始对强势文化产生抵触感。4)不同文化的融合:文化个体能够理性对待自己的文化和强势文化的关系,既有对本民族文化的自豪感,又有对强势文化的包容性。

3.3 文化身份的特征

文化身份具有中心性、动态性和多面性的特征。

文化身份在个人的自我认知中具有中心性的特征。在影响自我认知的因素中,文化是最根本的,因为它具有广泛影响力,并紧密联系个人认知的其他因素。文化身份的核心部分在与他人交往,尤其与来自不同文化的人交往时,才会显示其重要作用,跨文化环境能激发一个人的文化身份意识。个人文化身份并不都源于与人交往的直接经验,别人的或经由媒体手段传达的经历也会成为自我认知的中心,构成文化身份的一部分(Lustig & Koester, 2007)。如果某种文化在电影、电视节目或网络上的宣传总是正面的,该文化中的个人也拥有文化自信,有利于个人建立积极的、良性的文化身份。相反,如果媒体宣传中缺乏这样的个人文化形象,将会影响个人对文化身份的认知。可见文化身份对个人的自我认知具有中心性的特点,人们的多数经历都是通过文化成员解读和建构的。同时,文化身份可以通过其特有的文化符号来展示,如传统服饰、生活习惯等。文化身份还可以通过节日和纪念活动显示,如春节和中秋节、各个国家的国庆日等,都是对民族认同的庆祝。

文化身份具有动态性的特征。因为文化是动态的,个人的文化认知和文化归属感也会随着变化的社会环境而变化。因此,个人的文化身份不是静态的、固定的或持久的,而是会随着不断增加的人生阅历而变化,是动态性的。跨文化交际中,个人的文化身份会随着与客国文化中的人们交往而变化,从而产生很大改变。处于客国文化中的人们,或处于主导文化中的亚文化个人,甚至处于另一种亚文化中的亚文化个人,其文化身份都会随着交流和阅历的变化而变化,人们在交流中不断产生以及重新产生自身的文化认同,文化身份的动态性特征会极大影响个人的文化认知。

文化身份具有多面性的特征。在任何情景、任何语境下,个人的文化身份都有多个组成要素。比如一个人的身份可以同时是:党员、学生、雇员、女儿、妻子等。在多元文化存在并发展的环境下,如全球化、移民、跨文化婚姻、一带一路的交流和发展,文化身份的多面性特征表现得更加突出,越来越多的人在多种文化身份中生存。一个人可以认为自己属于两个或多个民族、种族或宗教(Martin, Nakayama & Flores, 2002)。在多元文化环境下,文化身份的多样性特征会越来越强化。

本节介绍了文化的深层结构和文化身份两个大问题。文化的深层结构包含世界观、历史和家庭,宗教是世界观的主要表达方式。家庭是文化深层结构的另一重要元素,包括家庭的定义和类型,家庭的重要性以及文化与家庭。由于世界观、历史和家庭传承着重要的价值观并塑造其成员的文化身份,本节涉及文化身份的定义、文化身份的形成和文化身份的特征,而文化身份的认同则是民族融合、跨文化融合的基础。

第二章

文化模式模型

第一节 文化模式研究

对于同样的事物，不同文化可能会有不同认知。谈到美食，中国的满汉全席几乎无所不包，其他国家也有不同的饮食文化，如日本的寿司、韩国的泡菜、印度的咖喱、法国的蜗牛，处于不同文化中的人们对美食的认知也有所不同。外国人来到中国，常被问到："你认为中国（某城市）怎么样？你喜欢中国食物吗？"以至于很多外国人的感觉是：我和一群中国人交流了，但好像又只和一个中国人交流过。为什么不同文化，大家的认知会有这么大差异？为什么同一种文化，大家的认知又如此相似？是什么影响着人们的认知？这就是文化模式。

一、文化模式的定义

文化模式是指同一文化中普遍认同的信仰、价值观、行为准则和社会实践，在较长一段时间内稳定的，相似情境下人们大体相似的行为方式（Lustig & Koester，2007）。在同一种文化模式下，人们对世界有相同的看法，对同样的事情有相同的判断，对他人的行为有相同的期望，以及相同的可预测的行为模式。文化模式是一种看世界的方式，或者说是指导人们看世界的方式。

文化模式是指导思维和行动的一套基本准则。相同文化中，由于人们的认知大体相同，所以对世界的看法大体相同，行为方式也类似。但是，文化中的每个人都是独立的个体，所以同一文化中也存在个体行为差异，即个人的行为方式有可能不符合该文化的文化模式，这是很正常的情况。我们只能说这一套基本准则符合该文化中的大多数人。同时，由于文化的共性，不同文化中的人们对相同的问题也可能存在相似的看法，比如不同文化对"爱与和平"有类似的态度和追求。

二、文化模式的构成要素

文化模式的构成要素是:信仰、价值观、行为准则和社会实践。

信仰是人们关于"世界的什么是对的"的信念,即一套能使其文化成员判断什么是合理的和正确的习得性解读(Lustig & Koester, 2007)。信仰既包括核心信仰(central/core beliefs),也包括外围信仰(peripheral beliefs)。核心信仰指文化中有关现实和世界发展的最基本学说;外围信仰指该文化认为正确的物质和人文世界的观点。宗教是不同文化信仰体系的一部分,但信仰包括的内容远远大于宗教。

信仰存在于人们的潜意识之中,人们通常并不会意识到什么是自己的信仰。只有在和不同文化的人们交往过程中,才会发现人们通常认为正确的观念,在别的文化看来并非现实或真理。只有在跨文化交往中,两种信仰体系发生碰撞时,不同文化的人们才会意识到不同文化有不同的信仰,但想要证明自己的信仰更正确,绝非易事。

人们的信仰,源于其文化背景和经历。对于信仰,人们相信它是对的,并不需要去质疑或探究其为真的证据。它是文化不可分割的一部分,人们的信仰来源于文化,并在文化中发展,人们仅仅潜移默化地习得文化,同时以种族中心主义的意识,认为自己的文化是最好的、最正确的,因此,人们并不会费力去证明文化的科学性,信仰同样无须证明。

价值观是"人们后天习得的指导人们做出选择、解决纷争的一整套规则"(Rokeach, 1973)。价值观包括:邪恶与善良、肮脏与纯洁、危险与安全、正派与猥亵、丑陋与美丽、做作与自然、异常与正常、矛盾与逻辑、非理性与理性、道德与失德(Hofstede, 2001)。有些国家把尊老爱幼作为一种价值观取向,还有一些国家把年老看作一种劣势状态,价值观取向更倾向年轻人。大多数西方人喜欢明确地表达自己的观点,而多数东方人更倾向于约束自己的情感表露,尤其是负面情感。这反映的都是不同的价值观取向。

价值观通常体现一种文化的目标或其理想状态。比如党的十八大提出的"富强、民主、文明、和谐,自由、平等、公正、法治,爱国、敬业、诚信、友善"的社会主义核心价值观,体现了国家层面的价值目标、社会层面的价值取向和公民个人层面的价值准则,阐释的是社会主义文化的核心目标。

行为准则是社交上公认的对恰当行为的预期。同一种文化中,人们打招呼的方式是由行为准则规范的,什么是礼貌也以行为准则为基础,行为准则为人们提供交往中的"正确"方式,对"正确"做出的判断,将行为准则与该文化的信仰和价值观联系在一起。需要注意的是,行为准则会随着时间而变化,但信仰和价值观却稳定得多。

社会实践是文化成员通常遵循的可预测的行为模式。社会实践是信仰、价值观和行为准则的外化表现方式。社会实践分为正式的和非正式的两种类型。正式的社会实践包括公开场合集体举行的典礼、仪式和其他有组织的程序性活动,如升旗典礼、教堂礼拜、婚礼、葬礼等仪式。非正式的社会实践包括各种日常行为,如吃饭、睡觉、着装、工作、休闲等。吃饭用筷子、刀叉,还是用右手手指,饭前是否需要祷告,是否斋戒,都是非正式社会实践行为。

三、文化模式的特征

文化模式不具有普遍适用性。一种文化的价值观并不能代表文化中所有个人的价值观,年龄、性别、地位、职业、亚文化身份都可能使个人的价值观与该文化的主导文化模式不相符合。但是,该文化的文化模式符合文化中大多数个体的交际行为。

各种文化模式彼此关联。文化模式并非孤立存在,而是共融共通的。首先,文化模式是一个连续体,不同的文化模式处于这个连续体的不同位置,如集体主义文化和个人主义文化的指数就是连续排列的,这一点将在霍夫斯泰德模型中详细介绍。其次,各种价值取向之间存在联系。比如重视精神生活的文化模式也会影响到该文化对年龄、地位、社会关系等的价值取向。

多种文化群体影响主导文化模式。多数文化都存在亚文化现象,亚文化群体的价值观与主导文化模式有较大差别,因此也会对主导文化模式产生影响。

文化模式有动态特征。由于文化具有动态性特点,文化模式也可能会受到动态影响。如妇女解放运动提升了妇女的地位,全球化浪潮使不同文化受到一定程度的同化等,但文化深层结构的改变是艰难而缓慢的。

第二节 文化模式理论模型

无论世界上存在多少种文化,每种文化都试图探寻关于这个世界的一些基本问题的答案。这些问题(Kohls,1979)包括:人们对活动的取向是什么?人与人之间的取向是什么?人的本性是什么?人与自然的关系是什么?人们对待时间的取向是什么?文化模式理论是人们看待和思考世界的方式和条件,以及人们在这个世界生活的态度。不同文化对这些哲学基本问题的观点自成系统,分别给出适应其文化的解答,也由此构成了不同的文化模式。上述问题可以概括为文化模式的五个取向:行动取向、社会关系取向、自我取向、世界取向以及时间取向。这五个取向是文化模式理论的核心问题,所有的文化模式理论模型都包含了对这五个取向的解答。

研究文化模式的四种最重要的理论模型分别是克拉克洪和斯托贝克模型、霍尔的高低语境文化模型、霍夫斯泰德模型、儒家文化模型。

理解不同文化模式理论模型时,必须注意以下三点:

1)每种理论模型都是对文化模式的整体(即信仰、价值观、行为准则和社会实践)进行研究,按照其分类方法将文化模式进行再分类。

2)不同理论模型之间相互关联,有联系有重叠,因此模型中的每一个部分都不可能单独存在。

3)文化模式理论模型不具有普遍适应性。文化中的成员有个体独特性,文化模式理论模型只能适用于某一文化中具有典型特征的大多数文化成员。使用中应注意避免刻板印象。

一、克拉克洪和斯托贝克模型

基于对上述五个取向的基本哲学问题的分析,克拉克洪和斯托贝克在研究了上百种文化之后,于1961年做出他们的文化模式理论模型。按照行动取向、社会关系取向、自我取向、世界取向和时间取向,克拉克洪和斯托贝克对每种价值取向进行了文化模式分类。

1.1 行动取向

行动取向指文化中的人们如何行动,以及如何通过行动表达自己。在行动取向这条文化连续直线上,某种文化可以被看作存在文化、"存在—改变"文化,以及实干文化这条连续线上的一个点。

存在文化中,"人们把生活中的人物、事件以及观念等看作是自然流动的,强调享受当下的生活,看重休闲和娱乐,工作也只是为了当下的需要"(Alder &

Jelinek,2000)。存在文化倾向于不作为和接受现状。存在文化相信命由天定,个人奋斗无法改变命运。

"存在—改变"文化认为人是发展和变化的,相信人可以通过改变自己,进而改变世界。"存在—改变"文化重视精神生活,认为奋斗的过程重于结果。工作与享乐没有严格界限,工作可以和社交同时进行。

实干文化认为应以个体外在标准衡量人的成就,人们想方设法改变或控制他们周围发生的一切。"天助自助者""有志者事竟成"及"只要有梦想,努力就能实现"等都是实干文化的体现。实干文化严格区分工作和休闲,人际交往也以关注人们做了什么、如何解决问题为主。

1.2　社会关系取向

社会关系取向反映人们如何规范自我以及如何处理与他人的关系。在社会关系取向这条主线上,某一文化可能位于权威主义、集体主义和个人主义之间的一点。

权威主义导向认为有些人生下来就是领导者,其他人需要无条件地服从领导者的权威。在权威主义文化中,人们存在等级差别,重视礼节,语言上有尊称、敬语等区分。

集体主义导向认为集体是社会最重要的部分,集体为个人的发展提供帮助,个人要为集体的共同利益做出牺牲,集体利益大于个人利益,人们只有在集体中才能找到归属感。集体主义导向中的人们也存在等级差别,重视礼节,语言上也能区分个人在集体中的地位,但程度上并不像权威主义导向那么强。

个人主义导向强调人与人之间的关系是平等、坦率、直接的,人与人之间的关系不紧密。个人主义导向弱化年龄、性别、职业等差别,倾向于个人奋斗,重视平等的权利,个人应该能够完全掌控自己的命运。

1.3　自我取向

自我取向试图解决的问题包括:人的身份如何形成;人的本性是会变还是不变;个人行为动机是什么;哪种人值得尊敬等。自我取向与集体主义导向和个人主义导向有所关联。集体主义导向下的自我取向通常认为个人在集体中才有意义,人与人之间相互依靠,重视责任感,相信人的本性是不变的,不强调自我实现;值得尊敬的品质有:年长、智慧及精神引领作用等。在个人主义导向下,个人身份靠自我奋斗获得,人是会变化的,注重自我实现。个人行为动机为依靠自我,强调权利而非责任;值得尊敬的品质有:年轻、精力充沛、创新和物质收获等。

1.4 世界取向

世界取向是人们如何看待精神世界、自然和其他生物的观点。世界取向包括对人的本性的探讨、人与自然的关系,以及人与物质世界和精神世界的关系。

人的本性可以分为:人的本性是善的、人的本性兼具善恶,以及人的本性是恶的。有些人认为人的本性是善的,他们相信环境会使人变坏,人要依靠道德的约束来保持善良的本性。有些人认为人的本性兼具善恶,他们相信遇到善事时,人的本性会显现善良的一面,遇到恶事时,人的本性会显现罪恶的一面,善与恶的本性会相互转化,后天学习也会让恶向善转化。有些人认为的本性是恶的,相信人性本恶的人们不依靠道德而是依靠法律来约束人们的行为。

人与自然的关系可以分为三种取向:人类控制自然,人与自然和谐相处以及人类受制于自然。

认为人类控制自然的群体,他们相信科技的发展会让人类生活得更好,相信自然是能够被人类征服的,科技的发展能够解决或对抗一切自然灾难。认为人与自然是和谐相处的关系的群体,相信自然是生命的一部分,不应该使用人的力量或科技的力量去控制它。人对自然的改造不能过度,否则会招致自然的惩罚。认为人类是受制于自然的群体,相信自然的力量很强大,人类无法控制,自然灾害,如火山喷发、地震、海啸等,以及流行病的爆发都是自然调节规范人类行为的手段。因此只能学会接受自然。

在人类控制自然的世界取向中,人们认为物质世界和精神世界是分开的。人们的精神世界和生活、工作、享乐等日常生活完全独立存在。而在人类与自然和谐相处,以及人类受制于自然的世界取向中,精神世界和物质世界可以同时存在,并无明显区分。

1.5 时间取向

时间取向反映的是人们如何看待时间的问题。不同文化对于时间的取向可以分为过去导向、现在导向以及未来导向。

过去导向相信历史和传统对现在及未来的指导作用。现在导向的文化认为当下最重要。对他们而言,未来是不确定的、模糊的和未知的,而当下是真实存在的。未来导向的文化强调未来的重要性,相信未来比现在更美好。

以上从行动取向、社会关系取向、自我取向、世界取向和时间取向五个方面介绍了克拉克洪和斯托贝克的文化模式理论模型。对于这一模式,可以参照表2-1。

表2-1 克拉克洪和斯托贝克的文化模式理论模型

文化价值取向	价值和行为		
行动取向	存在	存在—改变	实干
社会关系取向	权威	集体主义	个人主义
自我取向	人性本恶	人性兼具善恶	人性本善
世界取向	人类受制于自然	人与自然和谐相处	人类控制自然
时间取向	过去	现在	未来

(Kluckhohn & Strodtbeck,1960)

文化模式理论模型研究的基本方式是探究不同文化对行动取向、社会关系取向、自我取向、世界取向及时间取向这五个哲学问题的系统性回答。克拉克洪和斯托贝克的文化模式理论模型区分了不同文化模式。按照行动取向,世界文化可以分为存在、存在—改变和实干文化;按照社会关系取向,文化可以分为权威、集体主义和个人主义文化;按照自我取向,可以分为人性本善、人性兼具善恶和人性本恶文化;按照世界取向,可以分为人类受制于自然、人与自然和谐相处,以及人类控制自然的文化;按照时间取向,文化可以分为重视过去、重视现在和重视未来的文化。

二、霍尔的高低语境文化理论模型

霍尔依据交际中传达出的意义来源是交际场合还是交际话语,将世界上的主要文化按照高语境和低语境进行分类,发展了高语境文化和低语境文化理论模型。

根据霍尔的语境文化理论,语境是指"围绕事件的信息,它与事件的意义密不可分"(Hall & Hall,1990)。霍尔(Hall,1976)认为,世界上的文化可以看作是一条从高语境向低语境排列的连续线,不同文化位于这条线的某些点上。在高语境交际中,大多数信息已经由环境、交际者或传播者自身内化的信仰、价值观、行为准则和社会实践等体现出来,只有很少一部分信息经过编码的方式清晰传递;而在低语境交际中,大部分信息都以清晰的编码方式传递。信息量大而翔实的,属于低语境文化;信息量少而含蓄的,属于高语境文化。霍尔也指出,任何文化并不存在高语境或低语境的绝对标准,高语境文化中可能有低语境的变量因素,低语境文化中也可能存在某些高语境的变量因素,但大多数文化都可以在高语境到低语境这条线上进行排序(见表2-2)。

表2-2 文化按照高语境向低语境的顺序排列

高语境文化
日本文化
韩国文化
非裔美国文化
美国印第安文化
希腊文化
拉美文化
意大利文化
英国文化
法国文化
北美文化
德国文化
低语境文化

(Adapted from Hall & Hall, 1990)

霍尔判断某种文化属于高语境文化或低语境文化时有一系列特征和标准,大体可以归纳为:使用明码还是暗码信息、对圈内人和圈外人的态度以及时间取向。M. W. 卢斯蒂格和凯斯特(Lusting & Koester, 2007)将其交际特点进行了归纳(表2-3)。

表 2-3 高低语境文化的特点

高语境文化	低语境文化
内隐、含蓄	外显、明了
暗码信息	明码信息
较多的非言语编码	较多的言语编码
反应很少外露	反应外露
(圈)内(圈)外有别	(圈)内(圈)外灵活
人际关系紧密	人际关系不紧密
高承诺	低承诺
时间处理高度灵活	时间高度组织化

2.1 使用明码信息和暗码信息的区别

在高语境文化中，信息是内化的，人们非常依赖非言语码、表情、动作、环境等都可以传达信息。高语境环境中的人们明确接受这些暗码信息，因此真正需要借助语言表达的信息量就很有限。高语境文化中的人们甚至认为通过非语言方式传达的暗码信息比语言更加可靠。但是在低语境文化中，人们只从明码信息中解读他人行为的意义，每次交际都要使用语言或文字明确传递信息。低语境文化中的人们希望明码信息要明确、具体和清楚，如果他们认为信息量不够，就会继续追问，哪怕提出的问题会让对方感到唐突，因为他们觉得信息量不够而产生的模糊不清和歧义更难以忍受。比如一些情侣或夫妻之间讲究默契，眼神交流或举手投足之间都可以传达感情，并不会把"我爱你"时时挂在嘴边，他们认为过多使用语言表达爱意反而会给人以油嘴滑舌之感，解决矛盾冲突的方式也以"冷战"居多；而也有一些情侣或夫妻常常要说"我爱你"，认为语言是表达情感最好的方式，交流是解决问题的最好手段，因此解决矛盾冲突的方式通常是争吵或争论，力求把问题解释清楚。

在高语境文化中，人们反应比较内敛，因为维护和谐是高语境文化交际的重要目的，如果反应外露就容易威胁到交际对方的面子。低语境文化中的人们反应比较外露，因为交际的目的是为了传达准确意义，明确的信息能够帮助实现这一目标。

2.2 圈内人和圈外人的区别

在高语境文化中,非常容易判断谁是圈内人谁是圈外人,因为圈内人之间有些行为准则通过暗码信息表达,圈外人不享有这些信息量,因而不了解那些准则。在低语境文化中,圈内人和圈外人的区别不明显,人们经常因为活动的不同而灵活变更圈内人。

另一个区别在于个人身份。在高语境文化中,人们之间的约束力很强,担负对他人的责任超过了对自己的责任,人们甚至会为圈内人放松规则。我们常听人说"我不能让家人失望",或"做好某事是我的责任",体现的就是高语境文化下的责任感。还有"大恩不言谢"的说法,反映的同样是交际双方的承诺关系,恩情会在对方需要帮助的时候加倍回报。低语境文化中,人际关系不紧密,人们之间的约束力不强,低语境文化中的人们,可能会对陌生人施以援手,对朋友却不一定,反映的也是朋友间低承诺的特征。

2.3 一元时间系统和多元时间系统

在高语境文化中,时间是开放的、灵活的,可以按需要重新安排或规划,不完全受目标时间约束。在低语境文化中,时间是高度组织化的,人们通常不会变更时间安排。

按照霍尔(Hall, 1990)的定义,多元时间系统(polychronic time system)是指"一个时间段内可以同时做几件事","一元时间系统(monochronic time system)指"一个时间段内只能做一件事情,时间被分割成精确的小单位"。霍尔对此描述为:一元时间系统下的人们"一段时间内只安排一件事情,如果他们必须在同一时间内应付太多事情,他们就会无所适从。"但是多元时间系统下的人们"倾向于同时做几件事情"。霍尔对此得出结论,"一元时间系统下的人觉得把活动按时间一件件分开做比较容易,而多元时间系统下的人更喜欢把事情集中处理"(Hall, 1990)。

三、霍夫斯泰德文化模式理论模型

霍夫斯泰德文化模式理论模型是建立在大量统计数据基础上的,数据来自他对53个国家和地区的在跨国公司工作的十万多位经理人进行的调查。霍夫斯泰德总结出六个维度:个人主义与集体主义、对不确定因素的规避程度、权力距离、男性文化与女性文化、长期取向和短期取向,以及放纵与克制维度。他将调查数据按顺序排列,得出不同国家的文化维度数值。他的后续研究包括对23个国家和地区的文化维度之长期与短期取向的顺序排列,增添了中式价值调查维度。最新的研究是基于"世界价值观调查"的,他们(Hofstede, Hofstede & Minkov, 2010)通过对93个国家和地区的数据分析,发现了放纵与克制维度。

3.1 个人主义与集体主义

所有文化都涉及个人与个人、个人与社会的交往。在交往中,如何平衡自我与他人的关系,在交往中鼓励个体成员有个性、不依赖他人,还是强调与他人一致,与其他文化成员是否应该相互依赖,个人主义文化和集体主义文化对此有着不同认知。

个人主义文化强调个人成就,认为个人是一切社会环境中最重要的因素,个体目标先于集体目标,鼓励竞争(Andersen,1994)。个人主义文化中,人们只需要照顾好自己和自己的直系家庭成员。表现个人主义文化特征的关键词有:独立、隐私、自我和"独我"意识。做决定时,个人主义文化首先考虑是否对个人有利,而非对集体有利。

集体主义文化通常具有更加固定的社会构架,个人在社会交往中的作用不显著;圈内人和圈外人有明显区分,只重视圈内人的观点和需求;人与人之间相互依赖,要与集体准则和价值观保持一致。集体主义的社交网络比较固定,不依赖个人主观能动性(Andersen, 1994)。集体主义文化要求成员对集体绝对忠诚,做决定时考虑集体利益,个人应该为集体利益做出牺牲。集体为其成员提供保护和归属感,是文化成员最重要的社会单位。表现集体主义文化特征的关键词有:责任、义务、依靠、"我们"意识和归属感。

个人主义与集体主义的一个预测因素是经济发展水平。富裕的文化通常是个人主义文化;贫穷的文化倾向于集体主义文化。虽然无法判定经济的加速发展是否会导致个人主义文化的加速发展,或反之亦然,但是有强烈的证据表明,经济越发达,文化会变得越具有个人主义文化特征(Lustig & Koester, 2007)。

个人主义与集体主义的另一个预测因素是气候。处于寒冷气候下的文化倾向于个人主义文化;温暖气候下的文化倾向于集体主义文化。这是由于在寒冷气候中,个人的主动性和解决问题的创新办法会受到重视,而温暖气候中,个人贡献显得没那么必要。

个人主义文化和集体主义文化强调个人归属感的来源。特里安迪斯(Trandis,1972)认为个人主义与集体主义维度是目前区分不同文化的最主要属性。跨文化交往中,个人主义文化主张采用直接手段解决问题,而集体主义文化主张避免矛盾,使用第三方中间人或者其他能够保全面子的手段。

3.2 对不确定因素的规避程度

不同文化都需要面对的另一个问题是如何适应变化和应对不确定因素。由于未来是未知的,对不可预知性的接受和容忍程度及其选择应对变化的方式,可以区分文化模式的不同维度。霍夫斯泰德对这一维度的定义是"描述一种文化中人们在面对他们所感知到的不确定、不清晰或是无法预测的环境时所产生的不安程度。为了避免这种高度不确定性环境,人们会严格遵循固有的行为模式并保持对绝对真理的信仰"(Hofstede, 1986)。

对不确定因素规避程度较高的文化通常会想办法减少社会和组织生活中的模糊性和不确定性。对模糊和不确定的情况,该文化中的人们通常会产生压力和焦虑。他们寻求工作和生活的安全感,避免冒险,对未来感到焦虑,抗拒变化,害怕失败,把生活的不确定性看作一直存在的、必须克服的威胁。该文化通常制定一系列成文的规则和计划来控制社交行为,采用详细的礼仪规范或宗教仪式,力图在交往中建立规范的行为方式,使生活具有更多的条理性和秩序,以此避免或减少不确定性的发生。

对不确定因素规避程度较低的文化通常积极应对模糊和不确定情况所带来的压力和焦虑。他们能够容忍生活中发生的非常规事件和由于不确定因素引起的非正常压力,崇尚个人主动性,喜欢冒险,处事灵活,认为规则越少越好。面对不确定因素,他们会想出更多的创新办法,在人际交往中感到更加放松。

跨文化交往中,对不确定因素规避程度的高低不同也会导致交际失误。对不确定因素规避程度较高的文化,通常认为来自规避程度较低的文化个体过于冒险、随便,不按规则办事;反之,他们自己则会被来自不确定性规避程度较低的文化个体认为过于死板、教条,工作进展太慢,而且不敢冒险。

3.3 权力距离

权力距离反映的是不同文化接受和适应社会关系和组织中权力分配不平等的程度,以及服从还是质疑、挑战权力行使者的决定。权力距离大的文化通常为权威主义导向,强调等级差别或社会关系的垂直结构。在这种文化中,人们的社会交往是不平等的互补关系。年龄、性别、出生顺序、财富状况、受教育程度、个人成就、家庭背景、职业和地位差别都会造成权利的不平等。因此,在权力距离较大文化的交往中,人际关系建立在因社会等级不同导致的各种差别之上。人们接受这种差别并认同权力是社会的一部分,权威机构或人士的决定或话语不容挑战或质疑。

权力距离较小的文化中,社会关系是平行存在的。人们尽量缩小由于年龄、性别、地位和社会角色引起的不平等,鼓励质疑或挑战权威人物,缩减组织等级结构,限制其只能在合法的情况下使用权力。这些文化中的人们认为他们和权力之间的距离不大,每个人都拥有获得权力的途径,习惯采用非正式和直接的社会交往方式。

预测某一文化的权力距离大小主要有三个因素:气候、人口数量和财富。

气候,通常以纬度来衡量,是预测该文化权力距离大小的重要因素。处于高纬度,气候偏冷或很冷的地方,通常权力距离较小;处于低纬度,热带或亚热带气候的地方,通常权力距离较大。

人口数量是预测该文化权力距离大小的另一个因素。总体说来,人口数量越大,该文化的权力距离越大。一种文化的人口数量越大,它的社会情况越复杂,越需要制定规则并依靠强有力的执行者来保证其实施。较大的权力距离有利于该文化的有序发展。

财富分配状况是预测该文化权力距离大小的第三个因素。文化中的财富分配越不平均,该文化的权力距离越大。财富分配越平均,说明该文化越重视教育、科技和政治权力的分化。这些因素会引发对权力的质疑,从而缩小权力距离。相反,财富分配不平均通常和政治集权、尊重权威相关,从而导致权力距离较大。

在较大的权力距离文化中,孩子要服从家长和老师的指导,不允许质疑或挑战权威,语言上也多使用尊称和正式语言。在较小的权力距离文化中,学生常主动提问题,创造性地解决问题,也会质疑现有答案。

3.4 男性文化和女性文化

男性文化和女性文化是指文化中男性特征或女性特征盛行的程度,即该文化倾向于重视成就和决断或重视养育和社会扶持的程度。在男性文化中,男性处于社会中的主导地位,具有雄心、决断、成就、力量、喜好竞争和物质拥有权等特征,其交际方式具有侵略性和决断性,女性通常承担养育角色。在男性文化中,男性和女性的性别角色有显著差别,如日本女性结婚后通常以照顾家庭为职业,男性在外工作,是家庭的主要收入来源。霍夫斯泰德研究显示:日本是男性文化指数最高的文化。

女性文化强调情感、同情心、情绪、养育和敏感度。女性文化中,男性不要求决断,因此男性与女性之间的性别角色更加平等,其性别角色没有明确界限,双方都可以承担养育家庭的职责。女性文化中,男人可以在家照顾孩子,女性可以出去工作,成为家庭收入主要来源。需要明确的是,女性文化不代表女性强权主义,更强调性别平等。

3.5　长期取向和短期取向

由于前四个维度都以西方学者在西方进行的研究为基础,因此带有西方倾向性。长期取向和短期取向是以迈克尔·邦德和其他研究者对中国大学生长期研究之后得出的文化维度,具有中式价值取向。

长期取向是指个人对生活和工作的参照点。长期取向在个人交往中崇尚毅力、节俭、谦卑、羞耻心和地位差别,家庭中长幼有别,各成员在语言表述和行为上有所区分,人们普遍接受需求延迟满足的观点,家庭中的每个人分别承担不同的家庭责任。长期取向文化中的职员通常努力工作,尊重上司,重视社会秩序,注重长远目标。

短期取向更关注的是短期价值取向,追求自身需要的快速满足。在商业合作中,短期取向的文化只看重短期利益,并不重视经营长期生意伙伴关系。这和中国文化中的交往模式有所不同,中国文化中,人们通常会花很长的时间与生意伙伴建立关系,以期长期合作。

3.6　放纵与克制维度

保加利亚学者迈克尔·明科夫(Michael Minkov)通过对93个国家和地区的世界价值观调查数据,揭示了第六个维度:放纵与克制维度。这一维度被定义为:"放纵意味着允许相对自由地满足人类享受生活和娱乐相关的基本和自然的欲望倾向,克制是放纵的另一端,反映的信念是,这种满足需要受到严格的社会规范的限制和调节"(Hofstede, Hofstede & Minkov,2010)。从这个意义上讲,满足是指对生活的全面享受。

如果一个社会的文化符合明科夫定义的放纵维度,那么这个社会的人们会把自由和个人享受放在首位,乐于享受闲暇时间和与朋友之间的互动,消费和支出将优先于财产约束。相反,符合明科夫定义的克制维度的社会,其成员会认为节俭很重要,社会秩序和纪律比个人自由更重要。表2-4列出了放纵文化和克制文化的典型特征。

表2-4 放纵文化和克制文化的典型特征

放纵文化	克制文化
节俭不重要	节俭重要
道德约束弱	道德约束强
积极心态盛行	消极心态盛行
性别角色不明显	性别角色明显
微笑是惯常行为	微笑被怀疑
言论自由重要	言论自由不重要
维护国家秩序不重要	维护国家秩序重要

四、儒家文化理论模型

儒家文化理论模型是以东方价值导向为基础建立起来的,是霍夫斯泰德的长期取向价值维度的总结和发展。鉴于前三个模型都是以西方价值为导向的,因此儒家文化理论模型对于理解东方文化具有尤其重要的意义。

儒家文化是许多亚洲人的日常行为准则和伦理规范。儒家文化不仅在中国有着悠久的历史和传统,而且在日本、韩国及亚洲其他国家都有着深远影响。

儒家文化包含以下重要原则:

4.1 社会秩序和稳定建立在不平等的人际关系之上

五种最基本的人际关系包括:君臣(公正和忠诚)、父子(爱和亲近)、夫妻(主导和服从)、兄弟(兄友弟恭)、朋友(相互信赖)。这几组关系中都隐含了年龄或地位上的差异,由此构成社会等级差异,不同社会等级之间分别有着不同的职责和义务。这些关系中,高等级的人要为低等级的人提供保护和关心,低等级的人要对高等级的人表示尊敬和服从。根据人际关系的亲疏远近不同,尊重和服从的程度、形式等具有不同的准则。

4.2 家是所有社会关系的原型

由于家是社会的基础,儒家文化在与外界交往时,遵循的也是家的礼仪、原则和规范。儒家文化中的人们对陌生人的称谓常会用到"爷爷""奶奶""伯伯""叔叔"等亲属称谓,暗含社会是大家庭之意。在这个大家庭中,个人不是孤立的个体,而是对于社会有责任、有义务的成员。许多公众人物等常会说"我代表着国家形象",反映的是一种"家庭—社会"责任观念。孩子从小学习区别对待圈内人与圈外人,学习约束自己的个性,维护集体和谐。

和谐是通过维护"面子"来实现的。丢"面子",即丧失尊严,是一件非常严重的事情。社会关系是建立在保护每个人的"面子"的基础之上的。因此,避免丢面子的常用方式有:在交际初期以及发生矛盾时,常常会依赖中间人;使用间接语言以避免尴尬冲突,以及使用礼节礼貌来给对方留面子。

4.3 恰当的社会行为包括"己所不欲,勿施于人"。

这一原则实施的条件基础为:人与人之间的关系是相互的,对社会义务和责任有相同的认知。这一原则还指出,交往对象的品行很重要:正直、诚实和博学的人是最佳交往对象;而善于奉承、谄媚,过于夸夸其谈的人则应避免交往。要实现和谐关系,个人首先要留心并同情别人的处境。因此,当交际出现问题时,人们应首先进行自我检查。理想的社会关系不仅要实现人际和谐,更应实现天人合一。

4.4 儒家文化中的个人应具有的品德:有教养、勤奋、节俭、谦虚、耐心和毅力

儒家文化重视教与学,强调中庸,不应过度挥霍,不该情绪失控,困难面前要有持之以恒的毅力。因为人性本善,每个人都应进行品德训练,以达到理想的行为标准。这些实践的最终目标是为了实现世界和平,不必治人或治于人。

本节介绍了四个重要文化理论模式:克拉克洪和斯托贝克模型、霍尔的高低语境文化理论模型、霍夫斯泰德文化理论模型和儒家文化理论模型。这四个文化理论模型,按照不同方式对世界文化进行分类,是分析世界不同文化类型的理论指导。

第三章

共文化交际理论

第一节 理论提出及相关概念厘析

一、理论的提出

共文化交际理论(co-cultural communication theory,简称为CCT)是跨文化传播学领域的重要理论成果之一,这一理论为理解文化内部各群体之间的互动机制提供了参考框架,同时该理论也为探索文化、权力与传播之间的相互关系提供了新的理论视角(王媛,2015)。

20世纪90年代后期,美国西密歇根大学传播学教授马克·奥布(Mark P. Orbe)运用现象学的方法就非洲裔美国人的跨种族传播展开研究,并在缄默群体理论(Kramarae,1981)和视角理论(Smith,1987)的基础上提出了共文化的概念并建立了共文化交际理论。

二、共文化相关概念厘析

1. 共文化与共文化交际

所谓共文化,是指"共存于同一民族文化中的不同文化群体,如共存于美国文化中的白人群体、黑人群体、亚裔群体、土著印第安人群体等;或指同一社会中的不同种群,如男性群体、女性群体、残疾人群体等"(Samovar,2003)。这些共文化群体"享有在任何文化中能够发现的一些共同特征,如:特定的语言体系、共享的价值观、集体的世界观、共同的交际模式等。各种共文化潜在地带给人们新的交际经历与交际手段,同时他们的交际行为常常会使主流文化圈的人感到迷惑不解"(Samovar, Larry A & Richard,2007)。这些群体曾被称为"亚文化",但"亚文化"这个名称暗含贬低之意(Gudykunst,2014)。

马克·奥布在其阐述共文化理论的首部专著中指出,"共文化交际是指未被充分代表的群体成员与主导群体成员之间的交际活动"(Orbe,1998a)。这些未被充分代表的群体成员包括黑人群体、女性、残疾人群体、社会经济地位低的群体、同性恋、双性恋群体等(Orbe,1998c)。共文化理论从未被充分代表的群体成员的角度出发,探讨这些群体在与主流文化群体之间交往的过程中所经历的文化差异,旨在帮助人们了解处于主流文化边缘的人们在主流社会中的日常交际方式和交际内容(李志远,王丽皓,2010)。

2.2 共文化与亚文化

"共文化(co-culture)"与"亚文化(sub-culture)"到底有何区别呢?更多学者倾向于使用"共文化"而不是"亚文化",因为"共文化"表明同一地域中共同存在的所有文化,这些文化共同存在,没有哪一种优于或劣于其他文化,而"亚文化"的前缀sub本身就含有"在下方,附属,次于"之意,因此,使用"共文化"这样的表述更加合适且妥当。马克·奥布的处理方式为:用"共文化"这一表述代表社会中的劣势或边缘群体。

但是也有学者对"共文化"这一表述的使用提出了质疑,认为其隐藏了群体之间的权力差异,隐藏了有些群体处于劣势这样的事实。

2.3 主流文化与非主流文化

共同存在于同一民族文化中的不同文化群体或者同一社会中的不同种群之间不可避免地存在着主流、非主流,以及权力问题。不同阶层的文化在相互交流和竞争中形成的具有高度融合力、较强大传播力和广泛认同的文化形式被称为"主流文化",与之相对应的则被称为"非主流文化"。事实上,"非主流文化"的定义是由主流文化成员赋予的,非主流文化作用于特定文化群体所属的次级群体,在整个社会文化中的传播力相对薄弱,社会认同不高,对主流文化的社会、政治、法律、经济等方面影响较小。主流与非主流文化之间的差异不在于人口数量,比如在美国,女性的数量不在少数,但女性离成为权力精英的"大多数"还有较远距离(王媛,2015)。

2.4 文化内部交流

有关"文化内部交流"的定义,学界目前并未达成共识。传播学学者斯特拉姆和科格戴尔认为,文化内部交流是一个发生在特定文化成员之间的现象,在主流文化中有很多具有与主流稍许不同的价值观的亚文化集团,而他们的价值观也与其他亚文化集团不同。这些不同,虽不足以使他们另立门户,但足以将他们自己之间及他们和其他文化之间相互区分开。社会语言学家福尔波指出,文化内部交流是一种在单一特定文化中发生的现象,并认为不同阶层的人会对文化内部交流的形式和内容产生巨大影响。密歇根大学的萨博则将文化内部交流视为衡量文化间或国家间文化相似度的尺度,认为当文化的相似处越多,相关的交流行为水平就越接近"文化内部"交流。而在语言学家伯德看来,文化内部交流发生在"同一地缘政治系统的居民中,这些居民都至少拥有一个以上的支流文化成员的身份",他还根据种族、性别、年龄、健康状况等具体特征,对主流文化和非主流文化做了区分。由此可以看出,学者们普遍认识到了特定文化内部所蕴含的差异性和这些不同文化的成员之间交流的复杂性,他们从社会、等级、权力、地缘政治学和身份认同等不同视角切入,对文化内部交流的形式和内容进行研究,为共文化传播理论的产生和发展奠定了基础(王媛,2015)。

第二节　共文化交际理论

一、共文化交际理论的产生背景及理论依据

共文化交际理论的产生源于马克·奥布多年对处于主流社会结构边缘群体交际活动的研究,其理论基础是文化现象学和两个女权主义理论:缄默群体理论(muted group theory)和视角理论(standpoint theory)。这两个理论最初的关注点都聚焦于男性与女性之间的交际,但奥布认为这两个理论更加适用于探讨不同种族之间的交际。

缄默群体理论认为,弱势群体(如女性)文化因主导文化而以几种方式表现为沉默(缄默)。例如,1)主导文化(如男性)编写字典、制作电影(如网页)、书写历史,并且根据自己的现实构建世界;2)主导文化(如男性)贬低嘲笑其他的交谈方式、交际方式,并将其称之为肤浅的沟通等;3)试图在主导文化中发言的弱势群体成员往往会遭到拒绝。因此,女性和弱势群体成员必须创建、保持自己的发言方式,创造新的词汇来形容他们的经历,并且建立自己的交流形式以抵抗主导文化。

视角理论认为,弱势群体成员与主导文化成员对世界的理解不同,所有的理解都是局部的,但是那些次文化群体的理解通常更为全面。因为,1)主导文化群体的理解和意义框定了非主导文化群体的存在,所以非主导文化群体必须理解主导文化群体;2)理解弱势群体成员往往不符合主导群体的利益,主导文化群体有

改变世界的责任感。

共文化理论包含了五个认识论假设,每个假设都反映了该理论的理论基础:1)每个社会都存在等级制度,而这样的等级制度赋予了某些群体某些特权。2)主导群体成员基于各种不同程度的特权占据权利职位并以此构建和维护交际方式,而这样的交际方式又反过来反映、加强并促进他们的交际经验。3)主导的交际方式会直接或间接地阻碍非主导群体的进步,因其经历不能被体现在公共交际体系之中。4)尽管共文化群体成员经历不同,但他们具有相似的社会地位,这使得他们成为主导社会结构中的被边缘及未被充分代表的群体。5)共文化群体成员策略性地采用某些交际行为从而与主导社会结构进行协商。

二、共文化交际理论的核心概念

共文化交际理论的核心概念包括三部分内容:共文化实践、共文化要素、共文化取向。

2.1 共文化实践

共文化交际模型的出现得益于奥布早期的研究,其早期研究的关注点为共文化群体成员在和主导群体成员进行交际时的具体文化实践。表3-1简要概括了奥布所确定出的各种共文化交际实践。

表3-1 文化实践与文化取向总结表

文化实践	文化取向简要描述	
强调共性	关注人性相似点,淡化或忽略共文化差异	
培养积极面	认为在和主导群体成员沟通时要做到亲切,更加体贴、礼貌和专心倾听	非自信同化
审查自我	在受到主导群体成员不当的、间接侮辱性的或非常具有冒犯性质的评价时保持沉默	
避免争议	在交际中避免谈到具有争议性的或潜在危险的话题	
充分准备	在和主导群体成员互动之前,进行大量、详细的(或心理的或具体的)基础工作	
过度修正	对成为"超级巨星"的有意识的尝试——在应对广泛存在的对歧视的恐惧时表现一致	自信同化
操控刻板印象	遵从有关群体成员的已普遍接受的信念,并将其作为一种可利用的谋取个人利益的战略手段	
讨价还价	在双方同意忽视共文化差异的条件下与主导群体成员做出秘密或公开的安排	

续表

文化实践	文化取向简要描述	
分离	共同努力以避免与典型的共文化群体行为有任何联系	激进同化
镜像	采用主导群体规范以图弱化或消除自己的共文化身份	
策略性疏远	为了能被视作一个独自的个体避免与其他共文化成员产生任何联系	
自我嘲弄	尽管有损共文化群体成员,但却被动或积极地恳求或参与论述	
增加可见度	秘密但策略性地在主导群体中维持共文化身份存在	非自信适应
消除刻板印象	广义的群体特征和行为在塑造自我的过程中得以抵消	
显露自我	具有强烈自我观念的人以真实、开放、诚恳的方式与主导群体成员进行互动	自信适应
群体内联络	识别其他具有共同哲学观念、信仰及目标的共文化群体成员并与之协作	
利用联络人	为寻求支持、引导及帮助而确定具体的、值得信赖的主导群体成员	
教育他者	在共文化群体互动时充当教师角色;同时引导主导群体成员对共文化群体的规范、价值观等有所认知	
对抗	为了发出自己的声音而采用必要的激进手段,包括可能侵犯到他者权益的手段	激进适应
获取优势	为引发主导群体有所反应和获取优势而提及共文化压迫	
回避	与主导群体成员保持距离;避免可能与其发生的交际活动以及交际场合	非自信分离
保持界线	借助言语或非言语的暗示与主导群体成员保持心理距离	
显示优势	推广共文化群体优势、以往成就,以及对社会的贡献	自信分离
接受刻板印象	对主导群体观念进行协商性的解读,并将其融入积极的共文化自我观念	
攻击	通过对主导群体成员的自我观念进行个人攻击而对其造成心理痛苦	激进分离
妨害他者	为了能够充分利用主导群体成员的内在特权而破坏其能力	

(Orbe,1998c)

明确具体的共文化实践,有助于理解共文化群体地位是如何在日常话语交互中得到不断的强化和挑战的。

2.2 共文化要素

共文化交际理论认为有六大相互关联的要素影响未被充分代表的群体如何在主导群体社会结构中进行交际。这六大要素体现了共文化群体成员对共文化实践的具体选择。

共文化群体成员进行文化实践时的一个根本影响因素便是其对交际结果的偏好,即结果偏好(preferred outcome)。在交际中,每个成员都可能会问自己这样的问题:"什么样的交际行为能够实现我所预期的交际效果?"共文化群体成员通常会有意或无意地思考自己的交际行为会如何影响与主导群体成员之间的关系。共文化理论认为,对未被充分代表的群体而言,存在三种主要的交际结果,即同化(成为主流文化的一分子)、适应(尝试让主导群体成员接受共文化群体成员),以及分离(拒绝与主导群体成员结合的可能性)。"同化"是指共文化群体成员为了能够适应主导群体而为消除文化差异所做出的各种尝试,甚至包括丧失自己独有的特征。偏好"同化"这一结果的,其最终目的便是能够更有效地在主导群体中参与交际。偏好"适应"这一结果的则认为,只有当共文化群体保留自己文化的独特性时,交际才最为有效,所以"适应"的目标便是改变现存主导结构,实现无等级区分的文化多元主义。偏好"分离"这一结果的,其认为不需要与主导群体成员产生共同关系,分离的目标便是与其他共文化群体成员一起创建能够反映自己价值观、习俗和规范的社会团体和组织。

经验领域(field of experience)是指一个人生活经验的总和,也就是个人全部的生活经历。在不断地、循环地思考、选择和评估共文化交际实践的过程中,个人经验是一个非常重要的影响因素。通过终身的经验所得,共文化群体成员知道如何进行不同的文化实践,了解在不同场合使用不同的策略会产生的不同效果。依据个人经验,共文化群体成员对什么是适当地、有效地与主导群体成员之间进行交际的感知是一个不断建构、继而解构的动态过程。

个人能力(abilities)是指成员进行不同文化实践、从事不同活动的能力。不是所有的共文化群体成员都有能力进行表3-1所罗列出的所有的共文化实践,个体的共文化实践能力取决于个体特征及具体的环境因素。比如,有人不善于言语攻击或人身攻击,有人不善于和别人正面对抗,有人不具备和其他共文化群体成员进行人际往来的机会,有人没有能力找到可以利用的、能够用作联络人的主导群体成员等。因此,个人能力对共文化实践有着重要影响。

情景语境(situational context)主要是指在什么地方与主导群体成员进行交际。共文化群体成员不会以一种或一组共文化实践去应对与主导群体成员的所有交际场合。具体的交际情形，比如交际地点、交际参与者等具体因素，都会帮助共文化群体成员确定选用何种共文化实践。换句话说，共文化群体成员会依据具体情形采取相应的共文化实践。

收支预期(perceived costs and rewards)也可以理解为预想的代价与报偿，即某种做法的利与弊。随着时间推移，共文化群体成员会意识到不同的交际实践会产生不同的收支预期，这也就是说每种交际行为都有其自身的潜在优势及劣势，但是这些优劣势的计算不是一件容易的事情。并不是所有的共文化群体成员都具备相同的优劣势。每种共文化实践的收支预期，以及每个战略决策所产生的满足感，在很大程度上取决于每个共文化群体成员自身的个人经验。同样的结果，会因不同个体对结果的不同偏好，被视为好的结果或坏的结果。

影响共文化实践选择过程的另一重要因素为交际方式(communication approach)。交际方式可以分为非自信、自信及激进三种类型(Wilson, Hantz, Hanna, 1995)。非自信型交际方式是指共文化群体成员在交际时很拘谨、很拘束，采取非对抗性策略，并且首先考虑的是别人的需求。激进型交际方式则是指共文化群体成员为了能够充分表达自己、推广自己、有更多的控制权，不惜伤及他者的行为，激进型交际方式首先考虑的是自己的需求。自信型交际方式则是对非自信型交际方式和激进型交际方式的一种平衡，表现为自我的提升以及在交际中既考虑到自我需求又同时兼顾他者需求。

2.3 共文化取向

交际取向是指未被充分代表的群体成员在日常交际时所持有的特定立场。每一种交际取向都主要受特定的结果偏好（同化、适应或分离）和交际方式（非自信、自信或激进）共同影响，同时，其他四个因素——经验领域、个人能力、情景语境、收支预期——也对交际取向产生直接的影响。因此，共文化群体成员在与他者交际时可能不止具有一种交际取向。表3-2是奥布(Orbe, 1998c)总结的九种不同的共文化交际取向。

表3-2 共文化取向

交际方式	结果偏好		
	同化	适应	分离
非自信	非自信同化取向	非自信适应取向	非自信分离取向
自信	自信同化取向	自信适应取向	自信分离取向
激进	激进同化取向	激进适应取向	激进分离取向

非自信同化取向是指共文化群体成员为了能够融入主导群体而进行强调共性、培养积极面、审查自我、避免争议等共文化交际实践，这样的努力看起来是对自身的一种压抑，但同时又具有策略性。

自信同化取向的共文化群体成员竭力淡化其与主导群体之间的文化差异，并努力融入主导群体。与非自信同化取向的共文化群体成员不同的是，他们的交际方式更自信、更不被动。通过采取讨价还价、过度修正、操控刻板印象、充分准备等共文化实践，自信同化取向的共文化群体成员向主导群体的融入，更强调其作为个体所作出贡献的质量。

激进同化取向是指以一种坚定的、有时甚至是好战的方式，想要被视作是主导群体成员中的一分子的实践。为了能够实现此目标，共文化群体成员把融入主导群体当成首要任务，并且在实现这一目标的过程中，共文化群体成员会将他者的权利及信仰放在次要的地位。激进同化取向的共文化群体成员所采取的共文化交际实践包括与原本所属的共文化群体分离、以主导群体的行为规范为镜像、与其他共文化群体成员进行策略性疏远、自我嘲弄等。自我嘲弄这一实践体现了一些共文化群体成员为了能被视作主导群体成员所做出努力的程度。

非自信适应取向的共文化群体成员试图通过限制性和非对抗性的方式来引起改变。该取向包括的共文化实践有增加可见度、消除刻板印象等。尽管这些策略性的尝试在别人看来更为自信，但大多数采用这些实践的共文化群体成员认为，这是影响主导群体成员的一种巧妙做法，可以消除主导群体成员的防御性和谨慎性。非自信适应取向优先考虑的是主导群体成员的需求。

不同于非自信适应取向，自信适应共文化取向主张在自我与他者需求之间寻找平衡，从而推动社会结构的转型。该取向的共文化实践包括显露自我、群体内联络、利用联络人、教育他者等。通过这些实践，共文化群体成员一方面可以向主导群体成员开诚布公地显露自我，另一方面又可以教育他者，即以教育者的姿态向主导群体成员传授共文化群体的规范、价值观等。共文化群体成员能够与主导群体成员通力合作，从而改变现有的主导型社会结构。

激进适应取向的共文化群体成员为了能够成为主导群体成员的一员，会从内部推动变革。有时共文化群体成员的这些努力可能被视作是一种自我推广或咄咄逼人，但该取向的共文化群体成员并不是很关心主导群体的看法。该取向的共文化实践包括对抗、获取优势等，在共文化群体成员看来，这些实践虽然很激进，但同时也反映了共文化群体与主导群体合作的真实愿望，共文化群体并不是要推翻主导群体，而是想要促进社会变革。

在有些共文化群体成员看来,和不同于自己的人分离是一种很自然的现象。非自信分离取向的共文化群体成员采取的共文化实践有回避,即避免与主导群体成员接触、通过言语或非言语的暗示与主导群体成员保持界限等。对该取向的共文化群体成员而言,只要有可能就要避免与主导群体的现场接触,如果和主导群体成员的现场接触实在避免不了,那也要巧妙地采取某些行为保持两个群体间的心理距离。

自信分离取向反映的是一种内在倾向,是一种更有意识的选择。该取向的共文化群体成员在构建不包括主导群体的共文化群体空间时更为自信。该取向的共文化实践包括通过推广共文化群体以往的成就显示自身优势,通过对主导群体观念进行协商性解读从而接受刻板印象等。在共文化群体成员看来,类似于显露自我、群体内联络这样的共文化实践既适用于自信分离又适用于自信适应取向。谈及具体交际结果的实现,这些共文化实践同其他的影响因素,如情景语境等具有一致的影响力。

当共文化分离成为最紧迫的需求时,共文化群体成员便会采取激进分离取向。该取向包括的共文化实践有通过个人力量妨害主导群体成员、对主导群体成员进行口头攻击等。值得一提的是,当共文化群体的个体力量无法与主导群体成员的社会权力基础抗衡时,他们依然能够做到让某些个体去对抗主导结构的普适性。

第三节　国内外共文化理论相关研究及实践

一、国外共文化理论相关研究

自从共文化理论被提出之后,国外有关该理论的研究便开展得轰轰烈烈、如火如荼。特别是在美国,共文化理论被广泛应用于考察特定情境下不同种族群体的各种研究。

有些学者将共文化理论应用到了他们的研究之中,他们通过共文化理论的视角来考察未被充分代表群体的机构行为,如在就业面试过程中非主导群体的交际过程,从而加深了理论家及实践者对这一过程的理解(Buzzanell,1999);还有学者将共文化理论应用到了黑人群体等的研究,包括非洲裔美国人(Phillips-Gott,1999)、非洲裔美国女性(Parker,2003)、非洲裔美国人及拉丁美洲人(Greer-Williams,2000)、多种族人群(Heuman,2001)等。还有研究者(Spellers et al.,

2003)将共文化理论作为框架去探讨黑人职业女性如何在主导文化组织中通过发型、体型及着装等进行共文化实践,如黑人职业女性的发型、体型及着装其实代表着其采用的具体交际取向。该研究主要考查了三种交际取向:非自信同化、自信适应及自信同化。具体来说,采取非自信同化取向的黑人职业女性在工作场合尽管可以穿着休闲一点的服装,但其却会刻意穿着非常正式的服装以求避免强化他者对黑人群体的某些负面刻板印象;采取自信适应取向的黑人职业女性经常会在工作场合就黑人群体的日常组织生活,如发型等,向他者笼统或具体地进行讲授;采取自信同化取向的黑人职业女性为了降低物质影响的潜在可能性,会经常尝试淡化主导群体与非主导群体之间的审美差异,比如改变发型或着装以图更好地融入主导文化。共文化理论为研究这些被视作"群体中的外人"的未被充分代表群体如何在工作场合中进行交际提供了有效的理论框架。

共文化理论也被用来研究同化问题、机构中黑人群体的进步等。结合女权主义视角理论,盖茨(Gates,2003)运用共文化理论探究了非洲裔美国人以及其他共文化群体在组织机构中是如何由于种族、性别、阶层等原因而受到压制的。该研究考察了共文化群体在这样的情形下如何应对这些相当具有挑战性的交际行为,以及如何摸清门道并在这样的场合中社会化。其研究结果表明,在这样的组织机构中,非洲裔美国人与其他机构成员之间的权利转换取决于个体的种族、性别、阶层、年龄、职位等;非洲裔美国人会寻求创新性的交际策略来应对和抵制他们所要面对的压制,这些策略包括自查、隔离、公开发表见解、保持沉默、记日志、恐吓、阿谀奉承等,研究发现这些策略有的和现存的共文化实践密切相关(如自查、审查自我、保持沉默、避免争议、阿谀奉承、培养积极面等),但另外一些策略,比如记日志,却不存在于现有的共文化理论文献中,可能表明其属于其他类型的共文化交际实践,因此这就需要做进一步的研究与分析以明晰共文化实践类型,研究者可以从共文化交际过程如何影响机构社会化及组织生活的其他方面入手。

还有学者借助共文化理论来研究未被充分代表的群体成员在机构之外场景中的生活经验。这些研究的研究对象包括残疾人(Fox,Giles,Orbe,& Bourhis,2000;Orbe & Greer,2000)、夏威夷人(Miura,2001)、以色列女性(First & Lev-Aladgem,2000)、无家可归者(Harter et al.,2003)。这些研究的文本并非全是访谈、焦点小组讨论或公开会议的转写,有些研究分析的是社论漫画(Sewell,1999)、社区剧院(First & Lev-Aladgem,2000)、没有归属的街头杂志(Harter et al.,2003)等。举例来说,弗斯特和拉夫-阿拉德哥姆(First & Lev-Aladgem,2000)的研究探讨了演员如何将社区剧院作为场所从而为共文化群体成员在认同政治(the politics of identity)上发声,这些演员总是将社区剧院作为他们共文化的代表工具,作为展示其具体的、对抗主导文化的平台。

总而言之,共文化理论的基本思想已被当作探讨文化、权利及交际关系的理论基础,而对这些关系的探讨情境也已经超越了其最初的关注范围,这些拓展到其他情境的研究肯定了共文化理论的启发作用,"共文化"甚至有了其希伯来语对应词"bo-tarbut",这无疑进一步拓展了有关共文化理论的研究及其实践。

二、国外共文化理论相关实践

共文化理论在各种不同的情形中有着非常显著的应用价值,借助于共文化理论,学者们对各自研究领域的理解更为深入。休曼(Heuman,2001)认为共文化理论有助于理解中心性及其与种族歧视、性别歧视、阶级歧视、体能歧视等之间的相互联系;戴卡洛(Decarlo,2001)探讨了将共文化视角应用到城市内青年人团体辅导(group counseling)中的实际价值。

共文化理论甚至在帮助民权健康(civil rights health,简称CRH)项目组织者最大化社区成员就其民权话题讨论方式上起到了至关重要的作用(Orbe,2003)。具体来说,共文化理论为组织者们提供了一个关键的理论基础,这一理论基础有助于组织者了解传统结构边缘化某些社区成员声音的方式;共文化理论提供了一个认识他者的框架,帮助组织者及参与者认识到一个人的经验领域是如何直接或间接地影响其有关民权话题等的讨论的。共文化理论在CRH项目组织上也起到了引导作用,CRH指导委员会意识到,和熟悉的社区机构(如社区中心、教堂等)交流并且能够考虑到其他的组织决策因素(如时间、受邀者、是否可以日托、机构是否对残疾人开放等),在最大化未被充分代表群体的参与度及贡献度上起着非常重要的作用。共文化理论还为CRH项目推进者提供了重要理念,从而能够帮助其更好地理解存在于民权对话中的某种动态机制。CRH项目将就民权话题有着不同背景、不同理解及关注点、不同经历的人聚集在一起,通过对共文化理论的应用,CRH项目规划者意识到不同的个体会使讨论产生不同的结果偏好,同时项目推进者不仅可以通过该理论确认每种偏好结果,又可以推出不同的实践项目促使参与者评价各自期望的结果。另一共文化要素"交际方式"也对CRH项目产生了积极作用。如前所述,共文化交际的主要方式有三种:激进、非自信、自信。在CRH项目的公共论坛或焦点小组讨论中,交际方式的多元潜在地为对话增加了难度。借助共文化理论,CRH项目规划者和推进者意识到为了能够在社区内有效应对民权健康问题,必须重视不同的交际方式。

从这些研究中不难看出,共文化理论不仅为国外相关研究提供了重要的概念、框架结构,而且在实践模式及项目应用上也起到了十分重要的作用。

三、国内共文化理论相关研究与实践

相较于国外有关共文化理论的研究,目前我国在该方面的研究无论在广度还是深度上都不能企及。我国的共文化理论研究起步较晚,而且当前该方面研究在研究数量也较少,可以说是凤毛麟角,这可能与这一理论本身被提出的时间较晚且引进我国的时间较晚有关。与此同时,国内当前有关这一理论的介绍也并不全面,各个学科对这一理论的应用尚处于起步阶段,因此也造成了国内目前有关共文化理论研究议题较为分散和有限的局面。

在中国知网(数据来源截止日期为2019年12月31日)以"共文化"为主题在"文献"中进行检索,检索到的相关文献共计15条,包括期刊文献11条、辑刊文献1条、硕士论文3篇(表3-3),这表明目前国内有关共文化理论的研究数量相当少,有关共文化理论的研究还处于非常初级的阶段。

表3-3 国内现有共文化理论相关研究

序号	题名	作者	来源	发表时间	数据库
1	共文化的理论框架与演进轨迹	王媛	《重庆社会科学》	2015	期刊
2	皮格特极端交际取向的共文化视阈	丁杰	《学术交流》	2012	期刊
3	从语气标记语视角分析残疾人共文化的形成	周薇薇 王丽皓	《沈阳农业大学学报(社会科学版)》	2010	期刊
4	美国印第安群体和白人群体的交际活动研究——从共文化角度进行探讨	李硕 于慧	《现代商贸工业》	2017	期刊
5	中国残疾人共文化形成的文化价值观维度考量	李志远	《边疆经济与文化》	2012	期刊
6	残疾人共文化群体求学过程中的交际障碍及应对策略	李志远 王丽皓	《哈尔滨学院学报》	2010	期刊
7	中国残疾人共文化群体与主流非残疾人文化群体的跨文化非语言交际	李志远	哈尔滨工程大学	2011	硕士论文
8	共文化视角下霍译本《红楼梦》中译者主体性研究	冯玮	东北农业大学	2015	硕士论文
9	中国残疾人问题研究现状及应对策略——基于跨文化交际视角	栾岚 王丽皓	《林区教学》	2010	期刊

续表

序号	题名	作者	来源	发表时间	数据库
10	后现代主义视野下跨文化传播学理论建构	阿拉达日吐	内蒙古大学	2016	硕士论文
11	2011年跨文化传播事件评析	辛静 单波	《中国媒体发展研究报告》	2013	辑刊
12	老年人共文化群体的文化定势研究——以微博平台上老年人相关发帖为例	孙启耀	《通化师范学院学报》	2019	期刊
13	网络群体交际与冲突的共文化阐释与对策研究	张新 郭继荣 车向前	《情报杂志》	2018	期刊
14	电影《我们俩》中老年人交际表现分析	王丽皓	《湖北函授大学学报》	2018	期刊
15	从不确定规避理论看中国老年人共文化群体的非自信交际取向	孙淑娟 王丽皓 周薇薇	《开封教育学院学报》	2018	期刊

从这些仅有的文献当中，可以看出我国国内对共文化理论研究比较关注的代表人物为哈尔滨工业大学的王丽皓及李志远等，他们的研究可以说是占据了当前我国国内共文化研究的接近一半，为我国国内共文化研究的起步作出了不少的贡献，其研究所关注的主要研究对象为残疾人共文化群体，研究视角涉及语气标记语、霍夫斯泰德的文化价值观维度、残疾人共文化群体求学过程中的交际障碍、非语言交际、跨文化交际等。

孙启耀（2019）发表在期刊《通化师范学院学报》上的《老年人共文化群体的文化定势研究——以微博平台上老年人相关发帖为例》一文采用定性分析方法，以微博平台上老年人相关的发帖为例，分析了老年人共文化群体的文化定势。研究发现，老年人共文化群体主要呈现出积极的"老当益壮""服务奉献"和"受助与施助"等类型。研究结论指出，老年人应紧跟时代的发展步伐，利用新科技手段，获取知识与信息，积极融入社会。大众媒体也应担当起相应的社会责任，聚焦于老年人公共文化群体文化定势的正面形象宣传，让老当益壮、服务奉献、自立自强的老年人的精神得到弘扬，推动社会各界人士参与到老年人文化定势形象的重建工作中去。

张新、郭继荣、车向前（2018）发表在CSSCI期刊《情报杂志》上的《网络群体交际与冲突的共文化阐释与对策研究》一文基于共文化理论,以网络民粹主义事件为代表的网络群体冲突事件为例,分析了官、警、富等"共文化群体"应对网络舆论的交际方式及其所属共文化实践,探讨其对网络民粹主义的影响。研究发现:官、警、富等群体基于不同的交际方式与交际目标而形成的共文化实践对于网络民粹主义的滋生或消解有直接影响,对缓解网络群体冲突,促进不同群体间理解与交际有重要意义。

王丽皓(2018)发表在期刊《湖北函授大学学报》上的《电影〈我们俩〉中老年人交际表现分析》一文运用共文化理论,分析了影片中中老年人的交际表现特点,指出:老年人作为共文化群体成员,为了能够成功地和作为主流文化群体成员之一的年轻人交际,会采取各种交际行为以产生各种更可取的交际结果,即同化、调和、隔离。这些交际行为具有各自的语言特点,分别和非自信隔离、自信隔离、挑衅性隔离、自信调和、非自信同化等交际取向相对应。

孙淑娟、王丽皓、周薇薇(2018)发表在期刊《开封教育学院学报》上的《从不确定规避理论看中国老年人共文化群体的非自信交际取向》一文通过霍夫斯泰德的跨文化研究中的不确定性规避理论来探讨中国老年人共文化群体的交际取向,研究指出:目前,人口老龄化已成为中国社会面临的主要社会问题。作为社会的弱势群体,老年人共文化群体对网络时代所带来的不确定性和新奇感觉受到威胁并试图规避,表现出对自身价值取向的不自信。

王媛(2015)发表于CSSCI期刊《重庆社会科学》上的《共文化的理论框架与演进轨迹》一文可以说是对马克·奥布及其共文化理论的全面介绍。在该文中,作者先是对共文化理论框架进行了全面介绍,其次回顾了国内外相关的共文化研究成果,最后探讨了共文化理论在当前的应用前景。

丁杰(2012)发表于CSSCI期刊《学术交流》上的《皮格特极端交际取向的共文化视阈》一文使用共文化理论分析了加拿大女作家玛格丽特·劳伦斯的著名短篇小说《潜水鸟》中的主人公皮格特的交际取向:作为非主流群体梅蒂斯女性的代表,皮格特最初采用的是不自信分离的交际取向将自己隔离在主流社会之外;后来蜕去了以往的面具变得奔放热情,采取了不自信同化的交际取向以彻底融入主流社会;但婚姻的失败使她远离主流社会再次回归梅蒂斯文化,并以结束自己生命这种最极端的方式向主流社会做最后的抗争。皮格特在与主流群体交际过程中从分离到同化、再从同化到分离的极端交际取向,表明少数族裔女性在白人主导文化和男性文化的压迫下应采取自信适应这一折中的交际取向,从而避免共文化群体悲剧的再度发生。

辛静、单波（2013）发表的《2011年跨文化传播事件评析》一文透过2011年发生的众多跨文化传播事件，探讨了文化认同危机、跨文化新闻传播的困境、多元文化主义政治的焦虑、内外群体间的语言偏见、艰难的跨文化身份转向、共文化群体的抗争、女性被物化的媒介地位等。

李硕、于慧（2017）发表在期刊《现代商贸工业》上的《美国印第安群体和白人群体的交际活动研究——从共文化角度进行探讨》一文先是对共文化理论进行了简要介绍，随之从共文化角度考查了美国的印第安群体成员如何与主流群体成员（即白人）进行交际活动，并通过介绍背景、举例的方式对其进行了描述分析，研究指出"印第安群体成员对白人社会并没有很高的认同，而这实质上反映出了印第安文化与白人文化之间是存在着诸多矛盾的。这些矛盾关键是由于两者在接触过程中姿态的不对等而造成的。但实际上，文化没有优劣高低之分，非主流文化也应得到尊重与保护。同一民族文化中的文化群体只有相互尊重、彼此协调才能实现和平共处、共同发展"。

阿拉达日吐（2016）在其硕士论文《后现代主义视野下跨文化传播学理论建构》中指出跨文化传播学更应该关注文化差异带来的文化群体之间的隔阂和传播的失效性（即不可能性）。

另外，冯玮（2015）也借助了共文化的视角在其硕士论文中探讨了戴维·霍克思的英译本《红楼梦》中译者的主体性问题，以期洞察不同的文化语境和文化背景如何影响了译者主体性的发挥，并由此探究译者主体性对翻译文本传播的深层意义。论文先是通过简单介绍《红楼梦》的不同译本，指出霍克斯翻译的《红楼梦》基本特点，在于其翻译体现了从"它是"到"我是"的主体性张扬；其次，通过对译者主体性要素和共文化理论进行了简要的概括，发现受到主观因素影响的译者的主体性贯穿于翻译全过程，并且这些因素使译者主体性呈现出丰富的文化内涵；再次，论文从共文化角度较为细致地研究了共文化六要素如何在霍译本《红楼梦》中发挥作用，使其在选择策略过程中充分彰显出译者主体性，使霍译本成为跨文化传播的一个典范之作。

共文化理论在中国应该具有更为广阔的应用前景，这是因为中国本身就拥有悠久的历史和多民族、多地域、多层次的文化体系。随着共文化理论在国内不断引介与推广，通过与本土实际的结合，有关共文化理论的研究在中国一定能够在广度及深度上得到拓展，同时也会有越来越多的学者关注到共文化理论的价值并将其最大化。比如说沿海与内陆地区相差很大的地缘文化、农民工群体、留守儿童群体、"北漂"群体等，都可以为我国共文化理论的相关应用提供广阔的研究空间。与此同时,共文化理论研究在中国的本土化对该理论本身而言也是一种丰富与发展。

第四节 共文化理论未来研究与发展方向

共文化理论是学科高度交叉的产物,其最直接的影响来自女权主义社会学(feminist sociology),主要是指缄默群体理论(muted group theory)和视角理论(standpoint theory)。同时共文化理论也深受哲学的影响,主要是指现象学(phenomenology)。共文化理论当前及未来研究与理论发展会继续沿用这种兼容并蓄的范式,研究的对象依然会是未被充分代表群体的生活经验。总体来说,共文化理论的研究与理论发展将会聚焦于四个具体方面:共文化实践的进一步厘清、共文化相互关系、理论关系/理论交叉、共文化身份认同复杂化。

一、共文化实践的进一步厘清

从上一节可以看出,共文化理论已经被应用到了各种背景中,这些应用所产生的结果之一就是新的共文化实践的出现,这对奥布(1998c)所列出的26种共文化实践是进一步补充,同时也表明这个最初的共文化实践列表当然不是穷尽的,故未来共文化交际研究的两个方向为:第一,通过后续对不同共文化群体的研究进一步确认新的共文化实践;第二,已确认的共文化实践应该得到进一步的厘清、拓展,甚至改变,用来最大限度地获取未被充分代表群体的生活经验。缪拉(Miura,2001)的研究可以作为一个很好的拓展共文化实践潜能的例子。在其研究中,缪拉考察了1999年和解听证会上夏威夷本土人在与联邦政府代表对话时的"挑衅的话语(defiant discourse)",通过对这些话语的分析可以看出夏威夷本土人新的民族自豪感,研究中缪拉所用到的几个共文化实践的例子都不曾包括在奥布的共文化实践列表中,如有关标签及身份的协商、拒绝与无力改变政策的人协商等。

在对共文化群体展开研究的同时,也有学者时不时地对"主导群体成员的交际到底是怎样的"产生疑问。交际的交易视角观(transational perspective of communication)认为,理解共文化群体交际最好的办法是先理解主导群体是如何交际的,因为共文化理论最初的研究焦点是从未被充分代表群体自身的文化立场探讨其是如何进行交际的,最初的研究根本就未曾涉及主导群体成员。但是现在,作为对共文化交际实践的一个回应,有关主导群体成员如何进行交际实践的研究必然会产生丰硕的研究成果,事实上,缪拉(Miura,2001)的研究已经揭示了一些主导群体成员如何应对共文化群体成员激进适应、激进分离等共文化取向的方式。因此,有关这些领域的研究拥有广阔的前景,将会增进人们对文化和权利差异凸显场合交际互动的理解。

二、共文化相互关系

那些后来成为共文化理论基础的研究,其初衷是为了填补跨文化交际中的某些空白,这些研究考察了之前未被听到的声音,既具有经验性,同时又具有实证性。尽管相关学者一直努力将共文化理论定义为对当前社会科学研究的有益补充,但依然有学者将其看作是对传统社会科学研究方法的目空一切的、不准确的批判。其实,共文化理论的初衷从来都不是对传统实证研究进行批判,也不企图将批判性研究或解释性研究置于"优势"地位。通过不同的认识论范式所完成的研究为交际现象提供了不同类型的见解,共文化研究需要重视更多的基于经验的、和文化及交际相关的学术研究,光靠批判解释性研究是不够的。共文化研究在研究方法上需要多种视角,批判性的研究方法只是为共文化研究提供了另一种选择,并不是要取代其他的研究方法。

莱平斯基和奥布(Lapinski Orbe,2002)设计了一系列的共文化测量工具,这些工具有助于研究者通过自我陈述问卷(self-report questionnaires)的形式对主要的共文化交际取向和不同共文化实践的应用进行评定。基于共文化概念和对最初的现象学研究的重新审视,该研究提出了一系列术语的最初形式,对调查数据的验证性因素分析有助于确定数据和具体的先验测量模型是否一致,该分析为共文化理论量表(Co-Cultural Theory Scales,简称C-CTS)的构建有效性提供了初步证据。研究中对初始一致性和平行的初步测试表明实证数据和测量交际方式的三个单维因素以及测量结果偏好的三个单维因素具有一致性,因此,就这一点而言,关于直接影响共文化交际取向因素的构建有效性及可靠性的初步证据是存在的。

共文化理论量表在理解各共文化群体内部及群体之间的共文化交际差异及相似性上具有十分重要的价值。莱平斯基和奥布(Lapinski & Orbe,2002)期待能够借此量表来探究共文化可见度(co-cultural visibility)对交际实践的影响。成功量化共文化生活经验存在许多内在的困难,特别体现在量化情景语境的向心性及共文化交际中显著性的不同程度上,但是构建这样一个有效测量工具的益处却是明显而巨大的。

一系列共文化测量工具的构建有助于明晰共文化理论的最初理论框架,这一方面的研究将有助于加深研究者们对具体的共文化实践及具体的交际取向相互关系的理解,还有助于澄清当前的一些假设,例如某些共文化实践(如"群体内联络")可被视作不止一种交际取向的构成部分。社会科学研究不应该为所有的种族构建一个通用的肖像(universal iconography),因此这一领域的研究应该谨慎处之。但同时研究者们也应为此方面的研究抱有极大的热情,因为这样的研究是三角测量法研究理想形式的一种体现,其可以生动地说明解释性研究与社会科学研究可以如何协作从而实现互通有无、共生共长。

三、理论关系/理论交叉

有些学者在他们的共文化研究中采用了现象学的方法(Greer-Williams,2000;Gates,2003;Heuman,2001)。现象学研究方法与共文化理论的结合是恰当而富有成效的,这主要是因为现象学代表了构建共文化理论的工具。除了现象学的研究方法,还有学者凭借其他的理论关系或理论交叉使得他们所关注的研究产生了丰硕的成果,如修辞灵敏度(Hart,Carlson,& Eadie,1980)、交际适应理论(Giles,Mulac,Bradac,& Johnson,1987)。到目前为止,还没有研究同时将这些理论应用于共文化研究,但值得一提的是,有学者找到了自己特有的理论关联。哈特(Harter,2003)将费舍尔的叙事范式理论(Fisher's narrative paradigm)与共文化理论相结合,通过街头杂志探讨了无家可归者的生活,这样的理论结合产生了丰硕的研究成果;缪拉(Miura,2001)在有关夏威夷土著人如何应对美国政府的研究中,将迪兹的民主与政治观与共文化理论进行了结合,而这样的理论结合也引起了强烈关注;卡马(Kama,2002)在研究媒体消费关系时,采用了多理论相结合的研究方法,研究中所涉及的理论有共文化理论、文化研究、符号互动论(symbolic interactionism)等。

共文化理论的诞生源于缄默群体理论(muted group theory)、视角理论(standpoint theory)以及现象学(phenomenology)三种理论的结合,因而,共文化理论也会不可避免地带来更多理论交叉,这样的理论交叉将会是已有的成熟理论与有启发性的新理论的交叉。

四、共文化身份认同复杂化

传统意义上来讲,共文化理论研究的是在多元文化背景下,不同群体之间是如何进行交际的,研究的焦点主要是未被充分代表的群体的交际生活及经验。相较而言,主导群体与共文化群体之间的交际还是比较容易界定的。但随着身份认同的日益复杂化,共文化交际的界定也变得越来越复杂。因此,随着共文化理论的发展,对共文化身份认同复杂性的探讨也成为一个自然而然的发展趋势。

在有关共文化身份认同复杂性的探讨中,核心问题是交际中源于多视角的(自我或他者)文化标记的凸显。共文化交际与人际交往的区别在于:在共文化交际中,个人会认为其在交际中自我身份认同的某个方面是凸显的。共文化交际理论可能会有利于解释为什么交际双方在交际中都会认为自己处于劣势。截至目前,共文化理论还暂未被用来探究这一现象的复杂性,以及为什么"凸显"会在具体的交际时刻或交际后进行转变,但共文化理论在这一具有较强吸引力的交际领域中,应用潜力是无限的。奥布和格罗斯库尔特(Orbe & Groscurth,2004)开展了一项研究,研究对象为"一代"大学生,即其父母来自其他国家的不同文化,后加入美国国籍,他们(即研究对象)则出生在美国。该研究探讨了共文化身份协商的复杂方式,具体的研究问题为:1)这些"一代"大学生在其本科学习阶段是如何描述自己的经历的? 2)在家里和学校,他们会分别采用怎样的共文化策略? 3)考虑到这些学生身份的其他方面,比如年龄、性别、社会经济地位、机构类型等,这些学生自身的经历有何异同? 该研究使用共文化理论探究了这些学生如何在没有父母经验参考的学术环境下应对异域文化。如前所述,第三个研究问题有助于洞察在不同的交际环境中不同的文化标记所呈现出的不同凸显程度。通过对焦点小组转写文本的分析可以发现,对有的学生而言,其"一代"大学生身份是其主要的身份标记,但对他者而言这样的一个身份却是"不成问题的问题"。或许对其他学生而言,类似于"是非传统的学生,还是不同肤色的学生"这样的文化标记才是他们所在乎的问题。该研究有助于理解共文化身份的动态性。

共文化理论起源于未被充分代表的群体的生活经验,此领域研究的理论框架有助于理解共文化群体成员是如何选取并使用具体的文化实践,但就共文化交际的深层结构而言,还需做进一步的研究。霍普森(Hopson,2002)研究了在主导社会机构中非洲裔美国男性的交际经验,推进了共文化交际理论研究迈向更高的认知水平,其研究内容主要关注组织机构中非洲裔美国男性的"辩证张力(dialectical tensions)",研究想要揭示这些"张力"是如何通过具体的共文化实践进行协商的,比如说在"角色扮演"与"忠实自我"之间就存在一种"张力"。理解这些大的"辩证张力"是如何促使非洲裔美国人进行共文化交际并选用具体的文化实践有助于推进共文化理论的进一步发展。在霍普森看来,对现有理论框架的利用,比如说辩证理论,有助于解释在不同情景下共文化身份协商的复杂性。

共文化理论提供了一个理论框架,借助此框架我们可以理解在任何具体的既定情境中,未被充分代表的群体成员是通过什么样的过程选择如何和他者进行互动的。

　　综上所述,共文化交际理论主要解释了共文化群体成员如何共处,以及如何和主导群体成员进行交际。共文化交际理论的意义,在于它有助于理解共文化群体是如何使用交际策略的,以及这些交际策略的使用会带来怎样的交际结果,这些交际策略及相应产生的交际结果可以揭示共文化群体成员是如何与主导群体成员交际及共处的。

　　共文化交际理论在其诞生初期,主要任务是为未被充分代表的群体的交际经验提供理论框架的,但随着研究不断发展,学者们对共文化理论各种不同形式的利用、拓展及批判无疑拓宽了共文化理论最初的研究范围。学者们的初衷是将该理论应用于其适当的研究领域,但却获得了意想不到的研究成果。

　　回顾共文化理论应用及拓展时,我们不难发现,该理论的任何一次实质性的发展都不仅得益于其最初的理论贡献者,更多地还在于其他学者的不断研究及理论构建。也就是说,学者们在不断地进行创新性思考或质疑其研究可以如何扩展、批判或反驳当前有关共文化理论的研究,这对共文化理论的发展无疑是好事情。从某种意义上来讲,检验一个理论是否有价值的真正标准是其长久性。旨在理解文化、权力及交际关系的共文化理论,想要经得起时间的检验,那就意味着学者们及践行者们要继续不断地延伸该理论最初的目的和意图。

第四章
身份认同与文化认同理论

第一节　身份认同、文化认同、民族认同与国家认同

一、身份认同

身份认同在文化与交际之间起着非常重要的桥梁作用,交际者在与他人的互动与沟通中,确立自我的身份认同。在跨文化交际研究中,身份认同是一个很重要的议题。

1.1　身份与身份认同

身份一词的解释在英语和汉语中不尽相同。在汉语中,身份指人的出身和社会地位。身份的概念是中华民族文化精神的重要组成部分,它的作用是持续的,这种持续作用在人们的心灵深处凝成一种身份情结,影响着人们的交际行为与表现。在古籍文章中到处可见身份的此种用法,例如《宋书·王僧达传》:"固宜退省身份,识恩之厚,不知报答,当在何期。"在《红楼梦》第四十七回中:"不知他身份的人,都悮认作优伶一类。"身份的第二个解释指身价。如刘澍德《迷》中:"当个小股员,就把身份提得那样高,脾气弄得那样大。"身份的这一概念更多地表现为人的社会属性,并不涉及民族或种族之间的关系。

英语中 identity 一词被学界译为"身份"或"认同",此词源于拉丁文 idem,由词根 id-(意为"它,那一个")和后缀 dem 组成,为"相同、同一"之意(the same)。identity 有多重含义:一是"使等同于、认为与……一致",二是"同一性、认同",三是"身份、正身"。学者们普遍认为"认同"有"同一"和"独特"两个含义,揭示了"相似"和"相异"两层关系。个人与他人或其他群体的相异或相似的比较构成了个人在社会网络中的位置,从而确立其身份,认同也就融合了身份认同的意思。这由

此也构成了 identity 的第四层含义,即身份认同。本章主要探讨跨文化交际研究中有关身份认同的理论,因此,此处的"身份"主要聚焦探讨英语中 identity 的"身份认同"这一含义,即个人在与他人互动中形成的身份认同。

很多学者从不同角度对身份认同做了定义。萨默瓦等(Samovar,2012)认为身份认同是一个抽象的、复杂的、动态的概念。丁允珠(Ting-Toomey,2005)把身份看作是"我们对自己、以及他人对我们自身形象的看法。"马丁、中山(Martin & Nakayama,2002)给出了更加简洁的定义,即身份认同是"我们对于自己是谁的自我概念"。对马修斯(Matthews,1997)来说,"身份认同是自我如何设想并标注自己的方式。"从以上定义可以看出,对于身份认同这一概念,学者们很难给出一个简洁、确切又适应所有维度的定义,这缘于不同学科范畴对身份认同有着不同的理解与阐释。

身份认同是一个动态的、多层面的概念,它处在一个历时的动态发展过程当中,个体的身份认同会随着个体的成长经历而不断变化,例如个体在幼儿园、小学、中学、大学阶段对于自身身份认同是有区别的。在幼儿园阶段,孩子会称自己为"宝宝""小朋友",他们对自身的身份认同是弱小、需要保护。小学阶段,小学生的身份认同通常为:我已经长大了,我是少先队员。中学阶段,他们的身份认同为"大人""青年"。而进入大学阶段,个体的身份认同更多地被打上了"某某大学"或"某某学院"的烙印。同时,身份认同的多层面还体现在个体在不同场合情境的身份切换。比如同一个人,在家庭中,其身份可能是"母亲",在工作场合,其身份可能是"教师""院长",在旅游活动中,其身份可能是"游客"。

特纳(Turner,1999)将身份认同分为三类,即人的身份(human identity)、社会身份(social identity)和个人身份(personal identity)。人的身份强调个体的人类属性,指自己与其他生命形式相区别的自我认知。社会身份是个体通过自己在某种社会团体中的归属感而获得,如民族、职业、年龄、家乡等。个人身份侧重个体在群体内部区别于他人的、个性化的身份特性。

斯图亚特·霍尔(Stuart Hall,1992)也对身份认同做出了类似的分类。他表明:"我们每个人都有三个层次的身份,依语境的不同,或显著或不显著地体现在我们与他人的互动当中。"他将身份认同划分为个人身份(personal identities)、关系身份(relational identities)和群体身份(communal identities)三个层次。个人身份指隶属于个体的,区别于他人的独特身份特质。关系身份是个体在与他人互动关系当中产生的身份类别,如妻子与丈夫的身份、教师与学生身份、医生与患者的身份等。群体身份是个体从属于大的群体而形成的身份认同,如国家认同、民族认同、性别认同及政治认同等。

身份认同概念的早期研究是以哲学范式为主,在哲学上按其主体论的发展将身份认同分为三种研究模式:一是以主体为中心的启蒙身份认同,二是以社会为中心的社会身份认同,三是后现代去中心化身份认同。作为主要的社会学术语,身份认同常出现在社会学互动理论中。社会学互动理论视角更注重社会的微观方面,主要考察人们在日常生活中如何交往,又如何使这种交往产生实质性意义。而心理学认为身份认同是个体对自我身份的确认和对所归属群体的认知,以及对所伴随的情感体验及行为模式进行整合的心理历程。

1.2 身份认同的特征

第一,身份认同是人们对于自身角色及与他人关系的一种定位,也就是特定身份的获得。这里的角色,是指在社会结构中占有特定地位的人士应有的行为模式或规范,确定了个体的人在社会中的位置。这里的"身份",是指个人在群体中的地位或相对于他人的位置,是将社会成员与"他者"区分开来的固有特性,既包含与生俱来的成分,又包含后天获得的社会标识。最为重要的是,该特性为个体寻求认同提供了一种参照或凭借。

第二,身份认同是在社会互动过程中通过"自我"(self)认知而逐步形成的。"自我"指的是社会成员将自身视为客体,进而发展自我感觉和关于自身态度的结果。威廉·詹姆斯(James,1890)最早提出"社会自我"(the social self)的概念,强调人们关于自我的认知源于与他人的互动。"一个人,有多少人认识他,就有多少个社会自我"。查尔斯·库利(Cooley,1902)认为,自我通常以群体为背景,在互动中产生,即个体之间彼此互动,从他人的评价中看到自我,从而获取自我形象、自我感觉和自我态度。总之,只有通过社会互动,人们才能对自己以及与他人的关系有明确的认知,进而产生对自己的地位、形象、角色以及与他人的关系的判定——即身份认同。爱德华·萨义德(Said,1999)认为,自我认同的建构涉及自我与"他者"之间认同的建构,且牵涉到对与"我们"不同的特质的不断解释和再解释。

第三,认同是动态的、开放的、没有终点的过程。认同在社会化过程中产生,永远处于变动的过程中,而且总是在内部而非在外部构成其表征。自我身份本质上是一种社会结构,与在社会经验持续互动中,个体不断获得关于自我的观念。

因而,身份认同是一个动态的过程。

在国内外跨文化交际研究历时发展的过程中,身份认同研究已成为核心概念之一(Bardhan & Orbe, 2012;Croucher, Sommier & Rahmani, 2015)。身份认同已涵盖对国家、种族、民族、年龄、性别、地位、地域、民族语言、政治立场,以及残障人士等各种群体的研究。同时,在时间维度、空间维度、学科领域维度,以及群体维度,都有对身份认同进行研究。

以上对身份认同的三个研究范式各有侧重,但都没有从文化的角度考量身份的概念。随着全球化的不断发展,日益频繁的国际交往导致了文化多样性,跨国婚姻等迥异的文化价值观念急迫需要身份认同,在跨文化交际场域中起着举足轻重的作用。因此,身份认同对跨文化交际的研究和实践有非常重要的作用。跨文化交际研究实现从文化差异的角度解读身份差异背后的文化因素,从而探寻交际者在信息交流的过程中如何完成文化身份的协商与构建。跨文化交际研究关注身份如何影响并引导个人对自己及他人的社会角色的期待,而且为个人在跨文化交流中提供行为依据。

二、文化认同、民族认同与国家认同

近年来中国学术界较多关注文化认同、民族认同与国家认同,与之相关的研究常常与全球化、民族主义、族群与移民、社会性别等议题联系在一起。跨文化交际研究的目标之一,是推动人类跨越文化边界的沟通。应对形形色色的认同危机,是跨文化交际研究表达人文关怀和介入社会现实的重要途径与方式。当前,中国社会中族际交往、人口流动、社会分层的局面复杂,构建有利于中华民族多元一体格局发展、族群平等的社会机制,对形成文化认同、民族认同、国家认同具有重要意义。借鉴其他学科的策略与主张,开展有关文化、民族与国家认同等的跨学科研究,必定是跨文化交际本土研究发挥学术价值的重要途径。

2.1 文化认同的稳定与流变

文化认同来自同一文化群体中的人们对共同历史的认知和理解,反映共同的历史经验和文化符号,以及文化成员保护自己的生活方式与文化特性的本能和情感。分享文化认同,意味着应使用相同的文化符号,秉承共有的思维模式和行为规范,遵循共同的文化理念。从此种意义上说,文化认同往往是民族认同乃至国家认同的前提和基础。

文化认同既是稳定并持续发生效用的人与历史的纽带,也是在现实语境中不断流变的"文化想象"。在前现代社会,家庭、部落、族群是个人或群体的文化认同的主要单位,通常不存在文化认同的问题。近现代开始,随着跨国、跨文化交往的日益频繁,稳固的社会系统转变成为流动性社会,差异、杂交、迁移和散居成为普遍现象,文化认同这一问题才被凸显出来。

一方面,不同文化中的人们被负载不同意义的符号包围,面临纷繁复杂的文化选择而变得无所适从。尤其对于发展中国家的人们来说,原有的文化认同受到严重的外来冲击,但显然又无法全盘接受现代国家所发明的文化模式和生活方式,其观念和认知系统受到严重挑战,人们只能在矛盾与冲突中重新创造、协商自己的文化认同。另一方面,近现代世界体系的全球化为人们展现出多样的文化,在此基础上衍生出对世界和生命的不同理解。不同文化在珍视和认同自己文化的基础上,对其他文化的认同程度也在增大。这都会使人们产生不同程度上的文化焦虑与文化自觉,重新思考自己的文化归属感,在各种符号和意义之间做出选择。文化认同因而不断发生流变,处于建构的和不断重构的过程中,不同文化之间的宗教、语言、社会团体、社会阶层以及地域、国家等,都可成为人们建构文化认同的新载体。在这一过程中,文化认同能够帮助其成员确立自身的认同,并潜在地对人们的行为构成约束。

正如亨廷顿(2018)指出,"文化认同的日益凸显很大程度上是个人层面上社会经济现代化的结果,这一层面上的混乱和异化造成了对更有意义的认同的需要;在社会层面上,非西方社会能力的提高刺激了本土认同和文化的复兴"。

在现代社会中,特定个体一般都有多重身份,能够同时在不同层面上认同于不同群体。尽管多重文化认同之间少有真正的对立,但彼此间的冲突和摩擦依然无法避免。文化认同可以分为核心认同和外围认同。通常,那些对于形成人们的判断标准、行为模式、责任义务更具影响力的文化系统,在界定人们文化属性过程中往往起着更为重要的作用。一般来说,外围文化认同容易改变,核心文化认同则相对稳固、持久,往往与不同的族群、历史、传统和观念紧密联系在一起。

2.2 民族与族群认同

关于民族,安东尼·史密斯(Smith,1992)给出的定义被普遍接受,他将民族定义为:所属的领土范围是本文化人口的"故乡"(homeland);具有相同的共同体起源神话和历史记忆;联结在一个大众的、同一标准的文化纽带之中;生产活动有共同地域分工——在这个共同区域中,所有成员有权迁移,并拥有对资源的拥有权;在共同的法律和制度下,全体成员拥有统一的法权和义务(Smith,1992)。

民族是一个历史范畴,是人类社会发展到一定历史阶段的产物,反映了不同族群融合的历史过程。就人类历史来看,民族既没有固定的规模,也没有既定的命运,而是在历史走向的变化中不断调整和更新的。费孝通(1989)认为,民族是"在历史过程中经常有变动的民族实体",由此可见,民族并不具有长期稳定性。

民族的概念同时也是国际认同的国家体系的划分基础——在民族国家的框架下,民族属于政治群体,与民族国家的历史条件有着紧密的联系。民族的构成包含三方面的要素:其历史必须与当前的某个国家息息相关;拥有悠久的精英文化传统、独特的民族文学和官方语言;拥有在危难时刻休戚与共的民族精神(霍布斯鲍姆,2000)。

族群(ethnic group)是一个与民族不同的概念,马克思·韦伯(Weber,1971)对于"族群"的经典定义为:由于体质类型、传统的相似,或由于殖民化和迁移中的共同记忆,从而对本群体的共同祖先抱有一种主观的信仰——这种信仰必须对于群体结构的扩展至关重要,这个群体就成为族群,至于群体内是否存在一种客观的血缘关系,反倒并不重要。

民族是不同族群在同一地理和文化环境中互动和共同发展的产物,民族可以包括若干不同的族群,同一族群的人则可分属于不同的民族。从跨文化交际研究的视角来看,民族是由不同族群交往、融合的结果,当今世界的任何一个主要民族都是由若干族群融合而成的。中华民族就是融合不同族群及其思想、心理、感情和意志的一个民族共同体。正如费孝通(1989)所言,"中华民族作为一个自觉的民族实体,是在近百年来中国和列强的对抗中出现的,但作为一个自在的民族实体,则是在几千年的历史过程中形成的。中华民族的主流是许许多多分散独立的民族单位,经过接触、混杂、联接和融合,同时也有分裂和消亡,形成一个你来我去,我来你去,我中有你,你中有我,而又各具个性的多元统一体。"

从中国历史来看,各民族间的相容性是较为突出的。中华文化的对内传播主要依托于核心区域文化的高位优势,对"统一"的追求是中华文化体系最显著的特征之一,沉淀于不同民族文化的深层结构中。对此,国内外的著名学者都表示认同。梁漱溟(1987)曾论说:"试从山川地形上看,从种族语言上看,皆非不能让中国分为若干民族若干国家者。而它卒能由人的情感之相安相通,化除壁垒隔阂,广收同化融合之效,形成世界无比之一伟大民族。"萨默瓦等(2004)也表达过,"每

第四章 身份认同与文化认同理论

一个中国人都从历史中寻求最强烈的认同感",无论他们是生活在中国或其他国家,"对中国历史的骄傲把这一文化的所有成员连接到了一起"。

民族认同体现为民族成员对自身的民族身份以及与其他民族成员之间关系的建构和评价,体现的是一种基于共同文化及政治要素为基础的群体认同,反映民族成员共同拥有的精神归属和情感归属。在不同形式的群体认同中,民族认同具有根本性和包容性,使作为个体的社会成员得到了更多的认同可能性,能够更好地克服社会孤立状态。

民族认同常常以文化单元为载体,强调民族成员对本民族文化的继承与忠诚,进而决定民族在特定历史情境中的选择。民族性是文化的基本特色,这是由于文化主要以特定的民族和国家为单位,国家则构成了不同文化的主要界限。建立在民族国家基础上的文化,不仅反映了民族共同的理想、要求和愿望,同时也反映一个民族对世界的共同认识和共同观念。民族文化能够使该民族的个体意识到彼此之间的文化关联、休戚与共,从而具备一种抵抗外来文化挤压的心理功能,为民族共同体的生活方式和发展方向提供正当性依据。

本尼迪克特·安德森(Benedict Anderson)在《想象的共同体》(2016)中提出了一个影响广泛而深远的观点,指明了民族认同的文化根源。他说,"民族"与"民族国家"是一种"想象的共同体",有关民族现状和历史的同一性观念多为发明和"想象"的产物,其认同建构很大程度上来源于不同成员对共同体的"想象"。他认为,信息传播技术奠定了民族认同的基础,印刷技术创造了统一的交流和传播领域,分散的个体因为接受共同的信息与文化符号,从而得以分享共同的文化记忆与文化认同。

民族认同的文化根源与民族认同的政治根源密切关联。民族群体中包含的社会关系通常可以分为两种:一种是从共同的语言、规范和观念体系中产生的社会关系;另一种是基于"政治需要、共同利益、道德义务"而形成的社会关系。前者是单一群体内的社会关系,后者超越了这种单一群体意义,建构起一种政治认同,主要服务于国家话语体系中的政治生活。在这种意义上,民族认同成为民族国家主要的认同范畴。正如本尼迪克特·安德森论述的那样,在民族国家的建构中,民族主义者通常借助于民族语言、宣传册、教育政策、文学作品和大众媒介等文化手段,实现加强民族意识的作用。在民族国家成立后,民族认同更是借助一套共享的符号、神话和记忆,在领土范围内将所有公民融合为一个民族共同体。

对民族认同的理解,还需要与民族主义(nationalism)联系起来,民族认同能够考量民族主义作为政治力量的诉求与影响力,以及其携带的语言、情感和象征的内涵。民族主义强调对民族传统和民族特性的尊重与认同,为民族国家的政治统治提供合法性的基础。民族主义批判当今时代由西方主导的国际政治、经济秩序和话语霸权,强调在竞争中保护国家主权和民族利益,体现了维护民族尊严、国家主权的强烈愿望,并可以通过激发民众的民族主义情绪来抵制霸权主义的冲击。

对民族主义的理解,需要放入不同的历史语境和国情中,对于非西方国家而言,全球化的复杂效应为本地民族主义的发展及多样化发展提供持续动力,民族主义发挥着不同的社会、政治和文化影响。

2.3 民族认同与国家认同

国家认同具有丰富的内涵,既体现了民众对自己所属政治共同体归属的辨识、确认和选择,还包括对国家的社会、文化、政治、族群等要素的情感、期待和评价。国家认同还反映了一个国家相对于国际社会的角色定位,是现代国家的合法性基础,维系着国家的统一性、连续性和独特性。

国家认同具有国内与国际的双重维度。从国内维度看,国家认同表现为国民归属感及为国奉献的心理和行为,反映了国家凝聚力和向心力,是国家治理合法性的重要来源。从国际维度看,国家认同是国家对本国特性以及在国际体系中所处位置和角色的认知,是"一个现代意义上的主权国家与主导国际社会的认同程度",是一个国家与世界关系的集中写照。国内层面的国家认同,通常综合研究政治、历史、文化、族群等多因素复合的国家共同体,认为这些因素交织,综合影响着国家认同的构建。这个维度的研究通常以某个国家或地区为个案,涉及历史、文化、族群等问题,从理论或者实证角度研究影响国家认同的形成与变迁的因素。国际层面的国家认同研究主要以全球化为背景和分析框架,其主导观点是:现代民族国家,特别是后发展国家,正经受着"去中心化"的巨大挑战,国家的政治支配形式受到削弱,国家不再是认同的最终落脚点,不再具有最高的合法性,这就给各种"去中心化运动"提供了谋求空间和地位的可能性,次国家集团、族群或宗教组织往往诉诸"承认政治"或"差异政治",鼓励民众另觅替代的认同(孙英春,2015)。

当今时代,全球化已成为影响国家认同的重要变量,它是重建世界经济体系、政治格局及文化形态的重要力量。同时,由于全球化超越了传统民族国家的权力框架,会对国家主权造成冲击,因而全球化也会引发程度不同的认同危机。从一些现代国家形成的历史来看,民族建构大多是妥协的结果,内部的诸多差异依然被保存下来。现代化进程凸显了这些差异,倘若无法整合这些差异,将难以使其公民确立相对稳固的国家认同理念。

国家认同是基于文化认同、族群认同和民族认同的一种升华,具有持久性和根本性,包含着更为鲜明的价值判断,常常对个体和群体的行为和选择产生较大影响。

民族认同是国家认同的前提和根基。民族与国家都是特定人群的共同体,对这一共同体中人们相互关系的选择和判断,是民族和国家认同中的核心问题。民族问题的形成,是四种因素的历史互动的结果,即原始因素(primary factors)、衍生因素(generative factors)、诱导因素(induced factors)和反应因素(reactive factors)(卡斯特,2006)。与国家认同一样,民族认同的构建,是民族国家通过政治与文化的融合互动来建构"共同意义"的过程。这里的"共同意义"指的是民族和国家的定位,以及国家的理想。国家需要为民族的生存、发展提供必需的生存空间和理想信念,以此作为民族间国家认同的根基。

无论是在观念中还是在政治实践中,民族认同都与国家紧密相关,无法脱离国家而独立存在。正如徐迅(2000)指出的,"民族国家的起源要有文化的正当性。民族国家是在'民族'的基础上建立的。那么,只有当一部分人对'民族全球化也会引发认同,才能对国家认同。也就是说,民族认同是民族国家合法性的文化来源。"民族国家需要社会成员提供忠诚,即共同体成员对"国家"这个符号的认同,以及在认同基础上的支持。这种"共同体"能够满足民族成员的心理需要,即个体成员知晓自己在这个世界上的确定位置,并希望归属于一个强大的集体。通常,各个群体的国家认同取决于它们对自己共同利益的关注程度,取决于它们的共同需求强度以及与环境的关系,"只有那些被他们视为生活中必不可少的、重要的或至少是有用的东西,才能使他们团结起来,抵御来自内部和外部分歧的影响"(Deutsch & Foltz, 1963)。

相比民族认同,族群认同与国家认同有较大的区别。族群包含于国家概念之内,是个体与整体的关系。族群认同在族群聚居的社会生活中自然形成,而国家认同则由国家通过政治社会化的进程逐渐建构而成。族群认同往往先于国家认同形成,现代民族国家则是通过中央权威、政治法律规范和地域领土实现的,包容众多族群的历史建构。值得一提的是,在不同国家,各个族群之间在社会地位、财富和资源的分配及文化影响力方面存在众多差异,可能导致各族群成员在思想观念、行为选择和价值取向上出现分层与分化,甚至可能受复杂势力的干扰而面临新的冲突,从而出现族群认同超越国家认同的现象。

因族群问题导致的极端主义、分裂主义和恐怖主义等现象在不同国家长期存在,使得协调族群认同与国家认同之间关系具有重要意义。族群认同对国家认同具有依赖性,"它要么在抵抗现存国家认同的斗争中强化自己,要么从属于国家认同而存在,要么则导向新的国家认同"(安维华、钱雪梅,2006)。当今世界,没有任何族群或族群成员能够离开国家而独立生存,无论是在政治安全还是经济依赖,或是在地理学的意义上,概无例外。针对多族群国家的国家认同构建,国家认同应以尊重族群认同为前提,族群认同需要依靠国家认同来实现不同族群之间的合作共赢。

当今全球化时代,民族国家和不同层次的认同都在发生着多元化的变迁,这种文化与族群多元化的趋势,会对国家认同带来挑战。根据不同国家的经验,国家认同的建构有赖于对文化领域的实践进行制度化干预,超越各种相对狭隘的族群认同形式,帮助不同族群成员在公共权力、仪式符号、节日庆典进行日常参与或体验,建立起对国家政治、制度以及历史文化共同体的认同。国家的政治文化必须尽可能地包容不同群体的传统,确保不同群体的历史被包括于整个民族的历史中。没有统一的文化就没有统一的国家,国家也需要其成员具备相同的文化特征,并依赖特征一致的道德热情和社会认同来激励和约束这些成员。从现有的各国实践来看,努力实现"民族文化建构"是实现不同族群国家认同的基本方式,即在主权疆域内实行统一的文化政策,包括使用和推广统一的语言和教育体系,使全体国民与国家仪式、民族英雄、象征物等连接起来。这种"民族文化建构"往往具有"同化"性质。需要指出,适度的"同化"是主权国家发展共同文化和培育民族向心力的基础和前提。但同时,必须警惕过度"同化",过度"同化"会造成极大的族群张力,导致国家认同的危机。

无论如何,必须认识到,单一国家内部不同族群的文化差异难以从根本上消除,国家认同建构必然会受到各个族群的人口、文化、地理等诸多因素的长期影响。对多族群国家而言,凝聚不同族群不能仅依靠制度化的干预手段,还需在权利保障和利益公平分配的基础上,以恰当的方式保持不同族群的个性与特质。

还应看到,国际、国内的社会权力格局,与国家认同之间的矛盾与冲突关系密切,与民族国家的意识形态、国家体制、法律制度以及公共政策紧密相关。因而,在多族群国家内部,尊重与保护少数族群的文化、历史以及合理的利益诉求,才能唤起他们的国家认同意识。少数族群也需要积极寻找国家认同之下自己的位置,积极建构合理的"民族文化",避免文化冲突及可能的灾难性后果。

以下将选取跨文化交际领域比较有代表性的三个身份认同理论,即交际认同理论、文化认同理论及身份协商理论作为主要内容,从理论来源、理论基础、理论构建以及理论应用对其进行梳理与介绍。

第二节 交际认同理论

交际认同理论(Communication Theory of Identity,CTI)由美国学者赫克特(Hecht,1993)等人提出,他们认为交际与认同密不可分,认同在交际中实现。交际认同理论认为文化族群是流动的、变化发展的,人们通过交际过程来共同构建自己的文化认同。也就是说,该理论旨在探寻人们如何通过交际的方式实践自我的身份认同。

一、理论基础

关于自我与认同的阐释,世界不同文明有其各自的视角与维度,交际认同理论博采众长,在世界各文明中汲取关于身份与认同的经典阐释。援引儒家思想中的悖论观点,交际认同理论将身份认同视为个体观、城邦观、集体观三个层面,以及三者彼此之间的相互作用。同时,该理论还试图将亚洲和非洲的整体论观点、古希腊的两极对立观点,以及非洲的自然整体和谐观、亚洲的普遍集体观、古希腊的普遍个体观加以整合,构建自身的身份认同概念。

除了借鉴世界不同文明的经典阐释中的自我与认同观念,交际认同理论还从现代主义和后现代主义理论中汲取养分。现代主义的自我与认同观通过对"真理"的探寻过程达到目的意义。这是一个科学地对自我探寻的过程,在这个过程中,个体渴望选择能够表征"真正自我"的正确表达方式(Bewes,1997;Harvey,1990)。在此基础上,交际认同理论吸收了个体的自我认同观。而后现代主义认为,终极的真理和权威都应受到挑战,随着由科技、移民、不断发展的交际方式引起的社会的变化,现代主义所认为的稳定性逐渐消失。基于后现代主义观,交际认同理论构建出自我与认同的流动性、多层面性的特征,以及介于稳定自我与动态自我相互作用之中的状态。

除了从世界经典文明中借鉴认同的观点,从现代主义和后现代主义中吸收关于认同的解释,交际认同理论还有两个相关的理论来源,即社会认同理论(Social Identity Theory,SIT)和身份理论或认同理论(Identity Theory,IT)。

1.1 社会认同理论

社会认同理论的创始人泰弗尔(Tajfel,1978)认为,交际者的社会群体成员身份和群体类别是其自我概念的重要组成部分,该理论主张尽力获得和维持积极的社会认同,从而提升自尊。这种积极认同很大程度上来自内群体和相关外群体的比较。该理论还指出,社会认同由三个过程组成,它包括社会类化、社会比较和优势区分。社会类化(categorization)是指将对象、事件和人进行归类,找出内群体和外群体的群别;社会比较(comparison)是指将自己所在群体和其他群体在社会地位方面进行比较;优势区分(positive distinctiveness)是指在比较的基础上找到自己群体的优势,然后与其他群体进行优势区分,进而提升自尊水平。

由此可见,社会认同理论将认同视为社会分类的产物,民族、性别、政治团体是社会有机体的组成部分。个体分属于不同的社会群体,基于对社会群体的从属关系而形成自我身份认同。社会认同通过从属关系将个体与群体连接在一起,从而影响个体的信仰、态度以及处理社会成员关系时的行为。

交际认同理论从社会认同理论中提取了认同的群体从属性与社会分类的概念,社会规范与行为方式以社会认同的方式内化于个体之中,使之在群体内和群体外的社会范畴中采取不同行为方式。同时,交际认同理论在此基础之上,还看到了社会群体之外的影响因素,而身份理论为此提供了理论依据。

1.2 身份理论

如果说社会认同理论更加侧重社会层面,那么身份理论则从个体层面出发探寻个体与社会的关系。身份理论建立在符号互动论基础之上(Cooley,1902;Goffman,1967),它用"角色"这一概念来解释个体与社会的关系。在这一理论框架之下,角色被解释为"个体在某一特定情境中占据特定地位时所发挥的作用或功能",角色被内化并形成角色认同。因此,个体的自我认同在与他人的对立或联系中形成。

身份理论为交际认同理论提供了社会与个人互动关系的解释,该理论认为身份认同形成于角色、他人的期待、社会构建和行为中(Banton,1965;Goffman,1967)。这些要素内化于个体,在与他人的关系互动中产生并形成角色认同。

虽然角色研究者承认身份是在关系互动中形成的,但它并没有解释角色的概念,或身份认同如何互动沟通。角色研究理论认为自我虽是经由交际而形成的,但并不是交际本身。亦即,身份理论把交际看作是在身份认同形成中扮演了不可或缺的角色,或是用来表达身份认同的手段,而不是身份本身。交际认同理论打破了这种看法,它将社会行为本身看作是自我的一个方面,即已经实现了的身份认同。也就是说,一个人的自我感知是其本身社交行为的一部分,并且自我感知在社交互动中呈现、定义以及重新定义。同时交际认同理论还围绕认同的互动关系特性,把认同看作是变化的过程。

二、理论介绍

交际认同理论将东方哲学如道家和儒家(Hecht et al., 2003),与后现代主义理论(Kellner, 1992)进行整合,作为自身理论的基础。东方哲学观点认为,身份认同是一个相互矛盾的过程,由两极的张力驱动,但却并非无章可循。后现代主义认为身份认同是分层次的,大多数身份理论都是基于层次细分的。在这些传统的基础上,交际认同理论拓展了传统身份概念,将其进行分层(Faulkner & Hecht, 2007),认为身份认同是通过多层方式构建的,运用这些不同的方式,个体和群体在社交互动中构建着自我认同。

交际认同理论呈现了一个更加综合的身份认同观点,将群体、交际、社会关系,以及自我概念加以整合,同时又将身份认同"安置"到各个层面中。

交际认同理论有10个常见的公理化命题,这些命题按身份认同的特点,做了如下分类:

1)身份认同具有个人、社会和群体属性。

2)身份认同既是持久的,又是变动的。

3)身份认同是情感的、认知的、行为的和精神的。

4)身份认同有内容层面和关系层面的解释。

5)身份认同包含个体主观意义和他人归属意义。

6)身份认同是谈话中被表达的代码,同时界定个体在社区的成员资格。

7)身份认同具有由核心符号、意义和标签表达的语义属性。

8)身份认同规定了适当和有效的交际模式。

9)身份认同是期望和动机的来源。

10)身份认同是呈现出来的。

这种"分层"的观点将个体的身份形成和管理看作是自我和他人交际的持续过程,而非交际的简单产物或交际产生的基础(Hecht,1993;Hecht,Jackson & Ribeau,2003)。该理论认为个人通过交际将互动、关系和自我意识内化于不同的身份认同中,反之,身份认同又通过交际过程被表达或实现。因此,交际与认同是互利互惠的关系。由此观点可以看出,交际有助于个体身份认同的建立、保持和修正。此外,交际认同理论将身份认同视为集体或群体特征,作为社会建构的形式,认同具有"共享"的要素。正如某些群体的成员认可或共享某一特定语言,以及信仰、规范与文化,他们同时也共享"自我"共有形象或认同。

交际认同理论将认同分为四个层面,即个人的(personal)、实现的(enacted)、关系的(relational)和群体的(communal)。这四个层面是身份认同的四个形成途径,身份认同寓于个人、实现过程、关系、群体当中。这四个层面,有时相互匹配,有时相互矛盾,但彼此不能孤立存在,而是相互渗透与贯通的。

个人层面

个人层面是指把个体作为认同的轨迹或框架。这一层面可以被看作个体的自我概念、自我形象、自我认知、对自我或自尊的感受,或是精神的存在感。认同的个人层面解释了"个体在一般情形或特定情形如何定义自己"(Hecht,Collier & Ribeau,1993)。例如有人说:"我聪明(或有趣,或精力充沛)",表明其正在阐明其个人身份。

实现层面

在实现层面,身份认同被看作是在交际中通过信息传递而实现的过程。这一层面将认同看作一种行动,一种被表达的过程。例如,当人们在交际中体现说服力或口才时,他们可能在实现这样的认同。

关系层面

在关系层面,身份认同被看作是在交际中相互协商相互塑造而形成的产物。关系层面有三个方面。首先,个体通过与他人互动构成自我认同,这个自我认同的塑造不断受到他人观点的影响。例如,个体会因父母和朋友的评价而建立起"好人"的自我认同,这是关系认同的表现,因为它建立在父母和朋友对其进行这样描述的基础之上。其次,个体通过与他人的社会关系而形成自我认同,如配偶、同事、朋友等。例如,个人作为父母或子女的认同,作为律师的认同等。社会角色在塑造关系认同方面显得尤为重要。第三,社会或人际关系本身就可以看作认同的关系单元(unit)。例如,夫妇、合作伙伴、上下级等可以作为一个关系单元。

群体层面

群体层面指群体成员共享的身份认同。群体成员享有共同的民族特性、共同的历史记忆、共同的集体怀念,这些共性的特质构成群体成员的集体认同。有时这些认同会呈现出刻板印象,但大部分情况下这些认同是群体成员形成自我所依据的文化代码,亦即个体认同如何在群体层面被社会性地构建。

三、理论应用

大部分研究对交际认同理论的应用主要聚焦在民族标签、民族性、身份协商等方面。交际认同理论研究的新方向将研究拓展到健康领域的交际应用,关注特定疾病患者的身份转换过程,如帕金森病或糖尿病。同时交际认同理论还被应用到科技领域,用来研究交际者的身份认同如何通过网络媒介的交际方式而变化。未来的研究中,交际认同理论还可用来探索身份转换的边界区域,以此来观察身份认同什么时候以及为什么在人们的交际过程中被改变或不变。言语行为和非言语行为的有效性通过交际认同理论的应用与分析也是未来值得探究的内容。

第三节　文化认同理论

文化认同理论(Cultural Identity Theory,CIT),又称文化认同协商理论、文化认同过程理论,或理论化的文化认同过程理论,于1988年由科利尔和米尔特·托马斯(Collier & Thomas)提出。作为20世纪80年代交际领域研究的主导范式,文化认同理论最初是文化认同研究的解释性探索。后来,科利尔等人又将文化认同理论拓展到批判性研究视角,反映了向跨文化交际研究的典型转向(Collier,1998,2005;Hecht,Collier & Ribeau,1993)。科利尔(Collier,2005)对文化认同理论再次进行拓展,把文化认同过程作为在复杂文化结构和与他人动态关系中定位自我及个体认同的驱动力进行研究。

一、理论基础

文化认同理论在历时发展的过程中,始终遵循身份认同的解释学理论视角(即文化认同过程是描述性的而非评价性的)、身份认同的社会建构性,以及个体对经历的不同描述来呈现身份认同。文化认同理论之所以能够具有客观描述问题的视角,同时又在建构中呈现身份认同,主要得益于文化认同理论最初的建构汲取了以下两大理论的精髓,即交际民族志的描述性特质和社会建构理论的建构性特质。

1.1 交际民族志

交际民族志是指对特定的文化或语言社区的成员在社会文化情境中的交际方式进行描述性分析。它借用了人类学的民族志方法与语言学领域的话语分析方法,但和常规的民族志不同的是,交际民族志对交际形式(包括但不限定于口语交际)与其在特定文化中的功能均进行考量。这种定性的研究方法包括能够识别出哪种交际行为或交际编码对不同的群体具有的重要性差异,哪些类型的意义群体可以应用到不同的交际实践中,群体成员如何学习这些编码,从而为特定的群体提供洞察能力。这些增加的洞察能力能够加强群体成员的交际与互动,帮他们理解群体成员决策,区分群体与群体的差别。

一些研究把交际民族志作为实证研究的工具与方法。例如菲利普森(Philipsen, 1987)调查了住在芝加哥附近的男性蓝领的交际方式,该研究调查了他们基于交际语境与个人基于社会地位(对称或不对称的社会地位)的身份认同之上不同的表达方式和缄默方式。凯伯(Carbaugh, 2008)对不同的跨文化语境下交际方式的对比,也把交际民族志作为研究工具。这些研究不仅明确了交际行为、交际编码、交际规则、交际功能以及交际标准,而且还提供了这种研究方法应用的多种途径。

文化认同理论分析交际者在交际中的身份协商方式时,主要借助交际民族志描述性研究视角去呈现交际者的自我身份认同。

1.2 社会建构理论(Social Constructionism)

社会建构理论根植于社会学领域,与后现代的定性研究紧密相连。社会建构理论对本质主义(essentialism)提出了挑战。本质主义认为:世界的本质是不变的,而变化则会带来问题;人们共享一些不随时间而改变的本质特征,而这些特征决定了他们在社会中的身份和地位;身份等社会范畴被认为是先在的,而非社会因素造成的。因此,人们不能选择或改变其身份。而社会建构理论认为行动和变化是主要的,静止不变则会带来问题。社会建构理论主张对习以为常的知识持批评态度,知识具有历史的和文化的确定性,与社会过程相联系,与社会行为相联系。人们应该培养批评意识,认识到本人和他人的身份不是先在的和固定不变的,而是特定的历史和文化的产物,是话语建构的结果,是随着社会的变化而变化的。人们在交际过程中建构彼此的身份,获得相互认同。对于某一社会群体的身份建构会由于人们的认识不同或扮演的角色不同而有所区别。语言是社会实践的一种动态形式,它建构社会身份、社会关系,以及人们对世界的理解。话语,作为语言的具体应用形式之一,自然也具有身份建构的功能。

社会建构理论家探讨了语言的本质和权力的作用,提倡批评意识和自我身份意识,为文化认同理论的身份认同的社会建构性提供了哲学基础。

二、理论介绍

文化认同理论表明了跨文化能力与文化身份认同的关系。该理论关注个体如何在交际过程中构建及协商群体的文化身份,以及在特定情景下的相互关系。该理论认为文化是交际者交际经历中众多身份类别的一种,文化认同在社交互动中通过对比而呈现。交际者将自身群体的社会地位与其他群体的社会地位进行对比。在互动过程中,个体包含多重文化身份信息,如国家的、种族的、民族的、阶层的、性别的、政治的、宗教的等文化身份信息。

1.1 基本理论介绍

文化认同理论自问世以来,就文化认同实现属性与协商方式提出了不同的途径与过程,科利尔和托马斯综合了交际民族志和社会建构论,于 1997 年从七个方面提出了文化认同的实现属性,这些属性是指群体成员以何种方式在交际中协商身份认同。文化认同的七个实现属性分别为:

(1)自我表明式与他者赋予式(Avowal vs. Ascription)

第一组实现属性表明了交际者在日常不同的情境下自我身份认同的形成过程,是来自自我表明的方式还是他人赋予的方式。自我表明的方式是指通过自我呈现的方式向他人表明"我是谁"。他者赋予的方式是指被他人在交际中赋予的身份认同,这种认同基于他人的评价而形成,有刻板印象之嫌。

交际者的身份认同的形成是基于他人赋予与自我表明的双重评价过程。虽然由于不同的发展方式、自主水平、发展历程、身份认同角度和世界观,这两种身份认同形成方式常常存在张力与矛盾,但在跨文化互动过程中,两种方式都很重要,缺一不可,孰重孰轻主要依据具体的交际情景和交际者的权利属性而定。

(2)表达方式(Modes of Expression)

身份认同的第二个实现方式通过核心符号、名称、标签与规范的表达方式来表明交际者的身份认同。核心符号是指群体成员对宇宙、人类、生物体、社会功能、文化信仰的内容表达。群体成员对文化符号的使用、文化观念以及日常的行为表现，塑造着一个族群的成员属性。

名称和标签是核心符号的两种范畴。巴索（Basso，1988）的民族志研究调查了美国亚利桑那州锡贝丘地区的阿帕奇人（美洲印第安人的一个种族）对核心符号的使用如何表明自己的文化身份认同。他在研究中观察到阿帕奇人使用的地域名称包含了"用名称说话"的交际礼仪。这种交际礼仪把地域名称作为核心符号，用来记录"自我道德价值的表达，或目前与他人社会关系的内容，"他认为"这些都是用来表明自我身份的有益方式"。"用名称说话"是一种思维的强化方式，阿帕奇人通过这种方式将地域名称视觉化，如表明个人去向、宣布曾去哪里及下一步计划等，从而来满足具体的需要，如相互安慰、重温祖先的智慧、将其应用到对事件的关注、表达简单的日常琐事，等等。

在理解文化规范与文化身份认同的关系时，科利尔（Collier，1997）解释道：文化群体建立并强化了得体有效地"依文化行事"的标准。行为规范是基于核心符号及其解读方式而建立的，即交际者的称谓本身就表明了交际者的行为准则。因此，交际的行为规范、道德标准、行为期待以及行为决定标准，都体现在了娴熟的交际行为中。个人如果在族群内被公认为娴熟的交际者，那么他/她就成功地实现了身份认同。

（3）个体的、关系的、群体的（Individual，Relational and Communal Identity）

身份认同的第三组实现途径与身份认同形成的三个不同层面有关，即个体的、关系的和群体的身份认同。个体认同是指个体对于建立在自身经历基础之上的文化身份认同的解读。这一属性对于理解群体内部成员之间不同程度的相似点与差异给出了有价值的解释。关系认同是指在某一文化的多种关系中，个体如何恰当地展现出不同的身份认同。这些关系包括朋友关系、同事关系、邻居关系等。这一点同赫克特提出的交际认同理论中关系层面的身份认同形成的第二层解读具有相似性，即身份认同是在多重社会关系中而形成的。群体认同被定义为"交际者在建构、核对、协商共享身份认同的过程中，行使的交际文化功能"（Philipsen，1987）。通过理解群体成员对于共享身份不同形式的认知与使用，例如沟通互动的顺序倾向、互动事件，以及协同的行为等，可以了解群体成员的具体实践如何反映其身份认同。

（4）身份认同的持续性与变化性（Enduring and Changing Aspects of

第四章 身份认同与文化认同理论

Identity)

身份认同的第四组实现方式是指随着时间的推移,群体成员身份认同会由于经济、政治、社会、心理与情境因素而变化或持续。例如,钟(Zhong,2003)列举了我国在1949年以后的二十年间人们交际行为的变化历程,先前革命战争时期所形成的名称与称呼仍然为人们所沿用,影响着人们的人际关系行为,"同志"的称呼替代了"先生""女士""小姐",被用于"革命同志""工人同志""农民同志""男同志""女同志"等称呼中,亲密关系称谓如"先生""太太"也被"爱人"所替换,弱化了传统的以男性为主导的社会中的地位差别。这属于通过语言称谓的变化而引起的身份认同的变化。

(5) 身份认同情感的、认知的、行为的特质(Affective, Cognitive and Behavioral Aspects of Identity)

第五组身份认同的实现属性是指促进身份认同形成的情感的、认知的、行为的因素。情感成分指在特定的情形、互动行为及承担的角色中所附加于文化的、民族的、种族的身份认同的情感和感受。认知成分是指群体成员对和自身认同相关的特定群体所共享的信仰与文化理解的认同过程。行为成分由群体成员的言语和非言语行为组成,这些行为在具体的情形和互动中被群体成员认同为自身的身份。

冯(Fong,1994a & 1994b)曾开展了一项针对华人在接受美国人赞美时的适应状况的调查。她将在美国的华人面对美国人的赞美时的表现,从情感、认知和行为方面进行了解释。与美国文化相比,中国文化较为含蓄、内敛,表达方式也相对温和。而美国人在表达赞美时多采用较为夸张的语气和更强烈的表达方式,初到美国的华人面对这样的赞美,或不知所措,或沿用中国文化中的回应方式进行交际,从而引起误解。例如:

Male instructor: You did a good job(driving)!

Female student: No, I drove so dangerously.

从情感角度来讲,这些华人此时处在文化休克的状态,他们会受情绪的支配而处于一种不舒服、紧张、焦虑的状态,会感到压抑、尴尬、无所适从,因此,其新的身份认同构建会受到阻碍。从认知角度来讲,他们由于缺乏对两种文化差异的了解,不清楚在面对美国人的赞美时应采取何种回应方式,在交际中依然受到中国文化交际规约的认知影响,从而使其在融入新的文化、构建新的身份认同时形成认知阻碍。在行为层面,初到美国的华人面对这样的赞美,由于情绪的困扰与认知的偏差,找不到恰当的回应方式,他们会有不尽人意的行为表现。在此阶段,华人的身份认同属于比较混乱的状态——面对新的文化交际场域,他们既无法摆脱原有身份认同的影响,又找不到合适的新的身份认同落脚点,从而引起文化冲突或他者对华人的偏见。但随着时间的推移,随着对美国文化交际规约的了解,他们对这些规约从情感上接受,从认知上把握,那么行为层面上自然会越来越得体与恰当,新的文化身份认同会逐渐形成,从而更好地融入美国社会。

(6)内容水平和关系水平(Content and Relationship Levels)

科利尔(Collier, 1997)给出的文化身份认同的另一个实现维度是内容水平和关系水平,即从内容与关系上解释文化身份认同的层级水平。交际者之间交流的信息不仅承载着信息或内容,而且承载着隐含在信息中的关系,此种关系决定于交际者如何表述这些信息。交际者基于自身的文化或跨文化的经历,来解释话语的选择与意义。交际中的关系水平通过信息的暗示来进行解读——"谁在交际中占据主动""交际者双方的亲疏关系""对对方有何种感觉""对对方的信任度""交际双方的亲近或疏离程度怎样"等,均在信息传递的过程中有所体现。

(7)凸显性、显著性或强度水平(Salience or Prominence)

文化认同理论提出的最后一个身份认同实现属性是指交际过程中,不同的身份认同随场景的不同,在程度上呈现出凸显性或强度水平的表征。凸显性表明个体的身份认同在多大程度上凸显,从而引起注意。例如,一位处在一群男性占主导的职场环境中的女性,会敏锐地感受到自身的女性身份而不是其他的身份。强度水平是指具体场景下,个体身份认同的实现程度。科利尔(Collier, 1997)表明:"强度为身份认同的投入与参与提供了强有力的边界。"例如耶普(Yep, 2004)曾讨论过自身被他人归因为亚裔美国人的身份认同,因为他"看起来像亚裔美国人",然而,他本人更倾向于使用"亚裔拉丁裔美国人"这样的标签,来展现自己作为多文化多种族身份认同的存在。自我表明是指群体成员如何表明区别于他者的身份认同。多里诺·孔多(Kondo, 1990)在其作品《精加工的自我》中描述了作者在日本人的身份认同和日裔美国人的身份认同之间的选择,如何在正式的交际礼仪中呈现其凸显性和强化性的。当她的茶道老师积极评价了她的茶道表演,肯定了她由先前笨拙的粗线条表现到现在呈现细致优雅的日本茶道淑女形象的变化时,她日本人的身份认同得以凸显与强化。

科利尔(Collier, 2005)将文化认同理论进行了拓展,虽然其并未提出新的命题、定理或公理,但她从批判性视角反观文化认同理论研究,在文化身份构建中引入情景框架、意识形态以及地位等级的因素。她认为文化身份认同的形成是自我表明与他者赋予的双重结合过程,是在具体的情景中相互协商与共同经历中建立起来的。正是在交际的过程中,个体或是群体对自身有了更明确的定义与建构。她强调地位等级是一种不可或缺的涵盖因素,因为交际双方的权力差距会对身份建构带来不可忽视的影响,甚至会限制双方的身份协商。

三、理论应用

文化认同理论被广泛运用于跨情境的文化身份的角色审视,从美国的跨种族婚姻到英国北爱尔兰地区不同社区群体等,各种情况均有研究。汤普森与科利尔(Thompson & Collier, 2006)调查了美国的跨种族婚姻伴侣如何共同协商相互交叉的文化认同(如种族、性别和阶层)和社会建构。科利尔(Collier, 2009)调查了英国北爱尔兰地区的不同社区群体的话语行为表现,以此来分析参与者如何通过话语表达协商其跨社区的族群身份认同,如何凸显性别认同、代际认同、阶层认同、主动性水平(level of agency)、矛盾紧张度,等等。陈与科利尔(Chen & Collier, 2012)对两个民间组织成员不同的身份认同观点进行采访,根据采访的对话来分析他们如何对自我表明的文化身份和他人赋予文化身份进行协商等。

第四节 身份协商理论

身份协商理论(Identity Negotiation Theory)是由美籍韩裔学者丁允珠(Ting-Toomey, 1993 & 2005)提出的,她解释了个人的互动行为过程。在这些互动中,个人努力构建出由自身和他人所期待的身份形象。个人通过与文化群体的其他成员进行日常的互动,习得与发展出自身的身份认同。在构建他们的文化身份认同的过程中,人们根据人际互动机制来有目的地表现自己,而这个互动机制来自其最初的直观感受。

一、理论背景

1.1 关键术语解读

身份协商理论中的"身份认同"指个体在自我表明与他者归类的社会建构过程中,对于自我的多层面形象的认同,包括文化认同、民族认同、宗教认同、社会阶层认同、性别认同、性取向认同、职业认同、关系角色认同及个体形象认同。根据社会认同理论,社会身份认同包括民族归属认同和社会阶层认同。就家庭角色认同而言,个体身份认同包含任何与他者对比之后相区别的独一无二的特质。因此,个体的身份认同由族群归属、关系角色、个体自我反映组成。个体大部分情况下通过社会文化适应过程、自身的生活经历以及重复的族群间与人际间的互动经历来构建自身的身份认同。

"协商"一词在身份协商理论中,指的是两个或更多的交际者在跨文化交际过程中保持、威胁、提升对方多样化的社会文化群体认同,或在独一无二的个体身份认同形象构建时,所进行的言语或非言语的信息交换。

在集体主义文化中,以族群认同为取向的文化群体,例如危地马拉、印度尼西亚、韩国、越南及一些西非地区国家的交际者更倾向于关注群体的社会身份认同。而在个体主义文化群体中,如比利时、丹麦、法国、新西兰、瑞典等的交际者则更倾向于关注个体的身份认同。在一个多元文化为特色的移民国家,不同的民族文化认同占据并凸现特色(如民族取向、同化的、双语的、边缘性的),族群间的关系考量同时也在身份协商理论中发挥着显著的作用。不论交际者能否意识到这些族群身份认同,个体的自我身份概念或其他身份类型影响着我们在泛化和具象化行为的日常表现。从跨文化交际能力提升角度深度了解身份协商,对于交际者来说能够学会审视交际过程与结果。

1.2 理论发展脉络

丁允珠提出的"身份协商理论"最先发表于1986年古迪昆斯特编撰的《跨族群交际》(*Intergroup communication*)一书中,该书用一个章节的篇幅介绍了其核心的理论构念——在发展族群关系和人际关系时,社会文化群体归属认同与个人身份认同具有同等重要的地位。该章节的主要观点强调了确认族群归属认同与凸显个人身份认同的重要性,以此来发展有质量的人际关系,从而避免了忽视个体身份认同的情形。

"身份协商理论"的第二个版本发表于1993年由理查德·怀斯曼和茱莲妮·凯斯特(Wiseman & Koester)编撰的期刊《跨文化交际能力》(*Intercultural communication competence*)当中。该文章强调了理解移民在跨文化适应过程中身份安全与身份脆弱的辩证关系,身份包含与身份差异的辩证关系,以及理解其他形成自我与他者感观的动机性因素的辩证关系,具有举足轻重的作用。跨文化能力被解读为一种"交际智慧"现象(communication resourcefulness),其中个体的认知、情感、行为智慧(以及为以上三者提供支撑的伦理智慧)均得到体现。此时一个新的概念模型被提出,这个模型将"交际智慧"的不同解释性因素与互动当中的交际智慧对身份确认、身份连贯、身份协调产生的效果连接在一起。一个成功的跨文化交际者,应具有很强的交际智慧,同时掌握多样的认知工具、具备丰富的情感调节能力以及拥有灵活的行为模式,并且他/她能够将三者有效地、恰当地、有创造性地应用在不同的交际情景,从而处理复杂而灵活多变的交际冲突。

"身份协商理论"的十个理论假设正式问世于1999年丁允珠的《跨越文化的交际》(*Communicating Across Cultures*)一书中。基于不同的学科研究,该文为这十个理论假设在多种文化语境中的适用性提供了丰富的理论证明。1999年的这一理论版本同样突出了"留意"(mindfulness)的关键性作用,同时强调了恰当的身份协商在助推跨文化交际成功进行时起到的不可或缺的作用。

丁允珠2005年发表的"身份协商理论"(Ting-Toomey,2005),将跨文化交际能力定义为对跨文化知识、留意的行为、互动技能的相互整合能力,从而灵活地调适身份认同以达到预期的身份认同结果。预期的身份认同结果包括相互的身份理解、相互的身份尊重、相互联系的身份认同评价与共识。

二、理论介绍

2.1 核心理论假设

身份协商理论假定所有文化的人们,在不同的交际情境下,都期待自身的身份认同获得积极肯定。然而,不同的文化情景中,身份认同获得肯定和理解的方式是不同的。身份协商理论强调选取那些对交际者日常互动有影响的、特定的身份认同范畴进行研究。身份协商理论为交际者提供了一种折中的交际理念与视角,例如在对移民和难民调查中,研究他们如何在陌生的环境中形成"文化—民族"身份认同和个人身份认同时,要考虑大的宗主国对其的接受度,以及其所属的组织对其持有的支持因素,同时还要考虑这些外来者身份认同适应与变化过程中的具体情境的以及个体的因素等。

身份协商理论就跨文化交际的前提、过程、结果等要素,提出了十个核心理论假设,包括在身份协商过程中人们的身份构建的发展(Ting-Toomey,2005)。

1)交际者的群体归属性身份认同(如文化和民族的归属)与个体身份(唯一属性)认同的核心机制是借助于与他人的符号互动而形成的。

2)任何文化或民族群体的个人,在群体层面和在个体层面对身份安全、身份包含、身份预测、身份联系、身份连贯性方面,有着基本的动机需求,然而,对以上需求的过度追求会导致过度的族群中心主义。另一方面,过度的身份不安全感,会导致对非族群者或陌生人的畏惧,较为理想的情形是个体在交际中对上述的需求都较为适度。

3）交际者在熟悉的文化环境中,常常体验到身份的安全感,而在不熟悉的文化环境中,体验到的是身份的脆弱感。

4）当交际者期望的群族归属认同得到正面的认可（例如与族群内部成员接触的场景）时,就会感觉到被包含；而当个人期望的族群归属认同被轻视（例如与不友好的族群外部成员接触的场景）时,就会体验到疏离的感觉。

5）当交际者与文化上具相似性的他者沟通时,能够进行互动预测；而与文化上不具相似性的他者沟通时,无法进行互动预测。互动的可预测性既可以加深信任；而互动的不可预测性会导致怀疑、误判及偏见。

6）交际者倾向于通过有意义的亲密关系建立人际联系,体验身份认同的自主性,当他们处在关系分离的状态时,有意义的人际与跨文化关系能够使人增加安全感与信任。

7）交际者倾向于在熟悉的文化环境、重复的文化路线中体验身份认同的连贯性；而在新的陌生的文化环境中,倾向于体验身份认同的变化（极端地来说,如身份混乱）与转换。

8）文化的、民族的、个人的及场景的多样化,会影响到身份认同的意义解读和评价。

9）成功的跨文化身份协商过程强调将身份认同知识、留意的行为,以及互动技巧整合在一起,从而使交际者进行恰当、有效地与文化他者进行交际。

10）令人满意的身份认同结果包括被理解、被尊重,以及被正面评价的感觉。

丁允珠以上十个理论假设,可以总结为关于五个跨文化边界的主题,它们两两成对,互为辩证关系:1)身份安全与身份脆弱；2)身份包容与身份差异；3)身份预测与身份不可预测；4)身份联系与身份自主；5)身份一致与身份变化。这五组身份认同辩证关系在跨文化交际的语境下,彼此发生相互作用。如果人们在互动中偏离某一方,就会引起失衡而导致紧张感。例如,交际者需要基本的安全认同,是为了被不同的文化成员所承认。然而过度的安全需求会导致过度的族群中心主义。另一方面,过度的不安全感会导致对非群体成员或陌生人的畏惧。

2.2 身份认同发展模式

身份协商理论就民族与文化身份认同的发展提出了两个模式:一种为"文化—民族"认同模式,另一种是"种族—民族"身份发展模式。基于对同化作用的强调,丁允珠(Ting-Toomey,2005)提出以下观点:文化身份认同决定人们如何能够轻易地接受并融入另一种文化当中去。

(1)"文化—民族"认同模式

第一种文化身份发展模式是基于对弱势的民族身份和主流的文化身份的差别的考量而提出的,可以从四个角度来审视这一模式,其主要关注的是"个体的民族认同和文化认同形成的倾向性选择议题"(Ting-Toomey,2005)。"文化—民族"认同模式展示了文化身份与民族身份的相互作用与影响,以及由这种相互作用与影响引起的可能结果。基于白瑞(Berry,1994&2004)的研究,它有四种可能的结果。首先,当交际者同时形成强烈的文化认同和民族认同时,他们将二者内化后,形成双文化认同(bicultural identity)。其二,当交际者的民族认同强而文化认同弱时,他们会倾向于民族身份认同(ethnic-oriented identity),此时民族认同对他们来说更容易形成。其三,当交际者的文化认同强而民族认同弱时,他们就会形成文化趋同的身份认同(assimilated identity)。第四,如果交际者的文化认同和民族认同都很弱时,他们就会形成边缘性的身份认同(marginal identity)。

(2)"种族—民族"身份发展模式

第二种文化身份发展模式是关于"种族—民族"身份认同的模式,该模式包含种族与民族身份认同发展的四个阶段,即文化碰撞前阶段,文化碰撞阶段、文化融入阶段,以及内化认同阶段(Helms,1993)。通过这些阶段,交际者的身份认同从高度凸显的文化趋同身份认同转变为坚实的"种族—民族"身份认同,从而使交际者能够与来自主流文化族群以及其他多种族群体的人们进行成功地交际。

在文化碰撞前阶段,交际者的主流文化身份认同呈现凸显性,其少数民族的身份认同受主流文化价值观与规约的影响。这一阶段,交际者对自己的身份并不察觉,并未意识到自己的民族或种族认同,他们只是将自己的身份认同简单定义为基于大的文化的认同,如"美国人""加拿大人""澳大利亚人"等。在文化碰撞阶段,交际者处于边缘性身份认同凸显的阶段。由于遭遇到"极端的震动性"事件(如遭遇种族歧视等),交际者意识到无法完全被主流社会作为一分子所接受,其种族或民族的身份认同意识觉醒。在文化融入阶段,交际者处于强烈的民族或种族身份认同凸显阶段,交际者拥有安全的民族或种族群体身份认同归属感。在内化与认同阶段,交际者发展出一种坚实的民族或种族认同,可以让交际者以强大的群体认同感与主流文化或其他种族或民族的交际者建立人际互动交流。

三、理论应用领域

身份协商理论主要用于研究各种语境下跨文化交际的身份冲突,包括学术语境和跨族群交际语境。图米、多杰和丁允珠(Toomey,Dorjee & Ting-Toomey,2013)用身份协商理论来调查亚洲高加索人的双文化身份意义建构及他们的跨族群沟通策略时,发现双文化身份认同的发展是一个多层面的鲜活的过程,研究中他们总结了几种双文化身份建构的主题类型,包括身份认同的双文化建构,双文化身份的独特的交际实践,以及身份缓冲策略等。朗珊(Lamsam,2014)从文化契约的视角对美洲印第安人的身份协商进行深入的学术调查,该研究发现美洲印第安人通过共同创造的契约来构建自身的身份认同。

第五章

文化冲突与跨文化适应

第一节 跨文化冲突理论

一、文化冲突

在形形色色的国家、社会、文化和人际关系中,冲突都是不可避免的。跨文化交往中,来自不同文化的人们会对交往预期、交往过程和交往结果表现出一种不相容、不和谐的状态,这是由文化差异导致的人际冲突。文化冲突的产生由来已久,既可由战争、资源和生存空间的掠夺与征服导致,也可由文化的民族性、保守性和封闭性导致。

文化冲突,是指两种或两种以上的文化在相互接触与交流的过程中,基于地理环境、生产方式、文化传统、宗教等方面的差异,一种文化对另一种文化产生的长期的或暂时的排斥、对立及否定现象,包括强势文化对弱势文化的压制和攻击(孙英春,2015)。文化冲突涉及人与人、人与文化、文化与文化之间的相互作用与相互影响,不仅表现在习俗、道德和法律制度等方面,也可表现为价值观、思维方式等各方面的全面冲突。严重的文化冲突直接表现为政治或武力对抗。通常状况下,文化冲突会在日常交往中隐性进行并逐渐累积,其结果通过较长的时间才能显现。

文化冲突可以表现为多种形式,从不同文化群体之间的排斥、敌意、偏见和歧视,到政治生活中的分裂主义、暴力对抗、种族灭绝、恐怖主义、内战,乃至国家间的战争。针对文化差异与文化冲突,亨廷顿(1998)于20世纪90年代初提出了著名的"文明冲突论"(clash of civilizations),他说,文化差异始终是人类的基本差异,文化间互动的后果就是冲突;在未来世界中,国际冲突的根源将主要是文明,而非意识形态或经济,"文明间的断裂带将成为未来的战线"。

自近代以来,全球化格局中的文化冲突主要表现为西方文化与非西方文化的冲突,二战及冷战结束后,世界格局的复杂演变、多元文化思潮的扩散,以及全球化持续而深入的影响,使地区性的族群、宗教等文化冲突愈演愈烈。

文化冲突不仅来自不同民族、国家之间的文化差异,还包括文化霸权与文化抗争,以及强势群体与弱势群体之间的利益冲突。殖民主义、帝国主义、新帝国主义、西方的权力与霸权、全球化等,都可能成为文化冲突的来源。文化冲突并不仅限于不同文化的国家之间,在单一国家内部,也会产生由于文化冲突导致的社会冲突事件。

需要注意的是,文化差异并不必然引发文化冲突。对全球社会中的不同文化来说,文化的共存、共融是跨文化适应的过程,人们需要通过调整、容忍来适应多元文化共处的客观环境,并对不同条件和环境中的文化冲突具备评估、预测和控制的能力。面对文化差异,如果没有调整和变化,冲突就会加剧,乃至恶化,冲突各方的关系就可能受到影响,甚至导致终结的后果。相反地,如果做出积极的调整和适应,则交往各方都有从中受益的可能。因而,探索文化冲突的原因,能够使不同文化的人们超越冲突,追求不同文化间的交融与和平交往,才是人类文明进步的动力与主流。

大至国家,小至不同文化中的个人,都会对文化差异和文化冲突产生不同的理解和反应。不仅不同文化的国家之间需要进行彼此间的调整、容忍与适应,不同文化中的个人面对差异,也会产生不同的理解和感受。

针对文化差异,不同的人会有不同的反应和应对方式。有人会感到兴奋,积极地面对差异,努力寻求沟通途径;有人会感到焦虑,消极地面对差异,坚持自我中心或种族中心主义,不愿在差异面前妥协,导致文化冲突。关于跨文化冲突理论,在此将主要介绍古迪昆斯特的焦虑与不确定性管理理论。

二、焦虑与不确定性管理理论

古迪昆斯特创立的焦虑与不确定性管理理论(Anxiety/Uncertainty Management Theory),简称 AUM 理论,旨在建构人际与群体间交际的有效性,被公认为是跨文化交际学的经典理论之一。该理论主要探讨如何调节焦虑,消除不确定性,进而实现有效交际。AUM 理论可分为两部分:人际与群体间交际理论和陌生人跨文化调整理论。

古迪昆斯特的 AUM 理论最初在伯贡和卡拉布雷斯(Berger & Calabrese, 1975)的不确定性消解理论与泰弗尔(Tajfel, 1978)的社会身份理论之上,建构了第一个群体交际模型(Ting-Toomey, 1986)。1988 年,古迪昆斯特在不确定性消解理论与社会身份理论的基础上,创立了跨文化适应理论;在个体与群体交际和跨文化适应的理论基础上,创立了焦虑与不确定性管理理论。1993 年,古迪昆斯特将理论聚焦于焦虑管理和个人与群体交际这两个概念之上,创建了 AUM 理论雏形,并于 1995 年将其最终发展为 AUM 理论。

该理论的基本假设是:在跨文化交际过程中,人们首先要有一种安全感;焦虑与不确定性管理影响着交际的进展,对交际的有效性起着关键作用。AUM 理论包含五个基本概念:陌生人(stranger)、不确定性(uncertainty)、焦虑(anxiety)、有效交际(effective communication)和留意(mindfulness)。

在古迪昆斯特看来,交际学理论应包含四个分析层面:个人层面、人际层面、群体层面和文化层面。AUM 理论使用两种方式区分人际与群体交际:基于数据类型与基于身份类型。基于数据类型包含文化的、社会逻辑的和心理的维度;基于身份类型包含人类的、社会的和个人的维度。

针对 AUM 理论,古迪昆斯特提出了元理论假设和理论假设。元理论假设从本体论、认识论和人性论出发,因其人性论中也包含方法论内容,故该假设大体可对应哲学上的本体论、认识论、方法论。理论假设则聚焦于 AUM 理论的五个基本概念。

AUM 理论构建的元理论假设如下。

本体论:不同文化的交际基本过程相同,但不同文化的人们对交际内容的解读规则不同。因为意义是在交际过程中建构的,人们的主观现实是不同的,因而对交际行为的解读也是不同的。

认识论:对交际及其外在观察的解读为理论的产生和检验提供有用的数据。

人性论:交际受文化、群体身份,以及结构、情境和环境的影响,留意可以影响交际效果。

AUM 理论的理论假设建立在陌生人、不确定性、焦虑、有效交际和留意这五个基本概念之上。

第一个基本概念是陌生人。陌生人是 AUM 理论的基础,古迪昆斯特认为,陌生人是属于其他群体的、与我们不相同的人。与陌生人的交际往往具有焦虑和不确定性特征。

第二个基本概念是不确定性。古迪昆斯特认为,文化能够帮助人们预测他人行为,当陌生人处于客国文化时,无法判断周围人的意图,面对诸多的不确定性时,就会产生不安全感。不确定性可分为预测性(predictive)不确定性和解释性(explanatory)不确定性。预测性不确定性指我们不具备预测陌生人态度、情感、信仰、价值观和行为的能力。解释性不确定性是指我们在解释陌生人行为、态度、情感、思维和信仰方面的不确定性。不确定性存在于任何人际关系之中,但在跨文化交往中表现得更加突出。古迪昆斯特认为,不同文化及不同个体间,人们能承受的最小和最大不确定性的阈值不同。不确定性在该阈值区间内,可预测性与新奇性形成动态平衡,交际最有效。当人们承受的不确定性过高时,难以实现有效交际;但当人们承受的不确定性过低时,交际往往会变得单调乏味。

第三个基本概念是焦虑。焦虑是不确定性的情感表达,即不安全感。与跨文化陌生人的交往可能产生恐惧心理,群体交际时产生的焦虑要高于人际交往时产生的焦虑。焦虑通常来源于对负面结果的预测。焦虑是恐惧和信任的辩证统一,即焦虑产生的根本原因是交际者之间存在不确定性和不信任感。长期的焦虑管理与信任的建立相关联。交际者之间存在的不可预测性和不信任感导致焦虑。焦虑也有最高和最低阈值。适当的焦虑可维持张力与好奇心之间的平衡。阈值区间内的焦虑和不确定性达到动态平衡,才能实现有效交际。当焦虑超过最高阈值时,交际者会因为紧张而倾向采取回避的态度,人们的注意力将集中在焦虑本身,无法关注交际的有效性。焦虑过低则会使交际者丧失好奇心,失去交际动力。适当的焦虑有利于交际的良性互动。

第四个基本概念是有效交际。交际涉及交际双方意义的编码与解码过程。在这个过程中,推测是解码的主要手段。在不同文化背景人们的交往中,基于推测的解码过程往往会产生信息误读。有效交际是指人们在解读信息时能够较为准确地把握对方传达的意义,因而能够最大限度地减少误解。

第五个基本概念是留意。留意涉及三种状态:1)新范畴的创立;2)对新信息的开放;3)非单一性视角的认识。留意是注意对方的不同范畴、不同信息及不同视角。与陌生人探讨意义,同时是身份的创造和反馈过程。由于大多数人在解读陌生人信息时倾向于运用自己的参照系,留意是纠正错误解读,与陌生人探讨意义的前提。

古迪昆斯特认为,理论由原理(axioms)与定理(theorems)构成。原理是隐含变量之间因果关系的命题,定理是原理的逻辑组合。他建构的AUM人际与群体间交际理论包括47条定理,其中自我概念、互动动机、对陌生人的回应、陌生人的社会分类、情境过程、与陌生人的联系和伦理互动这七个变量是表面原因,不确定性管理和焦虑管理这两个变量是基本原因,留意是调节过程,有效交际是调节之后的结果。AUM人际与群体间交际理论旨在帮助个人改进交际质量。

以下是AUM有效交际理论中47条定理的具体表达。

自我概念是我们对自己的界定,体现我们与他人的相似和差异程度。它涉及自我的社会身份、个人身份和集体自尊等方面,这些方面与其他变量之间形成五条定理(定理1—定理5)。

定理1:与陌生人交往时指导交往的社会身份程度增加,焦虑减少,预测其行为的信心增加。实现条件:文化身份稳定;东道国国民行为符合其文化模式;没有留意;焦虑与不确定性在阈值区间内。

定理2:与陌生人交往时指导交往的个人身份增加,焦虑减少,准确预测其行为的能力增加。实现条件:个人地位稳定;没有留意;焦虑与不确定性在阈值区间内。

定理3:与陌生人交往时自尊增加,焦虑减少,准确预测其行为的能力增加。实现条件:没有留意;焦虑与不确定性在阈值区间内。

定理4:与特定群体的群体外陌生人交往时,群体内集体自尊增加,焦虑减少,准确预测陌生人行为的能力增加。实现条件:没有留意;焦虑与不确定性在阈值区间内。

定理5:与陌生人交往时,对社会身份可预见的威胁增加,焦虑增加,预测其行为的信心减少。实现条件:没有留意;焦虑与不确定性在阈值区间内。

与不确定性和焦虑产生联系的第二个变量是动机。需求可以分为生理性需求和社会性需求两大类,当需求被满足后,人们才会产生与陌生人交往的动机。古迪昆斯特的AUM理论中包含四种关键需求:可预测性(信任)需求、群体包容感、避免或化解焦虑和维持自我概念。在人际交往过程中,只有当交际双方彼此信任,交际行为可预测时,相互之间才会产生包容感,从而实现维持自我概念的需求。互动动机与不确定性和焦虑这两个变量之间形成了四条定理(定理6—定理9)。

定理6:与陌生人交往时,对群体包容的需求增长,焦虑增加。实现条件:没有留意。

定理7:与陌生人交往时,对维持自我概念的需求增长,焦虑增加。实现条件:没有留意。

定理8:陌生人对我们自我概念的认可会减少焦虑。实现条件:没有留意;焦虑和不确定性在阈值区间。

定理9：预测陌生人行为能力的信心增长，焦虑减少；焦虑减少，预测陌生人行为的信心增加。实现条件：没有留意；焦虑和不确定性在阈值区间。

上述变量间的关系可以概括为：可预测性、群体包容感和自我概念的维持需求得到积极回应时，交际者的焦虑就会得到缓解。

与不确定性和焦虑产生联系的第三个变量是对陌生人的回应。交际者对陌生人的回应大致可分为三种类型：认知、情感和行为。在认知方面，如果过于简单地处理信息，就难以准确预测陌生人的行为；相反，如果能够多元化处理信息，就能较好把握对方的意图，减少不确定性。灵活的态度和不断自我反省同样有助于判断陌生人的行为，进而消解焦虑。在情感方面，如果能够容忍对方的暧昧与不明确的信息，进入移情状态，才能较好地实现理解，减少焦虑，从而实现有效交际。移情是指站在对方的立场，以对方的情感来看待世界。在行为方面，如果能够实现与陌生人的谦让，积极看待对方的调整，双方的共识就会增加，交际得以顺利进行。跨文化交际者在上述三个方面对陌生人的反应和不确定性与焦虑的逻辑关系形成了如下六个定理（定理10—定理15）。

定理10：多元化处理信息的能力增加，焦虑减少，准确预测陌生人行为的能力提高。实现条件：焦虑和不确定性在阈值区间内；没有留意。

定理11：对陌生人的固化态度越高，焦虑越高，准确预测其行为的能力越低。实现条件：焦虑和不确定性在阈值区间内；没有留意。

定理12：不确定性取向增加，准确预测陌生人行为的能力提高。实现条件：焦虑和不确定性在阈值区间内；没有留意。

定理13：对模糊容忍程度增加，焦虑减少。实现条件：焦虑和不确定性在阈值区间内；没有留意。

定理14：对陌生人移情能力增加，焦虑减少，准确预测陌生人行为的能力提高。实现条件：焦虑和不确定性在阈值区间内；没有留意；尊重陌生人。

定理15：陌生人与我们的趋同程度越高，焦虑越低，预测陌生人行为的信心越强。实现条件：在个人主义文化中，有稳定的社会身份，陌生人对我们没有可预见的威胁；焦虑和不确定性在阈值区间内；没有留意。

古迪昆斯特对定理12进行了特别解释：不确定性取向是指不以固化的态度看待陌生人的行为，增加是指以多种可能对陌生人的行为进行预判，即以更加开放的态度而不是刻板印象去进行预判。

与不确定性和焦虑产生联系的第四个变量是社会分类。社会分类是指通过理性的方式划分人群,使社会环境条理化的过程。社会分类能够使人们意识到自己的身份与属性,察觉到自我与陌生人之间的差异,并在深入交往中发现自我与陌生人的共性与差异性。如果能在达成共识的基础上消除负面刻板印象,对交往产生正面预期,激发交际动力,就能够减少焦虑与不确定性。AUM 理论中与社会分类相关的定理有 7 个(定理 16—定理 22)。

定理 16:对我们自己和陌生人群体间的共性与差异性理解越多,焦虑越低,准确预测其行为的能力越高。实现条件:没有留意;焦虑与不确定性在阈值区间内;陌生人的群体身份显著。

定理 17:陌生人与我们的个人相似度越高,焦虑越低,准确预测其行为的能力越高。实现条件:没有留意;焦虑与不确定性在阈值区间内。

定理 18:当我们对陌生人的社会分类与其自己的社会分类一致时,准确预测其行为的能力越高。实现条件:没有留意;焦虑与不确定性在阈值区间内。

定理 19:我们看待陌生人群体的可变性越多,焦虑越低,准确预测其行为的能力越高。实现条件:没有留意;焦虑与不确定性在阈值区间内。

定理 20:当我们与陌生人高级别群体内身份共享度越高,焦虑越低,准确预测其行为的能力越高。实现条件:没有留意;焦虑与不确定性在阈值区间内。

定理 21:我们对陌生人行为的正面预期越高,焦虑越低,准确预测其行为的信心越高。实现条件:没有留意;焦虑与不确定性在阈值区间内。

定理 22:我们对陌生人行为的负面预期控制得越好,焦虑越低,准确预测其行为的能力越高。实现条件:没有留意;焦虑与不确定性在阈值区间内。

与不确定性和焦虑产生联系的第五个变量是情境过程。情境过程指具体的交际情形或语境,交际者对交际语境的不同反应可能导致不同的结果。它是交际过程的条理化安排,反映交际者的模式化预期,并能得到同一文化成员的认可。在与陌生人的交际过程中,由于交际视角不同,对交际意图的理解可能出现偏差,因而适当地扩大交际预期并及时进行自我调整,有利于交际的顺利进行。同时,积极、友好和宽松的氛围及合作关系也会对交际成功起到促进作用。AUM 理论中与情境过程相关的定理有四个(定理 23—定理 26)。

定理 23:我们与陌生人进行的任务合作性越高,焦虑越低,准确预测其行为的信心越强。实现条件:没有留意;焦虑与不确定性在阈值区间内。

定理 24:与陌生人交际的规范度和制度支持度越高,焦虑越低,准确预测其行为的信心越强。实现条件:没有留意;焦虑与不确定性在阈值区间内。

定理25:情境中出席的群内成员比例越高,焦虑越低。实现条件:没有留意;焦虑与不确定性在阈值区间内。

定理26:可见的对陌生人的权力越大,焦虑越低,预测陌生人行为的准确性越低。实现条件:没有留意;焦虑与不确定性在阈值区间内。

上述四条定理反映出情境和与陌生人的接触本质相互影响。

与不确定性和焦虑产生联系的第六个变量是与陌生人的联系。与陌生人联系的质与量和焦虑负相关。亲密程度、依赖度、社会网络都与陌生人的联系紧密相关。如果与陌生人之间能够建立起友善、亲密和相互依赖的关系,焦虑和不确定性就会减少,交际进展会更加顺利。AUM理论中和与陌生人的联系相关的定理有五个(定理27—定理31)。

定理27:我们对陌生人的吸引力增加,焦虑减少,预测陌生人行为的信心增强。实现条件:没有留意;焦虑与不确定性在阈值区间内。

定理28:与陌生人及其群体交际的质与量提高,焦虑降低,预测陌生人行为的信心增强。实现条件:没有留意;焦虑与不确定性在阈值区间内。

定理29:与陌生人的相互依赖度增加,焦虑降低,准确预测其行为的能力提高。实现条件:没有留意;焦虑与不确定性在阈值区间内。

定理30:与陌生人关系的亲密程度增加,焦虑降低,准确预测其行为的能力提高。实现条件:没有留意;关系建立的不同阶段内或特定的会话中,焦虑和不确定性会上下浮动。

定理31:与陌生人共享的社会网络越多,焦虑降低,准确预测其行为的能力提高。实现条件:没有留意;焦虑与不确定性在阈值区间内。

与不确定性和焦虑产生联系的第七个变量是伦理互动。有伦理或有道德意味着我们维护自我的和陌生人的尊严。伦理互动的本意即尊重陌生人。AUM理论中与伦理互动相关的定理有三个(定理32—定理34)。

定理32:交往中维护自我和陌生人尊严的能力提高,焦虑降低。实现条件:没有留意;焦虑与不确定性在阈值区间内。

定理33:对陌生人尊重的增加会使焦虑降低。实现条件:没有留意;焦虑与不确定性在阈值区间内。

定理34:对陌生人的道德包容性越高,焦虑越低。实现条件:没有留意;焦虑与不确定性在阈值区间内。

古迪昆斯特的前34个定理是关于七个表面原因变量的,多数是在自然状态下,实现的条件都是没有留意。下面五个定理是关于不确定性、焦虑、留意和有效交际的相关关系。如果陌生人在交际过程中对焦虑和不确定性加以管理,在留意状态下,交际的有效性就会得到提升。

留意是建立新范畴,对新信息保持开放的态度,以及承认陌生人视角的过程。只有留意才能做到理解陌生人的视角,从而与陌生人进行有效交际。陌生人的留意程度比群体内成员的留意程度高。当我们处于焦虑状态,我们与陌生人交往时不经意间就进行了社会分类(圈内人与圈外人的区分),而且,焦虑还会影响我们处理信息的能力。无论焦虑和不确定性过高或是过低,都会影响有效交际(定理35—定理39)。

定理35:对陌生人行为描述能力的提高使准确预测其行为的能力提高。实现条件:对交际过程留意;不过度警觉;焦虑和不确定性在阈值区间内。

定理36:对陌生人语言(方言)知识增加,焦虑降低,准确预测其行为的能力提高。实现条件:焦虑和不确定性在阈值区间内;没有留意。

定理37:与陌生人交际过程的留意增加,管理焦虑和不确定性的能力提高。实现条件:不过度警觉。

定理38:与陌生人会话时留意及更正语用错误,有助于与陌生人协商意义,有效交际增加。实现条件:对交际过程留意;不过度警觉;焦虑和不确定性在阈值区间内。

定理39:与陌生人交际时管理焦虑的能力提高,对于其行为预测及解释的准确度提高,交际有效性提高。实现条件:对交际过程留意;不过度警觉;焦虑和不确定性在阈值区间内。

这五个定理对有效交际非常重要,因其聚焦于有效交际的基本原因(如焦虑和不确定性管理)和过程(如留意)。以上定理诠释了与陌生人交际时如何管理焦虑和不确定性。

在焦虑和不确定性管理理论中,古迪昆斯特又引入了跨文化变量,讨论不同文化模式之间陌生人交际的焦虑和不确定性管理的八条定理(定理40—定理47)。

定理40:文化集体主义增加,陌生人圈内区分明显性(sharpness)增加。实现条件:基于族群的陌生人圈内关系不适用;留意情况下不适用。古迪昆斯特针对定理40的背景进行了如下解释:泰安迪(Trandis, 1995)指出,集体主义文化通常比较明显地区分圈内圈外人,个人主义文化区分不明显。但在个人主义文化的群体文化之间,圈内圈外的区分明显。

定理 41:文化不确定性回避增加,圈内成员的恐外症(xenophobia)增加。实现条件:留意就会消解这种状况。

定理 42:文化男性主义增加,对异性陌生人圈内区分明显性增加。实现条件:留意就会消解这种状况。

定理 43:文化权力距离增加,对不平等关系的陌生人圈内区分明显性增加。实现条件:留意就会消解这种状况。

定理 44:文化不确定性回避增加,对不同年龄的陌生人圈内区分明显性增加。实现条件:不适用于家庭内的代际交往;留意就会消解这种状况。定理 44 的背景解释为:在不确定性高的文化中,老年人通常不赞成年轻人的行为,接受年轻人行为的时间较长。

定理 45:文化个人主义增加,与陌生人交往时圈内成员使用个人信息管理不确定性增加;文化集体主义增加,与陌生人交往时圈内成员使用群体信息和情境信息管理不确定性增加。实现条件:没有留意。

定理 46:当与陌生人的圈内人交往有明确规则时,不确定性回避增加,与陌生人交往的焦虑和不确定性减少。当与陌生人的圈内人交往没有明确规则时,不确定性回避增加,与陌生人交往的焦虑和不确定性增加。实现条件:没有留意。

定理 47:文化个人主义增加,与陌生人有效交际的认知理解增加;文化集体主义增加,与交际者维持良好关系的有效交际增加。实现条件:没有留意。

AUM 理论的应用旨在改进与陌生人的交际质量。古迪昆斯特认为留意就能更好理解陌生人的行为,使交际更有效。这一理论认为在陌生人交际中,如果能够改变表面原因,就会影响人们经历的焦虑和不确定性,从而实现有效交际。

至此,AUM 理论似乎已经完成,但古迪昆斯特认为 AUM 人际与群体间交际理论只适用于美国,即适用于在族群间或群体间进行交际,如果把它运用到跨文化领域,还应加入文化差异(cultural variability)变量。因为虽然焦虑和不确定性在各种文化中都普遍存在,但不同文化成员对它们有不同的理解和界定。在建构适用于跨文化领域的 AUM 理论时,古迪昆斯特借鉴了霍夫斯泰德的文化维度概念,将个体主义与集体主义、不确定性回避、权力距离、男性与女性主义,作为文化差异的维度进行考察。古迪昆斯特将原有 AUM 理论中的七个基本概念与文化差异变量中的四个维度整合在一起,分析它们之间的相互关系,从而概括出

AUM 陌生人跨文化适应理论。总体上看,适用于跨文化领域的 AUM 理论比 AUM 人际与群体间适应理论多了一个文化差异基本变量,包括个体主义与集体主义等四个子变量。

AUM 陌生人跨文化适应理论(图 5-1)也包括 47 条定理,其中自我概念、互动动机、对东道主的回应、东道主的社会分类、情境过程、与东道主的联系、伦理互动和东道国文化的条件这八个变量是表面原因,不确定性管理和焦虑管理这两个变量是基本原因,留意是调节过程,有效交际是调节之后的结果。

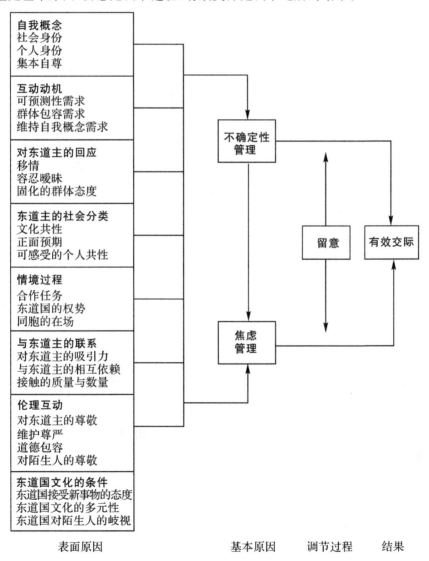

图 5-1 AUM 陌生人跨文化适应理论

AUM陌生人跨文化适应理论中的理论假设概念如下：

陌生人是指旅居者,管理焦虑和不确定性是旅居者跨文化适应的中心步骤。不确定性是认知现象,影响我们对东道国国民的认知方式。焦虑是不确定性的情感表达,建立在对与东道主国民交往的负面结果预期之上。跨文化适应指:1)成功应对文化休克;2)对旅居东道国的生活总体满意;3)在东道国的社交行为具有合适性与个人有效性。留意指:1)新范畴的创立;2)对新信息的开放;3)非单一性视角的认识。

AUM陌生人跨文化适应理论中,自我概念受到文化差异变量的影响,它们之间的互动关系形成六个定理(定理1—定理6)。

定理1:与东道国国民交往的社会身份增加,焦虑减少,预测其行为的信心增加。实现条件:社会身份稳定;东道国国民的行为符合其文化模式特点;焦虑和不确定性在阈值区间内;没有留意。

定理2:与东道国国民交往的个人身份增加,焦虑减少,准确预测其行为的能力增加。实现条件:个人身份稳定;焦虑和不确定性在阈值区间内;没有留意。

定理3:与东道国国民交往时自尊增加,焦虑减少,准确预测其行为的能力增加。实现条件:焦虑和不确定性在阈值区间内;没有留意。

定理4:与东道国国民交往时与我们文化身份相关的集体自尊增加,焦虑减少,准确预测陌生人行为的能力增加。实现条件:焦虑和不确定性在阈值区间内;没有留意。

定理5:我们在东道国文化所强调的典型自我建构程度增加,焦虑减少,准确预测东道国国民行为的能力增加。实现条件:焦虑和不确定性在阈值区间内;没有留意。

定理6:与陌生人交往时,对社会身份可预见的威胁增加,焦虑增加,预测其行为的信心减少。实现条件:没有留意。

与东道国国民交往动机与文化差异变量相互作用,形成四个定理(定理7—定理10)。

定理7:与东道国国民交往时,群体包容需求增加,焦虑增加。实现条件:没有留意。

定理8:与东道国国民交往时,对于维持自我概念的需求增加,焦虑增加。实现条件:没有留意。

定理9:东道国国民对我们自我概念的认可增加,焦虑减少。实现条件:没有留意;焦虑和不确定性在阈值区间。

定理10:预测东道国国民行为能力的信心增加,焦虑减少;焦虑减少,预测其行为的信心增加。实现条件:没有留意;焦虑和不确定性在阈值区间。

古迪昆斯特强调,群体包容性需求与我们对社会身份的看法直接相关,尤其是在东道国中展现的文化身份。我们的社会身份处于与东道国文化的相似及融合和保持自己文化独特性的张力中。当我们的自我概念得到确认,我们就会产生身份的安全感,与东道国国民交往的信心增加。

对东道国国民的回应与文化差异变量相互作用,形成六个定理(定理11—定理16)。

定理11:多元化处理东道国国民信息的能力增加,焦虑减少,准确预测其行为的能力增加。实现条件:焦虑和不确定性在阈值区间内;没有留意。

定理12:对东道国国民的固化态度增加,焦虑增加,准确预测其行为的能力降低。实现条件:焦虑和不确定性在阈值区间内;没有留意。古迪昆斯特对定理12的解释是:不确定性取向是指不以固化的态度看待陌生人的行为,增加是指以多种可能对陌生人的行为进行预判,即以更加开放的态度而不是刻板印象去进行预判。

定理13:不确定性取向增加,我们准确预测东道国国民行为的能力增加。实现条件:焦虑和不确定性在阈值区间内;没有留意。

定理14:对模糊容忍程度增加,焦虑减少。实现条件:焦虑和不确定性在阈值区间内;没有留意。

定理15:对东道国国民移情能力增加,焦虑减少,准确预测其行为的能力增加。实现条件:在个人主义文化中,有稳定的社会身份;陌生人对我们没有可预见的威胁;焦虑和不确定性在阈值区间内;没有留意。

定理16:我们适应东道国国民行为能力增加,焦虑降低,预测其行为的信心增加。实现条件:焦虑和不确定性在阈值区间内;没有留意。

社会分类与文化差异变量相互作用,形成七个定理(定理17—定理23)。

定理17:对东道国文化理解增加,焦虑降低,准确预测其行为的能力增加。实现条件:没有留意;焦虑与不确定性在阈值区间内。

定理18:东道国文化与我们的文化共性增加,焦虑降低,准确预测其行为的能力增加;东道国文化与我们的文化真实共性增加,准确预测其行为的能力提高。实现条件:没有留意;焦虑与不确定性在阈值区间内。

定理19：我们与东道国国民的个人共性增加,焦虑降低,准确预一测其行为的能力增加。实现条件:没有留意;焦虑与不确定性在阈值区间内。

定理20：对东道国国民的社会分类与自己的社会分类一致性增加,准确预测其行为的能力提高。实现条件:没有留意;焦虑与不确定性在阈值区间内。

定理21：我们看待东道国国民的可变性增加,焦虑降低,准确预测其行为的能力提高。实现条件:没有留意;焦虑与不确定性在阈值区间内。

定理22：我们对东道国国民行为的正面预期增加,焦虑降低,准确预测其行为的信心增加。实现条件:没有留意;焦虑与不确定性在阈值区间内。

定理23：我们对东道国国民行为的负面预期控制能力增加,焦虑降低,准确预测其行为的能力增加。实现条件:没有留意;焦虑与不确定性在阈值区间内。

情境过程与文化差异变量相互作用,形成三个定理(定理24—定理26)。古迪昆斯特认为,情境和与东道国国民接触的性质相互影响。合作过程中可能与合作者产生积极的情感。陌生人是指与东道国不同文化的人。

定理24：我们与陌生人进行任务目标的合作性增加,焦虑降低,准确预测其行为的信心提高。实现条件:没有留意;焦虑与不确定性在阈值区间内。

定理25：情境中出席的陌生人比例增加,焦虑降低。实现条件:没有留意;焦虑与不确定性在阈值区间内。

定理26：东道国国民对我们的权力增加,焦虑增加。实现条件:没有留意;焦虑与不确定性在阈值区间内。

与东道国国民的联系与文化差异变量相互作用,形成六个定理(定理27—定理32)。

定理27：我们对东道国国民的吸引力增加,焦虑降低,预测其行为的信心增加。实现条件:没有留意;焦虑与不确定性在阈值区间内。

定理28：与东道国国民交际的质与量提高,焦虑降低,预测其行为的信心增加。实现条件:没有留意;焦虑与不确定性在阈值区间内。

定理29：与东道国国民的相互依赖度增加,焦虑降低,准确预测其行为的能力增加。实现条件:没有留意;焦虑与不确定性在阈值区间内。

定理30：与东道国国民关系的亲密程度增加,焦虑降低,准确预测其行为的能力增加。实现条件:没有留意;焦虑与不确定性在阈值区间内。

定理31：与东道国国民共享的社会网络增加,焦虑降低,准确预测其行为的能力增加。实现条件:没有留意;焦虑与不确定性在阈值区间内。

定理32：在东道国文化中得到的社会支持量增加，焦虑降低。实现条件：社会支持不限于与东道国国民之间；没有留意；焦虑与不确定性在阈值区间内。

伦理互动与文化差异变量相互作用，形成三个定理（定理33—定理35）。有伦理或有道德意味着我们维护东道国国民的尊严，尊重东道国国民，对东道国国民有道德包容感。

定理33：交往中维护自我和东道国国民尊严的能力增加，焦虑降低。实现条件：没有留意；焦虑与不确定性在阈值区间内。

定理34：对东道国国民尊重增加，焦虑降低。实现条件：没有留意；焦虑与不确定性在阈值区间内。

定理35：对东道国国民的道德包容性增加，焦虑降低。实现条件：没有留意；焦虑与不确定性在阈值区间内。

焦虑、不确定性、留意和跨文化适应与文化差异变量相互作用，形成四个定理（定理36—定理39）。

定理36：对东道国国民行为描述能力增加，准确预测其行为的能力增加。实现条件：对交际过程留意；不过度警觉；焦虑和不确定性在阈值区间内。

定理37：对东道国国民语言（方言）知识增加，焦虑降低，准确预测其行为的能力提高。实现条件：焦虑和不确定性在阈值区间内；东道国国民期望陌生人说他们的语言；没有留意。

定理38：与东道国国民交际过程的留意增加，管理焦虑和不确定性的能力提高。实现条件：不过度警觉。

定理39：与东道国国民交际时管理焦虑能力增加，对其行为预测及解释的准确度增加，交际有效性提高，对东道国文化的适应能力增加。实现条件：对交际过程留意；不过度警觉；焦虑和不确定性在阈值区间内。

东道国文化的条件与文化差异变量相互作用，形成三个定理（定理40—定理42）。

定理40：东道国国民对陌生人的接受度增加，陌生人经历的焦虑减少。实现条件：没有留意。

定理41：东道国文化的多元化趋势增加，陌生人经历的焦虑减少。实现条件：没有留意。

定理42：东道国文化对陌生人的歧视增加，陌生人经历的焦虑增加。实现条件：没有留意。

跨文化变量在陌生人交际中的作用，形成了最后五个定理（定理43—定理47）。

定理43：与东道国文化中文化集体主义增加，陌生人的焦虑增加，准确预测东道国国民行为的能力下降。实现条件：没有留意。

定理44：东道国文化的不确定性回避增加，陌生人的焦虑增加，陌生人准确预测其行为的能力下降。实现条件：没有留意。

上述两个定理可用来预测文化变量对陌生人适应的影响：陌生人如果来自个人主义文化和不确定性回避程度低的文化，他们在集体主义文化和不确定性回避程度高的文化中最难适应。

定理45：东道国文化中男性主义增加，与男性东道国国民交往时，女性陌生人的焦虑增加，其准确预测男性东道国国民行为的能力下降。实现条件：没有留意。

定理46：东道国文化权力距离增加，与地位高的东道国国民交往时，地位低的陌生人焦虑增加，其准确预测地位高的东道国国民行为的能力下降。实现条件：没有留意。

定理47：东道国文化中不确定性回避增加，与年长的东道国国民交往时，年轻的陌生人焦虑增加，其准确预测年长的东道国国民行为的能力下降。实现条件：没有留意。

古迪昆斯特总结为：女性主义、权力距离低、不确定性回避程度低的文化中的年轻、地位低的女性陌生人在男性主义、权力距离大、高不确定性回避文化中最难适应。

综上所述，古迪昆斯特的AUM理论建构的基础是：原理是隐含变量之间因果关系的命题。定理是原理的逻辑组合，理论由原理与定理构成。AUM理论中的94条定理可以两三条组合起来进行实证研究。AUM理论启发了许多学者对焦虑和不确定性及其相关因素的研究，在跨文化交际理论建构中开辟了围绕心理焦虑问题展开的分析途径。这一理论有坚实的实证研究基础，揭示了焦虑和不确定性管理对跨文化有效交际的影响。美中不足的是，古迪昆斯特一共提出了94个定理，影响了理论的简洁性。他认为，AUM理论是为了应用，因而复杂具体的陈述在所难免。复杂理论的优势在于它更能对应于具体的实践活动中，但缺陷在于其解释力的下降，因为理论越接近于具体的现实，越难以揭示普遍性的规律与法则。每个具体的交际实践都是独特的，唯有对不同的交际活动进行高度抽象，我们才能认识并把握交际的一般规律。

第二节　跨文化适应理论

一、文化休克

当人们进入到一个不同文化时,会发现环境、物质条件、日常出行等状况与自己的主国文化或多或少发生了变化,生活中会出现一些意想不到的不适应,这就是文化休克。文化休克是指突然进入到不同文化中感受到的障碍状态,像其他小病症一样,有其症状和痊愈过程(Oberg,1960)。与文化休克紧密相关的概念是文化适应。文化适应是对一种陌生文化环境的学习和调整过程,包括生理和心理两方面的适应过程。在不同文化的交往与融合中会产生文化休克与文化适应现象,在单一文化内部的少数族群或弱势群体,某些时候也会出现对主流文化的文化休克与文化适应现象。

"休克"的概念来源于植物学研究:当植物被移植后,一开始往往会萎蔫不振,直到在新的土壤中完全扎根后,才会慢慢恢复活力。卡尔沃罗·奥伯格(Kalervo Oberg)于1954年首次在人类学研究中使用了文化休克(cultural shock)这一概念。他的解释是:由于人们不熟悉新环境中的社会交往符号,在异质文化中会面对许多新的感性刺激,从而在心理上产生一种深度焦虑,这就是文化休克。文化休克可分为六方面的感受:压力感(feeling of stress)、迷失感(feeling of loss)、被拒绝感(feeling of being rejected or rejecting)、迷惑感(feeling of confusion)、焦虑感(feeling of anxiety)及无能感(feeling of impotence)。

文化休克在生理和心理层面都可能有所表现。在生理方面,会表现为洁癖、饮食上过分谨慎、对小病反应强烈,以及可能产生头痛、恶心、心跳过速、失眠、腹泻、胃痛等。在心理层面,可能表现为:由于努力进行心理调整而产生的焦虑紧张情绪,常常过分防备;因无法适应新环境而产生沮丧和孤独的情绪,对东道国语言的学习产生排斥感;因失去朋友、社会地位调整、职业变动等而产生的失落感;拒绝东道国文化,或有被东道国文化疏远的感觉;自我角色与自我认同的混乱与迷茫;对文化差异的存在感到惊讶、焦虑、厌恶或愤怒,甚至呈现轻微的偏执状态,认为当地人故意给自己制造麻烦。一些人在经过一段适应过程之后,会适应东道国环境和生活方式,一些人则持续排斥或回避新的生活方式。

关于文化休克,不同领域的学者有着不同的看法和解读方式。心理学家康斯坦斯·毕法斯(Befus，1988)认为，文化休克是因行为、情绪、智力及生理上的积累性、多重性、互动性的压力反应而形成的症状。鲍曼(2002)给出的社会学解释是：由于进入陌生的文化或遇到陌生人的闯入，"我们已有的生活方式，曾经给我们安全感和使我们感到舒适的生活方式，现在被挑战了，它已经变成了我们被要求的，关于它要进行辩论、解释和证明的东西，它不是自证的，所以它看起来不再是安全的"。

针对文化休克在不同层面的表现，有学者将文化休克分为七种情况：语言休克(language shock)、角色休克(role shock)、转变休克(transition shock)、文化疲劳(culture fatigue)、教育休克(education shock)、适应压力(adjustment stress)和文化差距(culture distance)。文化休克的不同程度和不同表现，反映了旅居者对本国文化和旅居国文化的认同状况。原有的文化认同越牢固，旅居者的文化敏感度越高，在旅居国文化中产生文化休克的可能性就越大，经历的休克程度也可能越高。

旅居者在旅居国文化环境中经历了文化休克并适应了旅居国文化生活后，在回到主国文化时，也会出现一种轻微的文化休克，称作"返回本土文化休克"(re-entry culture shock)。通常，人们在旅居国文化中居住的时间越长，返回本土文化时面临的挑战越大。对有些人而言，"返回本土文化休克"的状态同样艰难，有的甚至比适应旅居国文化更为困难。因为在旅居国经历文化休克的过程，实质上就是旅居者自身改变的过程，旅居者自身发生改变之后，对本土文化的适应能力也会发生变化，更何况，本土文化和环境也在随时发生不同程度的变化。

关于文化适应，常用的有两种模式，即文化适应四阶段模型(U-shape Pattern)和文化适应五阶段模型(W-shape Pattern)。奥伯格在1960年提出的U形模式(U-shape Pattern)是理解文化适应的一种较为通用的模式(Gudykunst & Kim，2003)，其基本观点是：当一个人在其他文化中旅居时，必然会经历一个阶段的困难和起伏才能获得舒适感和平常感，文化适应呈现大致四个基本阶段：蜜月期(honeymoon)、危机期(crisis)、恢复期(recovery)和适应期(adjustment)。蜜月期时，旅居者通常会以一种好奇的眼光和乐观心态来看待异文化。危机期时，随着与异文化接触程度加深，个体对文化差异的体验愈加深刻，会对异文化产生某种程度的对立情绪，倾向于与来自同一文化的旅居者加强联系与交流。恢复期时，个体对旅居国文化有了新的认识，能够发现周围环境的一些积极方面，语言能力也得到进一步改善，在新环境中的生存能力大大提高。虽然仍有一些问题无法解决,但人们能够改变原先的期望去适应新环境。适应期也被称作同化阶段(assimilation stage),这时人们已经逐渐适应新环境,原有的焦虑感消解,开始在新环境中塑造和发展自我。

1963 年,在 U 形模式的基础上,约翰·古拉霍恩(Gullahorn,1963)等提出了 W 形模式(W-shape Pattern),增加了在重新回到本土文化环境时,个体必然经历的"返回本土文化休克阶段"(re-entry culture shock stage)和"再度社会化阶段"(resocialization stage)。无论是 U 形模式还是 W 形模式,个体经历都会有所不同,有人某些阶段经历得长些,有阶段短些,有人并不会经历所有阶段,有些人则可能会反复经历多次。

20 世纪 70 年代起,约翰·白瑞(Berry,1990)在文化休克理论的基础上探讨移民的文化适应策略。他认为"适应压力"(acculturative stress)的概念更有解释力。"适应压力"指的是移民中出现的心理健康水平下降的现象,具体表现为困惑、焦虑、抑郁、疏离感、边缘感、认同混乱等。

1986 年,阿德勒(Adler,1986)概括了经历"返回本土文化休克"的三种状态——"疏远"(alienation)、"重新进入"(re-entry)和"积极主动"(proactivity),定位旅居者在回归本土文化的问题上应采取的适当态度。其中,"疏远"指的是人们因吸收旅居国文化的价值观和生活方式而对本土文化采取排斥态度。他们对于本国文化中的人,尤其是没有在国外居住过的人,倾向于采取防范和审视的态度。选择"重新进入"方式的人们通常对旅居国文化的经历有一定的负面印象,因此急切地想要回到本土文化中去。一旦返回,他们会用最快的速度摆脱自己受到的旅居国文化影响。"积极主动"意味着旅居者主动创造有利环境,对本土文化和旅居国文化都采取"前摄"行动,主动控制局面,将旅居国文化中的积极体验应用于本土文化中。"积极主动"是克服"返回本土文化休克"的理想方式,能够帮助人们在两种文化之间实现恰当的平衡。

二、文化适应、文化涵化与文化同化

通过文化之间的交往互动而发生的文化适应(cultural acculturation),涉及的人群不同,文化适应的含义也不同。一是个体和小规模群体层面的适应过程,该过程涉及心理乃至生理方面的各种变动,可分为短期适应和长期适应两种情形:短期适应主要指个体短期旅居者面对陌生文化环境时的适应过程;长期适应主要指小规模的移民和族群团体,是特定文化群体在新的文化环境中长期生活的适应过程。二是不同族群和文化整体交往层面的"涵化"。当某一族群或文化在接受外来影响后发生了饮食、服饰和语言等方面的适应与改变,进而引发社会制度与文化深层结构的改变,这种大规模的文化适应称为"文化涵化",是文化变迁的主要方式。

威廉·托马斯(William Thomas)发表于1918年的"波兰农民在欧洲和美洲"(The Polish Peasant in Europe and America)的研究,被公认是第一项针对文化适应的研究(Thomas,1918)。1936年,罗伯特·雷德菲尔德、拉尔夫·林顿等明确了文化适应的定义:具有不同文化的群体之间发生的持续而直接的文化接触,进而导致一方或双方原有的文化模式发生变化的现象(Sam & Berry,2006)。二战后,随着20世纪六七十年代的移民潮和留学潮的出现,推动了西方学者对文化适应的研究,研究视野包括人类学、社会学、语言学和传播学。1990年,白瑞(Berry,1990)基于对移民和土著民族的调查研究,从两方面完善了文化适应的定义:1)文化层面或群体层面的文化适应,即文化接触之后在经济基础、政治组织和社会结构等方面发生的变迁;2)心理或个体层面的文化适应,即文化个体在文化接触后发生的行为方式、价值观念、态度以及认同等方面的变化。

个体层面的文化适应关注的是个体在异文化中的自我反应、人际交往和再社会化过程,研究对象主要有两类:一类是长期居留在异文化中的个体,如移民和难民;一类是短期居留在异文化中的旅居者,包括商业人士、留学生、技术人员、传教士、军事人员、外交人员和旅行者,等等。

文化涵化的过程有别于个体和群体的文化适应。作为文化变迁的主要形式,文化涵化指一个文化通过与异文化持续接触引起原有文化模式的变化,文化涵化还包括两个或两个以上不同文化体系之间,由于接触和交流造成的一方或各方发生不同程度的文化变迁。

文化涵化的方式可以是战争、军事占领、殖民统治,也可以是移民、劳务输出、旅游等方式,以及通过思想、技术和制度的传播。文化涵化的结果包括积极的"正涵化"(positive acculturation)和消极的"负涵化"(negative acculturation)。由于文化涵化多伴随外部压力,如军事征服或殖民统治,从属群体受支配群体影响的文化因素较多。若是从属群体存在强大的文化优势,最终被涵化的则可能是支配群体。

涵化过程中可能出现:取代(substitution),即以前存在的文化综合体被另一种文化综合体所代替,产生最小的结构改变;综摄(syncretism),即各种旧物质混合,形成一种新的制度,可能导致大规模的文化变迁;增添(addition),即增加新的文化实体或文化综合体,存在发生结构改变的可能;文化萎缩(deculturation),即丧失一个文化的实质部分;起源(origination),即产生新的实体从而满足形势变化的需求;排拒(reaction),即变迁过程过于迅猛,导致许多人不能接受,其结果会造成排斥、反抗或复兴运动。

相较于文化冲突和文化同化,文化涵化是一种温和而渐进的文化传播过程,通常不会引发剧烈的冲突和对抗。涵化的结果也以形成新的文化居多,或促进双方文化共同发展。从本质上说,文化涵化也是一定程度的文化同化(cultural assimilation)。事实上,文化适应带有一定的同化主义色彩,如移民个体或群体与所在社会接触后,逐渐适应和顺从新的生活方式的过程,或个人和群体从接触的其他群体中获得记忆、情感、态度,并共享其经历和历史,逐步形成共同文化的过程,既是文化适应,也是文化同化。在人类文化交往层面上,适度的同化是以不同文化的相互选择与融合为基点的,虽存在主流文化与边缘文化、主动同化与被动同化的格局,但各方文化仍然会互相影响和吸纳,并非某一文化的单方面消亡或改变过程。中华文明就是无数文化在交流、征战与结盟的同化过程中形成的,拥有不同民族的"文化基因"。美国文化的形成,也是一个不断接受并同化外来文化群体的过程。美国文化是由移民承载的各种文化融合而形成的新文化,各个移民群体的原有文化都是这种新文化的构成要素,同化过程展现了不同移民群体接纳"美国文化"并实现文化变迁的实质。

美国社会处理族群关系的各种同化主张,被20世纪早期的美国学者概括为不同的"同化理论"(assimilation theory)和"同化模式"(assimilation model),影响最突出的是芝加哥学派的社会学者。通过对美国城市移民的研究,罗伯特·帕克指出,移民同化的过程,是移民与当地居民之间"互相渗透和融合的过程,在这一过程中,个人和集团得到了其他集团的记忆、情感与态度,他们的经历和历史同时也被其他人分享,由此汇入一种共同的文化生活"(Burgess,1924)。帕克提出的移民同化理论,将同化过程分为四个渐进的阶段:接触(contact)、竞争(competition)、适应(accommodation)和同化(assimilation)。第一阶段接触是不同族群之间竞争、适应和同化的前提。第二阶段竞争是少数族群在诸如职业、居住空间和政治代理人等资源方面展开竞争,少数族群自身因竞争而团结一致,开始参与政治生活。随后是不稳定的适应阶段。这时,移民被迫改变和适应新的环境,不同族群为减少冲突和保障个人安全等目的聚集起来,移民和本土族群的关系具有了某种程度的稳定性。在同化阶段,移民与原有族群融为一体,群体间的差别消失,各自的价值观也实现融合。

"同化理论"与"种族优越论"总是同时出现,即把文化的优越性和族群与种族差异联系在一起,认为文化上占优势地位的群体具有种族上的优越性,强调主流文化对少数族群具有强烈的吸引力,少数族群通常愿意放弃原有身份,加入主流社会,分享文化遗产和历史经验,从而实现整个社会的和谐与高度统一(Cornell & Hartman,1998)。

戴格勒(1991)针对移民的同化过程指出:移民会因其弱势地位而不得不求助于本族群,依赖于本族群;随着移民地位提升、与其他族群交流增加和被主流社会认可,移民会逐渐放弃原来的族群文化,独特的族群性和移民社区慢慢消逝,进而被结构性地吸收到主流社会中去。1964年,米尔顿·戈尔登(Milton Gordon,1964)基于对美国社会的观察,概括出文化同化的七个阶段:适应性同化(acculturation assimilation),移民接受主流社会的服饰、语言和日常风俗;结构同化(structural assimilation),移民大规模进入当地社会的"圈子"(cliques)、俱乐部和其他组织;婚姻同化(marital assimilation),跨族群婚姻开始广泛出现;身份同化(identification assimilation),移民认识到自己与主流文化的关联;态度接受同化(attitude reception assimilation),对移民偏见态度消失;行为接受同化(behavior reception assimilation),对移民的歧视消失;公民同化(civic assimilation),以新身份的公民权克服价值和权利上的种族冲突。

在多元文化主义思潮影响下,20世纪60年代开始,许多研究者逐渐承认,同化理论低估了少数族群的抵抗能力,即主流社会对少数族群的同化,并不能彻底割断少数族群的文化与历史,这对于民族国家创建文化共同体构成了主要挑战。毕竟,接受一种新的语言、服饰或餐饮,远比放弃原有的观念和信仰要容易得多。现实生活中,移居人群中的大多数虽然都在不断适应新的文化,但同时也会保持其原有文化的生活方式和主导观念。总而言之,多元文化并行发展的时代,文化差异不可能彻底消除,任何国家对少数族群也不可能实现彻底同化,同化的程度受族群规模、地理位置、文化间性及生理性因素如血缘和体貌特征的影响。

三、文化适应理论

当移民进入新文化之后,需要适应当地的风土人情,融入地方社会,从而获得更多发展机遇。有人认为,适应新文化意味着抛弃原有文化;有人认为,学习新文化的同时,也能保留原有文化,两种文化可以并存。

基于对移民文化适应的研究,约翰·白瑞(Berry,1994)提出了一种多元文化社会中,移民文化适应的二维文化适应模式,他系统解析了文化适应的概念、过程、策略与后果等。文化适应理论重点探讨少数族群如何适应新的移居文化,处理好故土文化与移居文化关系的问题。文化适应理论超越了早期同化论中单向调整的片面性,从双向互动的视角来理解文化适应。

白瑞的文化适应理论建立的基本假设是:人们进入新的文化时都需要进行自我调整,这种自我调整在改变自我的同时也改变着他人。它的基本概念有五个:文化适应(adaptation)、文化适应环境(acculturation contexts)、文化适应策略(acculturation strategies)、文化适应压力(acculturation stress)和调整(adjustment)。文化适应是该理论的核心概念。白瑞认为,文化适应是双向的文化过程及其在跨文化接触后发生的心理变化,它包括族群和个人两个层面(图5-2)。在族群层面,它涉及文化实践在社会制度与结构中的变化;在个人层面,它涉及个体行为的变化。文化适应过程中,交际双方相互调整,彼此都会发生改变。

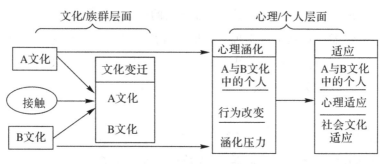

图5-2 文化适应模型

文化适应环境是指跨文化调整进行的社会环境,包括五个方面:第一、二是交往双方原有的文化;第三、四是交往双方所在的、变化中的族群;第五是接触与互动的性质。任何文化适应都与其语境联系在一起,要全面理解文化适应现象,首先就需要分析移民原有社会的政治、经济与文化状况,确定其迁移动机。其次,需要分析移居社会的政治文化生态,确定其属于多元文化主义还是同化主义。再次,需要分析当地社会对移民的态度,看它是接纳、友善的态度,还是排斥、敌对或歧视的状态。

文化适应策略指移民在新社会进行文化调整的方法,包括态度和行为两个要素。态度指移民如何适应当地文化偏好;行为指他们在社会交往中的实际行动。文化适应策略是整个理论的主干,起点是移民进入新社会时必须考虑的两个基本问题:1)如何维持自己的文化传统与文化身份? 2)如何参与交流、融入移居社会? 对这两个基本问题的不同回答,产生了四种文化适应策略:整合(integration)、分离(separation)、同化(assimilation)、与边缘化(marginalization)。如果既想保持原有的文化认同和文化特征,又想与主流社会建立良好的关系,属于"整合"类型;如果只想保持自己原来的文化认同和文化特征,而不想和主流社会成员建立任何联系,属于"分离"类型;如果不想保持自己原来的文化认同,而一心想和主流社会成员建立良好的关系,取得主流社会的文化认同,属于"同化"类型;最后,既不想或不能保持自己原来的文化认同和文化特征,也不想或不能和主流社会成员建立联系,属于"边缘化"类型。当人们不想维持原有文化身份,寻求融入主流社会时,会选择同化策略;当希望保留原有文化身份,回避与他人交往时,会选择分离策略;既想维持原有文化身份,又希望融入主流社会时,会选择整合策略,即在保留原有族群文化身份条件下融入主流社会;希望保留原有文化身份,对发展与主流社会的关系不感兴趣时,会选择边缘化策略。这种分析是建立在弱势群体有自由选择适应策略的前提下,实际情况与主流文化的政策紧密相关。如果移民与主流社会相互包容,整合策略可以实现。如果主流社会推行文化同化,少数群体只有选择与主流文化同化;如果主流社会实行分离,少数群体将面临文化隔离;如果主流社会倾向于多元文化,多元文化主义(multiculturalism)将成为社会整合的模式。

文化适应的多重选择表明,传统单向度的同化论是片面的。同化主义者倾向于认为:在与强势文化群体的遭遇中,少数族群要么沿着"接触—容纳—同化"这条较为顺利的路径,要么沿着较为曲折的"接触—冲突—竞争—容纳—融合"的路径,融入主流社会(Driedger, 1985)。移民在适应新文化的同时,不一定要抛弃原有的文化。实证研究表明,大多数移民更愿意采取整合策略,一般不愿意将同化、分离或边缘化当作文化适应目标。

文化适应环境和文化适应策略常用来解释文化适应过程;文化适应压力和调整用来解释文化适应结果。文化适应过程充满了差异与冲突。文化适应压力是文化适应过程中各种生活问题带来的压力。白瑞认为文化适应会产生正面和负面双重效应;且文化适应涉及两个文化的互动。面对压力,移民如果选择同化策略,其行为将做出最大程度的改变;选择分离策略,改变最小;采取整合策略将是有选择的改变;选择边缘化策略意味着失去许多原有文化传统,同时难以适应新社会。总体来看,采取整合策略移民面临的压力最小,选择边缘化策略承受的压力最大。

文化适应的另一个结果是通过长期积累形成的调整。调整是个体回应了外部压力后相对稳定的变化。白瑞认为调整是文化适应的结果,因为调整并不总是产生融洽的后果,也可能造成抵触或疏远。换言之,调整既可能是积极的,也可能是消极的。调整是多个层面的,涉及心理和社会文化等方面。把文化适应策略与调整放在一起考察时,会发现两者间存在如下相关关系:选择整合策略的人调整效果最好;选择边缘化的人调整效果最差;选择分离的人心理调节效果较好,但社会文化调节效果较差;选择同化的人心理与社会文化都调节得不好。

综上所述,在很多情况下,在异文化中生活会磨炼和强化个体的自我意识,这往往是在本土文化中难以实现的。对异文化的适应,还会启发人的创造力,使人获得一种打破旧的联系和创造新的、独特"产物"的能力。文化适应可使个体更具"世界意识"(world-mindedness),减弱原本可能持有的定势或偏见。文化适应受到环境、策略、压力及调整因素影响。移民进入新文化时,他们主要有四种适应策略。如果他们希望融入主流社会,一般会选择同化或整合;如果希望保持原有文化身份,一般会选择分离或边缘化。如果主流社会将其文化强加于少数族群,整合的策略就无法实现,转变成同化策略;如果主流社会推行文化歧视,少数族群将面临文化隔离。在四种基本策略中,整合是少数族群最愿意选择的策略;文化调整的压力最小,文化适应的效果最好。边缘化的压力最大,适应效果也最差。分离与同化的压力及调整的效果介于两者之间。

第三节 跨文化适应综合理论

一、跨文化适应综合理论背景

跨文化适应综合理论的提出者是金荣渊,她是跨文化交际领域中建树颇丰的学者。她认为,跨文化适应不是某个具体的变量,而是交际个体在新语境中的全部变化过程(Kim, 2014)。关于跨文化适应理论的两个关键概念是:跨文化调整和陌生人。跨文化调整是"一个动态的进程,交际个体通过对新的、不熟悉的或变化了的文化环境重新定位,与这些环境建立或重新建立起相对稳定、互利和功能健全的关系",它比文化适应、同化、调节、整合等概念更具一般性,吸收综合了这些概念。交际是个体与环境之间的信息交换行为,从本质上说,跨文化调整是交际的过程。陌生人的概念来源于齐美尔,指社会中那些在物理距离上靠近、在心理距离上却遥远的人;金荣渊理论中的陌生人是指跨越文化边界和在异文化中定居的个体,其限定条件是:1)陌生人在某个文化中经历了首次社会化,进入了一个不同也不熟悉的文化;2)在满足个人与社会需要方面,陌生人对当地环境至少有最低限度的依赖;3)陌生人与当地环境至少有最低限度的直接接触。

基于跨文化调整和陌生人这两个关键概念及其限定条件,跨文化适应理论致力于解决两个中心问题:1)跨文化个体长期适应过程的本质是什么?2)在旅居国环境中,为什么有些人的心理适应程度优于另一些人?针对第一个问题,金荣渊建立了过程模型,呈现个人的行为自如、心理健康及跨文化身份涌现的渐进过程。针对第二个问题,她建立了结构模型,厘清促进或阻碍跨文化适应因素的主要维度及其相关关系。

二、跨文化适应过程模型

跨文化适应是陌生人沿着螺旋式轨迹,不断克服外界压力而逐步成长的过程。这一过程通常被称为个体文化习得。个体来到世界之后,需要学习文化知识,参与交际,才能融入社会,实现文化适应。这一过程的基础就是文化习得。文化习得是儿童在个性形成期逐步适应文化规约的过程。文化习得过程是塑造集体意识,使人们的行为符合社会心理的过程。文化习得在交际中发生并较集中实现,不同的文化造就不同的交际模式,文化往往无意识地影响人们的行为模式,交际受到文化的制约,二者相辅相成。

进入一个新文化的过程,类似于重新经历这一文化习得过程。跨文化适应涉及两个方面:文化学习与摆脱旧习。进入客国后,陌生人发现他们缺乏对客国文化交际系统的理解,与当地人的交往存在许多困难和挑战。不同文化之间的不同交往模式迫使陌生人学习新的文化,从而融入当地社会,因此需要重新习得新的文化符号系统和行为模式。

跨文化适应不仅要学习新的行为模式和价值取向,同时也是摆脱原有观念与习俗的过程。陌生人的同化就在学习新文化和摆脱旧文化的过程中逐步实现。但是,正如白瑞的模型所论述的,由于原有的价值观念和信仰很难发生变化,改变需要很长时间,因而彻底同化只是一种理想状态,现实状况下,陌生人的同化效果介于最高程度和最低程度之间,类似于白瑞模型的"整合"状态。

　　跨文化适应过程,同时也是陌生人对抗压力,不断学习与改变自我,逐步成长的动态过程。因为在跨文化适应过程中,陌生人一方面要维护自己固有的文化身份,渴望抵制变化;另一方面又想要学习新的文化,培养新的习惯,从而适应当地环境。如此,原本平衡的心理状态被打破,面临巨大的外界压力和心理压力。在开始阶段,陌生人经历的变化最大,承受的压力也最大,随着跨文化适应进程的展开,经历的变化逐步缩小,适应的压力也渐渐变小。适应的结果是跨文化调整,即陌生人的心理机制在更高层次上实现整合,获得更多的自我表达和社会交际的能力。这就是"压力—调整—成长"动态模型。如图5-3所示:

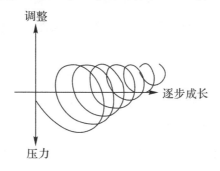

图5-3　"压力—调整—成长"动态模型

　　需要指出的是,这一心理活动的"压力—调整—成长"动态模型是在客国环境中,随着需求满足的不断增加而向前向上移动的。这一过程并非顺利、稳定和直线发展的,而是一个辩证的、螺旋的和持续的"受挫—进展"过程。

　　跨文化适应动态过程涉及三个方面:交际功能健全、心理健康和跨文化身份构建。交际功能健全指陌生人具有开展日常活动、满足个人需求的能力,对新生活感到满意,充满自信和自尊。交际功能的发展使陌生人获得更多融入当地社会的机会,能够更加得体地与他人交往。心理健康与交际功能健全紧密相关。如果陌生人缺乏交际能力,就会感到受挫,产生不良的心理状况。在适应的开始阶段,人们往往心理问题较大,但随着时间推移,心态将渐渐向着良好转变。在这期间,陌生人获得跨文化身份。跨文化身份具有跨文化性,既涵盖陌生人自己的文化元素,又包括当地社会文化元素,是一个拓展的、更具包容性的身份认同。跨文化身份的形成标志着陌生人实现了质的转变,具备更完善的心理机制及更强的适应不同环境的能力。

三、跨文化适应结构模型

跨文化适应的结构涉及多个关键因素。这一结构模型有助于帮助我们厘清促进或阻碍跨文化适应因素的主要维度及其相关关系。跨文化适应结构的前两个基本层面是个人交际和社会交际。个人交际是指个人建构自己的内部符号系统和思维活动,用于参与社会交往。个人交际的发展体现在处于异文化之中的交际能力上。这种能力包括认知、情感与行为三个密切联系并相互依存的要素。认知能力主要指陌生人对东道国语言、文化、行为规范、信仰及世界观等相关知识的掌握;情感能力主要指陌生人对新文化环境和新知识的开放程度、对新文化体验的敏感性及参与东道国文化体验和改变原有文化习惯的意愿程度;行为能力也被称作操作能力,主要指陌生人把内在的认知和情感体验外化为交际行为的能力。

社会交际可以分为人际交往和借助媒介进行的大众交际,与东道国文化成员进行交际的能力不仅与私有符号化联系在一起,并且与公共符号化密切相关。公共的符号化,换言之,是两个或更多的个体相互交换信息,通过协商而形成的社会关系,即主体间的交流过程。只有当陌生人内化的交际系统与当地人的交际系统吻合时,才能达到有效沟通的目的。陌生人的跨文化交际能力决定了正确、有效地处理信息的能力。人际交往是陌生人获取文化信息、了解东道国人行为模式和思维方式的重要渠道。人际交往,特别是与重要人物的交往是陌生人了解当地风土人情的中心渠道。通过这些交际,陌生人寻求社会帮助,获得学习与提高认识的机会。人际关系网络的建立有助于增进交流、扫除语言和文化障碍,使陌生人能够较好地适应新环境。大众交际较少涉及人际关系,但它能够提供渠道,对于较少接触本地人的跨文化适应者来说,它的作用十分重要。大众交际有多种形式,如广播节目、电视节目、报纸、杂志、网络、电影、戏剧表演、博物馆展览、海报等,它让陌生人置身于文化场景中,较为轻松、灵活地开展文化学习。在陌生人与当地人面对面交流较少的情形下,大众交际在跨文化调整中显得尤为重要。

跨文化适应的第三个层面是陌生人与本族同胞的交往。当今世界,几乎所有国家都属于多族群国家,族群间的交际问题在社会交往中处于重要位置。陌生人进入多族群的社会后,不可避免地要接触到本族同胞。生活在东道国的人为了信息、情感和其他需求,常常自发组织各种类型的团体或协会,为族群成员提供服务。在初始阶段,许多陌生人因缺乏交际能力和社会网络,无法独立开展社交活动，无法获得自立的社会资源，常常需要寻求本族同胞的帮助。本族同胞的支持在短期内能够帮助陌生人在东道国适应日常生活，但从长远看，它会减少陌生人与当地社会的接触，阻碍跨文化适应。因为族群交际往往作用于维护原有文化身份，不利于融入移民社会。陌生人如果长期依赖本族同胞，与当地人社会交往的机会就受到限制，无法很好地完成跨文化适应。

影响跨文化适应结构的第四个层面是环境。陌生人的跨文化适应在当地环境中展开，影响跨文化适应过程的环境因素有三个，包括：1）东道国的接纳程度；2）东道国的同化压力；3）族群团体的力量。东道国的接纳程度是指某个特定文化环境在结构和心理上对陌生人的接受程度和开放性，如是否愿意接纳他们、对陌生人的开放程度、是否给予他们社会支持等。当地社会对来自不同群体的陌生人的接受程度可能会有所不同。造成这些差别的原因主要包括种族、文化上的相似性及差异性、陌生人所属国家与当地社会的相容性、相对地位、这两个国家在历史或当下的关系是否友善等。例如，美国社会对来自加拿大的旅居者接纳程度较高，对土耳其人或肯尼亚人接纳程度偏低。东道国的同化压力是指特定环境下，陌生人在多大程度上面临着入乡随俗、遵从东道国文化与交际系统的规范与模式，常常体现在本地成员对陌生人的思维与行为的期待上，这些期待往往促使陌生人进行跨文化调整，尽快适应新环境。不同的社会环境对陌生人的宽容度不同，它反映当地社会对陌生人的包容性、对陌生人是否存在歧视与偏见等。多元、开放的社会一般能够为陌生人提供较为宽容的环境，单一、封闭的社会通常对陌生人有较高的同化要求。东道国的接纳程度和同化压力与陌生人所属族群力量的强弱密切相关。衡量族群力量的要素包括：族群语言在新文化中的地位、语言使用者的相对和绝对人数，以及制度支持。从短期效应看，强大的族群团体能够为刚步入新环境的陌生人提供信息、物质和情感资助，促进跨文化调整；但从长期效应看，强大的族群可能会要求所属成员维系原有的族群身份，为陌生人提供强有力的语言与文化支撑，阻碍其融入当地社会，反而会妨碍跨文化适应。相反，力量弱小的族群则不足以提供相应的支持。最佳的族群环境是能够在过渡阶段为陌生人提供支持，但不对其施加维持原有文化的压力。

影响陌生人跨文化适应结构的第五个层面是个人倾向。每个跨文化交际者都有独特的性格和理智。有些人乐观、自信，有些人比较羞怯、焦虑和自卑。在跨文化交际中，陌生人的准备程度、族群的接近程度及人格可塑性影响着跨文化调整。准备程度是指陌生人在思维、动机和情感上为应对新文化环境做了多少准备,包括对移入国语言文化的学习、对新社会环境的认知及参与其中的意愿。陌生人进入新环境后,有些人很乐意学习新的事物,想尽快适应当地生活,有些人则比较消极被动。对当地社会了解比较充分的陌生人往往更乐于改变自我。如果准备程度不足,跨文化适应过程中遇到的阻力会较大。族群的接近程度是指陌生人所属族群与东道国主流族群之间的相似性与兼容性,族群背景影响陌生人的跨文化适应。族群特性是包括语言、文化、宗教背景、种族与国家等的一整套综合体,呈现某个族群的独特之处。族群的相似性体现在族群特征上,包括外在特征和内在特征两方面。外在特征包括体貌特征、服装、表情、行为习惯、宗教仪式,以及语调、语速和音高等类语言特性等;内在特征有信仰、价值取向和行为规范等。如果陌生人所属族群与东道国主导族群不相容或反差较大,跨文化适应就可能遇到较大阻力,反之会相对顺利。人格的可塑性是跨文化适应中个人倾向的最后一个因素。对跨文化适应影响最大的人格可塑性因素有三个:开放性、韧性和正面态度。开放性指个体倾向于接受新事物的心态,积极接受并体验新事物,有助于减少陌生人的抵触情绪,能最大限度地接受新环境,对不同的环境都有较强的适应能力。韧性指个体吸收外部环境冲击力,使自身免受过度伤害的精神品性。韧性体现在陌生人个体的灵活性、复原力、冒险精神、吃苦耐劳、开朗、顽强、耐心、机智和情绪控制等品格上。在面对挑战时,能够让交际者保持适当的灵活性、活跃程度和自信心。正面态度是指陌生人积极的、肯定的心态,以及在逆境中相信自我的态度。具有正面态度的跨文化适应者能够承受多重压力,乐于接受来自不同文化的他人。它使陌生人个体能够不断获得新文化知识,容易在心智、情感和行为上与本地人形成融洽、和谐的关系。开放、坚韧的交际者能较从容地应对挑战,顺利地完成自我调整过程;相反,封闭、脆弱的交际者难以有效地进行自我调整,常常陷入文化困境。

陌生人的个人交际、社会交际、族群社会交际、环境和个人倾向这五个层面的因素共同促进跨文化转变(intercultural transformation)。跨文化转变是陌生人内在的、质的改变,体现在功能健全、心理健康和跨文化身份的形成上。它与其他五个层面的因素相互影响,一起推动跨文化适应进程的发展。功能健全指陌生人在新文化环境中经过学习和调整,其内在的反应机制与东道国的外部要求日益协调,与东道国民众的日常交际日趋"同步",关系达到理想状态。与功能健全联系在一起的是心理健康。当交际功能逐步健全后,陌生人的心理状态也随之改善。随着陌生人交际功能健全与心理健康改善,他们原有的文化身份渐渐淡出,跨文化身份逐渐显现。跨文化身份的发展过程并不是一帆风顺的,陌生人个体的内心一直处于维系原有认同和建立新认同的矛盾之中,通常沿着"压力—调整—成长"的路径发展,其间常伴有挫折、反复,甚至倒退,如"压力—调整—成长"动态模型所示。跨文化身份的建构是陌生人个体不断寻找自我本真和跨越文化边界的过程,它是"自我—他人"定位个体化与"自我—他人"定位普遍化的辩证统一。"自我—他人"定位个体化意味着陌生人以人类普通一员的视角重新定义各自的身份,交际者的认知能力从而得到提升。"自我—他人"定位普遍化则超越了个体文化差异的视角,以人类思维和文化的共性来思考和理解不同文化。整合不同文化视角,不仅要理解不同文化个体的差异,更要从人类共性的高度出发,超越族群中心主义,促进"第三种文化"的形成。

基于陌生人是开放系统的认知,金荣渊提出跨文化适应理论的三个基本假设是:1)人有其内在的自我组织的驱动力及对外部环境的挑战进行调整的能力;2)个体对某个既定文化环境的调整发生在交际中,并通过交际来实现;3)调整是使个体产生质的转变的一个复杂、动态的过程。她认为,面对生存环境的挑战时,任何人都会自然而然地做出自我调整,适应构成人类维持生活和改善生活的基本行为,是人类有机体不可或缺的组成部分。只要人生活在特定的文化氛围中,就会以编码和解码的方式不停地与外部交换信息。通过言语与非言语交际,人们相互调整,维系社会系统的正常运转。调整是多维连续的进程,涉及交际者的内部因素和外部环境,以及两者之间的互动及其所包括的方方面面。

在调整过程中,个体为适应环境不断进行自我改造,完善人格,增强调控能力,逐步变成胜任的交际者。概言之,跨文化调整是交际者在面对新文化环境产生的压力时,不断自我更新,提高交际能力,最终升华成为跨文化人(intercultural person)的过程。

陌生人的概念和三个理论假设构成金荣渊跨文化适应理论的内核,整体理论建构围绕跨文化调整过程的内涵,以及个人交际、社会交际、族群社会交际、环境、个人倾向和跨文化更新等六个维度展开。这六个维度阐释了陌生人个体在跨文化适应中能否取得成功的关键。每个维度都直接或间接地促进或阻碍跨文化适应过程,既影响其他维度,同时又受其他维度的制约。这六个维度交互影响,一起推动跨文化适应的进程。各个层面及相关因素之间的互动关系构成了金荣渊跨文化调整理论的系统模型(A Structural Model),一共总结出10个定理和21个原理。

定理1：跨文化适应既是新文化的习得，又是旧文化的消解，可能的最终结果是同化。

定理2："压力—适应—成长"的动态过程是跨文化适应的基本过程。

定理3："压力—适应—成长"的动态过程促成陌生人的跨文化转变。

定理4：陌生人经历跨文化转变后，其在"压力—适应—成长"的动态过程中的螺旋形波动幅度逐步减小。

定理5：跨文化转变表现在功能健全、心理健康和跨文化身份三个维度上。

定理6：跨文化转变与个人交际能力的发展是双向促进的过程。

定理7：跨文化转变在陌生人参与当地的社会交际活动的过程中实现。

定理8：长期并广泛参与陌生人自我族群的社会交际活动会延缓甚至阻碍跨文化转变。

定理9：环境因素与陌生人的跨文化转变是双向影响的关系。

定理10：陌生人的个人倾向与跨文化转变相互影响。

原理1：交际能力越强，在东道国的人际交往和大众交际活动越多。

原理2：交际能力越强，与本族群成员间人际交往和大众交际活动越少。

原理3：交际能力越强，跨文化转变（功能的健全、心理健康和跨文化身份发展）越快。

原理4：在东道国的人际交往和大众交际活动越多，与本族群成员的交际活动越少。

原理5：在东道国的人际交往和大众交际能力越强，跨文化转变程度越高。

原理6：与本族群成员的交际活动越多，跨文化转变程度越低。

原理7：东道国的接受程度和同化压力越高，与东道国居民交往的能力越强。

原理8：东道国的接受程度和同化压力越高，与东道国居民交往的活动越多。

原理9：东道国的接受程度和同化压力越高，本族群的人际交往和大众交往活动越少。

原理10：本族群力量越强大，与东道国居民的交际能力越低。

原理11：本族群力量越强大，与东道国居民的人际交往和大众交往活动越少。

原理12：本族群力量越强大，本族群内的人际交往与大众交往活动越多。

原理13：改变的准备越充分，与东道国居民交际的能力就越强。

原理 14：改变的准备越充分，与东道国的人际交往和大众交往活动越多。

原理 15：改变的准备越充分，本族群内的人际交往和大众交往活动越少。

原理 16：族群的接近程度越高，与东道国居民交际的能力越强。

原理 17：族群的接近程度越高，与东道国居民的人际交往和大众交往活动越多。

原理 18：族群的接近程度越高，本族群内的人际交往和大众交往活动越少。

原理 19：人格的适应性越强，与东道国居民的交际能力越强。

原理 20：人格的适应性越强，与东道国居民的人际交往和大众交往活动越多。

原理 21：人格的适应性越强，本族群内的人际交往和大众交往活动越少。

适应不仅是人类生存的根本手段，也是其成长的必经过程。思维的可塑性使人类获得自我调整和应对外部变化的能力。跨文化适应的进程首先从对本土文化的适应（enculturation）起步，然后是交际与文化调整，接着再进入跨文化调整与跨文化适应（acculturation）。金荣渊的跨文化适应综合理论探讨了影响跨文化适应的六大变量与其相关因素之间的逻辑关系。第一个层面强调交际者的自我调整与适应；第二个层面强调陌生人交往范围与跨文化适应的关系；第三个层面与第四个层面着重强调环境因素，本土环境、东道国环境与跨文化适应的相关关系；第五个层面强调陌生人的人格适应性在跨文化适应中的作用。这五个层面的因素共同作用，最终描绘出跨文化适应的发展程度。

第六章 跨文化交际研究方法

第一节 跨文化研究方法概述

跨文化交际研究本身因与传播学、人类学、哲学、心理学等学科交叉，故其研究方法有着与生俱来的多样性和复杂性。在跨文化交际研究中，研究方法的选择为不同文化现象的解释创造了多样的途径。跨文化研究本身对现实的高度关切，决定了其不论在国际还是国内的研究中，实证研究都处于主流的地位和趋势。而从研究类别上看，质化研究方法与量化研究对捕捉到跨文化交往特定时空下研究对象的样貌、针对研究对象提出的问题，均能提出有效的解决途径，都能为相关研究作出贡献，本身也并无优劣高下之分。

一般而言，质化研究致力于在研究者与被研究者之间，通过互动来对事物进行深入、细致、长期的体验，从而对其本质得到一个比较全面的解释性理解。在跨文化交际的研究框架内，研究策略大致可以分为三类：研究个体，如叙事法；探究过程、活动和事件，如扎根理论、内容分析；研究了解个体或组群的文化共享行为，如民族志。在质化研究中，研究者潜心于参与者持续而真实的经验之中，并通过观察、访谈、文献、视听材料等方面完成数据的收集。与定性研究具有探索性、诊断性和预测性等特点不同，定量研究一般是为了对特定研究对象的总体得出统计结果而进行的。定量研究能够用相关分析、实验控制等数据的方式更加清晰、明确而极具科学性地反映出现象背后的规律。但由于复杂的跨文化沟通现象中包括了许多不能加以量化的因素（如人的内在思维活动、宏观的社会结构等），并且每个调研人员对社会事物都有特定的价值判断，以及立场和态度倾向，难以完全排除主观因素的介入等影响，使其难以真正揭示现象背后的规律及本质，因此又出现了结合定量与定性研究的混合研究方法。

与质化研究相比,对跨文化现象的量化研究过程和步骤相对固定,通常采用问卷和收集数据,之后进行统计分析的方式,其研究的原型(prototype)是心理学中的实验法。而质化研究的步骤则相对比较复杂,邓津与林肯(Danzin & Lincoln,1998)在1998年关于质化研究方法的论述中大概做出了如下总结,对理解跨文化交际的质化研究同样具有启示意义。

第一阶段:作为多元文化个体的研究者

- 个人研究的习惯与历史
- 如何看待自己与他人
- 研究的伦理和政治

第二阶段:理论范式与视角

- 实证主义/后实证主义
- 建构主义
- 女权主义
- 文化研究模型
- 马克思主义理论

第三阶段:研究策略

- 研究设计
- 个案分析
- 民族志/参与性观察
- 现象学/民俗方法论(ethnomethodology)
- 扎根理论
- 人物志
- 历史方法
- 行动和应用研究
- 临床研究

第四阶段:数据收集和分析方法

- 访谈
- 观察
- 实物、文档和记录
- 视觉方法
- 个人经历

- 数据管理
- 文本分析

第五阶段：结果解释与成果发布

- 研究质量评价标准
- 对结果进行解释的艺术与政治
- 撰写研究报告
- 政策分析
- 传统评估方法
- 应用研究

陈国明(2010)指出,跨文化交际(传播)研究有三大主要范式:实证主义、解释范式、批判范式。这其中,批判范式和解释范式均可归纳到质化研究当中。自诞生起,跨文化交际就处于质化研究与量化研究的互动张力之中。胡文仲(2005)在《论跨文化交际的实证研究》一文中,曾对1999年至2002年间《跨文化关系国际杂志》中的151篇文章进行了统计,发现采用量化研究的文章超过70%。学者史兴松、单晓晖(2016)对2010年至2014年在社会科学引文索引(SSCI)期刊发表的297篇跨文化交际研究论文的研究方法进行分析后发现,五年来定性研究法总占比47.4%,接近一半,定量研究则仅有15.5%;其次是混合法,总占比20.6%(图6-1)。定性、定量研究比例均有提升的趋势,而混合法占比略有减少,定量方法虽然横向比较使用最少（总占比15.5%）,但纵向观察发现,使用比例近期明显提升。

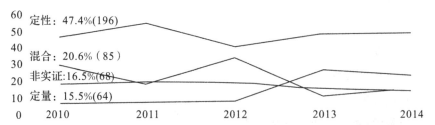

图6-1　2010—2014年SSCI跨文化研究使用不同研究方法的论文占当年论文总数比例

依据其他学科的经验,尽管质化研究与量化研究的矛盾依然存在,但固定一种研究方法对学科的发展并无好处。或许,在跨文化交际的具体研究实践当中,将文化现象进行指标量化研究和主张深入到位的质化研究两者间的差别并非泾渭分明,而是一个连续统一体。研究者需要做的,是根据研究对象、问题、目的,并结合其他主客观研究条件做出务实选择。或许在未来将二者结合,将实证主义与人文主义融合,能为跨文化交际研究的"本土化"作出贡献。

本章将介绍几种以质性研究为主的研究方法。其中,跨文化交际的对比研究是基于自我与他者、本文化与异文化异同的一种研究传统;民族志属于跨文化研究最典型、最具代表性的研究方法;内容分析法和话语分析法是针对交际与传播内容进行的一种客观、有系统和定量的研究;扎根理论能够帮助研究者较为全面地把握文化与传播的意义;认知心理学方法则有助于研究不同文化交际中人类心理和行为的异同。

第二节　跨文化交际研究方法

一、跨文化比较法

比较研究是跨文化交际的经典研究方法,广泛应用于早期的跨文化交际研究,也是符合认知直觉的研究方法。当两种不同文化相遇时,人们会不可避免地对二者进行比较。正视文化间的相似与差异的重要性不言而喻,因为文化与文化的碰撞产生的分歧从根本上来说是由文化差异造成的,因此尊重不同于本土文化的异质文化是跨文化交际的基础。而尊重开放的心态只是一个开始,因不了解对方国家文化禁忌从而造成误解,会对跨文化交际的进展造成不必要的麻烦,甚至可能引起严重后果,所以对不同文化的差异与相似性的研究就显得格外重要,大到国家层面的外交事宜,小到对外商务洽谈、生活中与外国人的接触,方方面面都涉及文化差异与跨文化交际。同时,从文化发生和发展的角度看,从人类分布的实际情况来说,文化本身就是一个民族区别于另一个民族的综合特征,民族内部形成的诸多亚文化圈之间也存在着关联与差异,都需要对其通过比较以求得深入认识。

跨文化早期研究中采用比较研究方法的三位学者值得重视。第一位是美国民族学家摩尔根(Morgan),他于1871年出版的《人类家庭的血亲和姻亲制度》是第一部用比较方法研究亲属制度的专著。在书中,他对易洛魁人、塞内卡人有关的习俗、宗教、政府、物质文化,以及不同的亲属制度进行了解与比较,还行至堪萨斯、内布拉斯加、密苏里等州,对七十多个部落群体作了具体研究。这是跨文化比较研究的一次重要尝试。第二位当属在1889年出版了具有开创意义著作《人类制度发展研究方法　关于婚姻和生育的规律》的人类学家泰勒(Taylor),该著作堪称跨文化比较研究的早期经典之作。泰勒对多个社会进行调查研究,通过比较分析以探究对人类社会文化的基本模式。泰勒力主的这种方法得到了广泛的认可和呼应,如美国学者哈奇(Hecht,1993)所言,泰勒采用的比较法:

> 建立在依他看来一个不证明的事实上,即遍及全世界,人类制度显示着值得注意的相似之处。类似像石器、编篮和烹调文化现象,在不同社会与不同大陆之间(均有分布),不过在细节上有所差异而已。在这种比较上,几乎无须顾虑到历史时间或地图上的位置。相同的信仰、行为和器物可由全世界各地收集起来,然后将它们组织为包罗万象的分类架构……一旦以这种方式做了分类,则每一类别内的资料便可以显示进步或演化发展的模式。

第三位是美国人类学家默多克(Murdock),他利用累积起来的资料,建立起"人类关系资料档案库"(Human Relation Area Files,简称 HRAF),为不少领域进一步开展跨文化比较研究提供实际资料。

跨文化交际比较研究是以文化比较为基础,探讨不同文化中人类行为规范、社会组织形式、观念和实践模式等方面的相似和差异。文化人类学家在对世界上不同民族获得的经验材料进行比较的基础上,验证理论假设,发现人类行为的共性与差异,以宏观理论研究与论证发现某种普遍规律。在当代社会中,或以文化特质为单位,或以社会或者部落作为研究单位,研究者提出这样一些重要问题:文化(行为规范、信念和制度模式)之间的相似性与差异性表现在哪些方面?人类各群体的文化相似性是源于对相似问题的相似解决方法还是其他原因?这些相似性、差异性对跨文化交际的过程有着什么样的影响?如何基于此展开有效的跨文化交际?等等。如一位学者所说,"要理解文化就必须进行比较",拉德克利夫-布朗(Radcliff-Brown,1958)认为,从根本上说,这种方法在于,力图通过相似现象的比较而求得某种概括,它力求从一大堆变项中抽取出一些公因数。文化比较研究的目的既在于研究不同文化现象之间的共性,更在于探析各种文化现象的独特个性,从而探寻文化发展的内在动因和外在动力,其优势正如周大鸣在《现代都市人类学》一书中指出的:

> 通过跨文化比较研究,可以认识到文化的差异性、普遍性、复杂性,同时也可以认识到各种文化是怎样变迁、怎样适应变迁,甚至有可能为预测文化变迁的方向提供线索。跨文化比较研究还可以使我们获得正确的文化观,避免文化中心主义和文化自卑感。

自从国内学者关注跨文化交际研究以来,研究初期该领域涌现出的大部分文章与著作都以该类型的研究方法为主。国内该类研究特别关注的是东西方文化价值观的比较及其对跨文化交际与适应的启示作用,比较的范围包括但不限于:东西方人民的衣、食、住、行等社会生活及其风俗习惯异同;东西方文化类型的主要生活方式的异同;东西方语言文字的异同;东西方文化的精神取向,主要是宗教信仰、思想观念、文化逻辑与民族精神、道德评价等的异同。如许烺光的《中国人与美国人》一书,以中美文化与行为为视角,寻根探源,从人、神、物(包括婚姻和阶级、成功和英雄人物、对待政府的态度、工业失败和经济危机等)三大方面全面解析了中美异同,并将中美个人性格特质与社会文化环境联系起来,讨论中国人和美国人在特定境况中的行为方式如何与两种民族文化模式相融合,提出了中国人"情境中心"(situation-centeredness)和美国人"个体中心"(individual-centeredness)的生活倾向(许烺光,1989)。相似的研究还包括李卓的《中日家族制度比较研究》中关于中日家族宗亲的概念与结构进行的比较等。值得注意的是,美国著名学者郝大维(David L. Hall)和安乐哲(Roger T. Ames)自20世纪80年代以来,以文化比较的手段,合作撰写了一系列研究著述,最知名的包括"中西比较三部曲":《通过孔子而思》(*Thinking Through Confucius*,1987)、《期望中国:中国和西方文化的叙述探源》(*Anticipating China: Thinking Through the Narratives of Chinese and Western Culture*,1995)和《汉人的思维:中西文化中的自我、真理和超越性》(*Thinking from the Han: Self, Truth, and Transcendence in Chinese and Western Culture*,1998)。在他们的著述中,"中西文化成为彼此参照与相互透视的镜子,透过镜子呈现出来的是他们对中西文化极富启发意义的洞察"。

马林诺夫斯基(1999)在《科学的文化理论》一书中强调,比较方法的使用,需要列出真正可比现象的详尽无遗的"清单",而且不能被表面的相似之处或虚构的类推所欺骗,否则做了大量的工作却会导致错误的结论。这在一定程度上说明跨文化比较方法可能有陷阱和局限,表面相似但背景截然不同的文化要素之间的比较存在着一定的危险。作为复杂的研究命题,异质文化之间很多时候并没有彼此完全对等的概念和命题,而且还要面对跨文化交流中的语言困境和民族中心主义带来的挑战。刘耘华(2013)在《跨文化比较的方法论研究》一文中,通过总结郝大维、安乐哲的"新实用主义文化比较观"提出的三个路径可资借鉴:其一,反对在不同文化之间、之上寻找超越的、客观的(所谓"价值中立")、普遍适用、蕴含单一的真理(Truth)标准与方法标准,普适化的论断应该让位于局部的、探讨性的叙述;其二,在"自我"与"他者"之间,反对排他性的、非此即彼("or")的"二元对立",主张构成性的、亦此亦彼("and")的二元或多元协调;其三,采用"语境化"的叙述与辨析,即,以意义边界模糊的"焦点/场域"(focus/field)来取代追求含义精准的单一"核心"(locus)。比较方法存在精确性不足的问题,仍然需要研究者进一步在实践中克服。

二、交际民族志

交际民族志(Ethnography of communication,简称 EOC),亦译为民族志传播学、话语民族志,是跨文化交际学中较为典型的研究方法。民族志最常见的情形是文化研究者、人类学家远赴某个小岛,与岛上的土著人共同生活数月甚至数年,对土著人的生活和语言进行详细的观察和记录,以了解其语言、风俗习惯、信仰、价值观等方面的特征。如上节所述,20 世纪三四十年代,耶鲁大学人类关系研究项目组在乔治·默多克的主持下,对世界各地的文化与民族展开了系统的调研,收集到的资料也充分使用了现代民族志的方法。他们编纂的《世界民族志调查资料集》,将六百多种人类社会文化现状从数十个方面进行了详细的展现。基于此,耶鲁大学也建立了基础性的资料库《人类关系区域档案》。1964 年,海姆斯在《美国人类学家》(*American Anthropologist*)杂志上发表文章,首次提出"交际民族志"的概念。他认为,交际民族志包括两大特征,其一,我们需要新鲜的第一手资料,直接考察语言在情境中的使用,以此揭示适于语言活动的模式,这些模式在单独地对语法、对人格、对宗教、对亲属关系及其他类似的研究中是无法获得的;其二,必须把一个社区(community)作为语境(context),把交际习惯作为整体进行考察,这样,任何成员依赖共享资源的一部分而发挥作用(Hymes,1964)。海姆斯将交际情景的组成部分进一步归纳为如下八个基本因素:环境和场面(Setting and scene);会话参与者(Participants,包括说话者和听话者);会话目标(Ends,包括目标和结果);信息的内容和形式(Act sequence,包括有别于其他文化的会话技能);表达信息的方式和态度(Key,说话者的语言风格);交际工具(Instrumentalities,包括信道"Channel"和形式,如语言及其方言、代码、变体等);交际规范(Norms,即交际双方在交谈时应该遵守的规范等);言语题材(Genres,指语言题材,如诗歌、神话、言语、商业信息等)。海姆斯选取八个英文单词第一个字母,按字母顺序排列,组成了一个首字母缩略而成的词"SPEAKING",表示"语言场景构成部分"。根据海姆斯的理论,这八大语言沟通因素和文化层面的交流均具有不同程度的相关性。交际民族主义将话语作为言论和社会文化的内核,相信语言与文化,社会和个人之间的关系最能在言论中得以充分体现。交际民族志专注于民俗文化与文化因素的研究,其研究方法往往要求研究人员长期居住在社区,观察社区的各个方面,使研究者能够在最大程度上解释沟通规范体系及其文化意义。交际民族志对交往环境的组成部分也非常重视,该交往环境包括了不同类型的跨文化交际对象。

交际民族志关注语言交际及其与文化之间的关系。我们知道,要在一定的社会文化环境中有效地使用语言,就不仅要有语言能力,而且要有交际能力(即知道在一定的社会文化环境中讲什么话语得体,讲什么话语不得体)。交际民族志正是研究人的某种交际能力的学科,与此相关的是交际能力参数:懂得什么样的话合乎语法;懂得什么样的话能被别人接受;懂得什么样的话适合什么样的场合;懂得某一种语言形式真正使用的可能性有多大。与此同时,一方面,与传统习惯和社会价值观类似,一门具体的语言自然也会打上文化的烙印;而另一方面,某些文化特征也必须以各种形式反映在具体语言中。广义文化与具体语言之间存在包含的逻辑关系,非语言文化与具体语言之间存在着平行的关系。研究者一定要首先将广泛的文化和非语言形式的文化加以区分,将人类天生的语言能力和某种文化环境中后天习得的语言区分开来,然后才能更好地探索非语言形式的文化和语言之间的关系。这种非语言的文化包括思维文化(如世界观和价值观念)和行为文化(如礼仪和宗教),而物质文化(如汽车和电视)则是行为文化和思维文化的产品。

交际民族志的调查方法包括以下几个方面:选择要研究与分析的对象与主体;提出研究问题;通过参与式观察与访谈采集民族志数据;进行民族志分析;撰写民族志。该方法的要义在于:第一,注重实地考察,收集第一手资料。研究者对独白和对话进行一丝不苟地整理,并加以分类和详细分析,以产出有效的判断或有意义的假设。为了收集到足够的材料,研究者需要向信息提供者加以详细咨询、对话。为此,研究者需要尽可能地设计出最适宜的系统收集和保存材料的方法,以确保所收集材料的原汁原味。第二,研究语言的使用。这与社会语言学的语言研究有重合的地方,但也存在一定的差异。跨文化交际中的语言,是一种在社会生活过程中活生生使用着的语言,或者是索绪尔所言的"言语",而且交际语言的使用是一个动态的过程,内容比标准的"语言"更加广泛、灵活。在这里,分析的重点材料是具有完整表意单元的语段,而不是单一的陈述或表达,因为完整的语段比单个的陈述或表达更能够准确、丰富地反映动态的社会文化特征。第三,研究语篇(语境/上下文)的特点和功能。人们在研究语言结构过程中发现歧义、含糊等问题时候,往往会借助最简单的语境——上下文,来厘清句子的意义。第四,分析交际的基本单位分析——言语行为(事件)。这是指日常社会生活中最基本的活动,如购物、寒暄、聊天等。每个言语活动通常由一个或多个口头言语行为组成。言语行为(如问候、要求、道歉、提问等)是交际民族志中进行分析的最小语言单位。人是社会性动物,其存在就无法避免要参与社会生活中的各种活动,这些活动不但伴随着语言,而且也是在语言的支撑下才得以有效开展。每个言语事件都是一个能反映出社会和文化状况的言语单位。有时一个言语行为构成一个言语事件,一个或几个连续的言语事件形成一个语篇,在完整的交际语境下得以发生。语篇或语段是文化分析得以成功的基本、完整的意义单位。第五,要注意分析的完整性。上述言语交流的最基本特征都涉及相当复杂多元、多层次的社会文化背景,但是它们并不是孤立的特征,而是彼此接近甚至环环相扣的相关联的因素。进行完整性的分析正是交际民族志分析的重要特征和优势所在。它将语言不仅看成是人与社会生活之间联系的纽带,也看成是人们参与社会生活的重要手段。因此,它通过各种主观和客观的方式对语言现象进行多层次分析,充分体现社会生活中使用语言的复杂性。在这一点上,它与其他的某些语言学学科有着较大的区别。一个分析平面上的成分(如音位特征、词汇选择和语篇策略等)必须联系另一个分析平面上的成分(如讲话者的社会身份、价值观念等)进行综合分析,然后把分析的结果再拿到一个言语事件向另一个言语事件发展的动态过程中去考察,从而得到文化与文化交际过程的整体画面。

　　文化交流中的一些错误思想观念,如民族中心主义,通常在民族志研究中发挥着作用。譬如人们经常习以为常地认为,他们自己的国家、民族或地区的语言是理所当然的最自然和最优美的语言,而其他国家、民族或地区语言相比之下会变得非常别扭、生涩和粗糙,而那些经过口口相传继承下来的没有文字的语言显得更加"原始",这是民族中心主义心理在作祟。然而,目前有不少研究表明,在文化能力上,不同的人的发展会在程度和速度上呈现出区别,对文化复杂性的理解上也会呈现出不同的差异。然而这些人的语言能力在根本上却没有什么区别,原因在于,在这里语言的功能只是起到了为其在各自社会环境之中的存在而服务的基本目的,文化则不然。在发音和语法结构方面,各种语言之间的的确确存在着很大差异,这是不同的语言在发展和变异过程中产生的必然,并无优劣之分。而对于词汇而言,不同语言之间的差异也确实很大,一些语言词汇对于某些概念的表达非常丰富,有些则显得较为概括;有些词语具有浓重的现代生活的特点,一些语言词汇则缺乏现代生活影子。而事实上,因为语言中的词汇是对外部世界的一种反映和表达,它与社会和文化状态结合得最为紧密,因此社会生活的差异不能成为判断语言词汇先进与落后的证据。此外,各种语言都有自己的构词机制,在需要创造或者借用新的词汇来反映新事物的情况下,都可以通过各种方法达到对新事物的表达,这是民族志一再证实的事实。

民族志的研究亦称"文化阐释",一般而言有两种紧密相连的过程:田野工作和文本写作。二者都涉及一个研究身份与视角的主位(emic)与客位(etic)的问题。学者黄平、罗红光等(2002)在《当代西方社会学、人类学新词典》中将二者定义为:

> 主位研究是指研究者不凭自己的主观认识,尽可能地从当地人的视角去理解文化,通过听取当地提供情况的人即报道人所反映的当地人对事物的认识和观点进行整理和分析的研究方法。主位研究将报道人放在更重要的位置,把他的描述和分析作为最终的判断。客位研究是研究者以文化外来观察者的角度来理解文化,以科学家的标准对其行为的原因和结果进行解释,用比较的和历史的观点看待民族志提供的材料。这样在研究理论和方法上,要求研究者具有较为系统的知识,并能够联系研究对象的实际材料进行应用。

如前所述,海姆斯概括了民族志传播学的任务和内容,认为研究者需要直接考察语言在情境背景中的使用,获取第一手资料,以揭示适合于语言活动的模式。这种为了揭示不同语言文化的语言活动模式就是运用"SPEAKING"对世界各地区的民族和文化进行中性抽象标示模式。中性抽象标示模式实际上是一种将主位和客位结合起来展开研究的方法,其丰富的内容、科学的结构能够有效化解这一论争,值得跨文化交际研究者重视。如郭继荣等(2011)提出的《基于SPEAKING的中国留学生在海外跨文化交际适应研究》(表6-1),从多个维度的调查中发现受试者在交际中的S、P、E这三个维度的表现更加活跃,这为更好理解跨文化适应问题提供了一个独特的视角。

表6-1 中国留学生跨文化交际适应研究

中性抽象标示模式	中国留学生在海外跨文化交际适应研究
背景	海外异文化、大学校园、课堂、超市等
参与者	各国留学生,留学生所在国的老师,其他居民(如警察)等
目的	学术讨论或交流、旅游等其他日常交际
行为	语言交际准备、交际过程的眼神、距离、体味、禁忌和语言等

续表

中性抽象标示模式	中国留学生在海外跨文化交际适应研究
基调	或正式严肃,或轻松友好,或幽默诙谐等
工具	面对面交流、信件、电话等
规范	不同文化中的交际规则能否被双方接受和理解,以及是否适用等
类型	演讲、请求、道歉,或讲笑话等

值得注意的是,目前信息时代,网络发展一日千里,促使一些研究者在对传统的民族志研究方法进行调整的基础上,利用互联网作为新的田野调查的工具,提出了一种致力于理解网络虚拟环境中社会文化现象的方法:虚拟民族志(virtual ethnography),或网络民族志。罗伯特·V 库兹奈特(库兹奈特,2016)在《如何研究网络人群和社区:网络民族志方法实践指导》一书中对其进行了较为详尽的讨论。他从方法层面给网络民族志做了这样的界定:"一种专门的民族志方法,应用于当前以计算机为中介(computer-mediated)的社会世界中可能发生的一切事情。"基于此,库兹奈特提出了网络民族志的研究步骤(图6-2)。网络民族志并非是一种全新的研究方法,但它的提出确实有着全新的方法论意义,因此也需要研究者进一步研究和检验、修正,以期与跨文化交际更好结合,拥有更强的解释力。

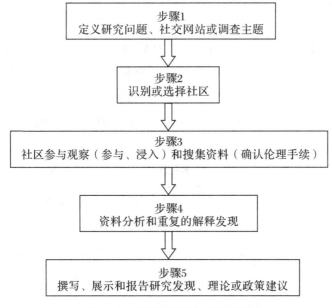

图6-2 网络民族志的研究步骤

三、内容分析法

内容分析法(Content Analysis)是一种针对文献展开分析的方法,最早产生于与文化交际密切相关的传播学。在第二次世界大战期间,美国学者拉斯韦尔(Lasswell)等人组织了"战时通讯研究"工作,在分析德国公开发表的报纸后获得了许多军事和军事机密信息。这项工作不仅使内容分析方法显示出明显的实际效果,而且使该方法在应用中形成了一套完整的模式。20世纪50年代美国学者贝雷尔森(Bemard Berelson)的《传播研究的内容分析》一书正式提出了内容分析法。后来,在学者约翰·奈斯比特(John Naisbitt)的积极推动下,内容分析法逐渐成熟,而计算机进入内容分析领域则使得该研究方法如虎添翼。该方法在目前的跨文化交际研究当中尚未引起足够的重视,远未达到充分的使用。作为一种起源并成熟于传播学的研究方法,跨文化交际研究者应予以关注。原因在于,其一,传播学本身就是跨文化交际学影响最大的学科之一,研究传播模式的方法对于我们了解和研究跨文化交际中产生的问题颇有助益,因为跨文化交际本身就无法避免信息的传播,传者、受者的周围群体,以及整个社会环境。其二,运用内容分析法,我们可以更好地发挥传播与交际的优势和使命,探索社会热点问题,探究时代发展趋势,研究各国的传播、沟通在内容和方式上的差异。

在跨文化交流(传播)领域,内容分析主要是指对各种媒介所承载的文化信息和内容进行客观、系统和定量分析与描述,进而描述交流与传播内容的固有或者潜在倾向,揭示文献所含有的隐性的如价值观、意识形态等方面内容,说明信息来源及本身的语言、非语言特征等。该方法实际上是一种半定量研究方法,换言之,是一种基于定性研究的量化分析方法。内容分析法天然的研究对象就是被记载下来的人类传播媒介。在跨文化研究中,其内容可以包括与异质文化互动相关的书籍、杂志、网页、诗歌、报纸、新闻报道、讲演、法律条文等。这不仅包括这些媒介中的显性内容,也包括隐性内容。艾尔·巴比(Earl Babble)认为:显性内容即可见的表面内容,是与内容分析法相关的、传播媒介中所包含的有形的词(巴比,2009)。隐性内容则反之,是间接通过外在信息中表现出来的隐含的意义。该方法在传播与跨文化传播中的应用体现为:

其一,描述某一段时间内媒介内容和媒介再现手段。

1)描述媒介内容和再现手段的特征、趋势,比如研究广告对异文化中的人物形象的再现方式、电影中的运镜等。

2)比较不同媒体之间的内容差异,如比较中美媒体对"中国梦"的报道等。

3)通过研究媒介内容和再现手段体现真实世界里的社会观念和行为,即比较"媒介现实"和"社会真实"的关系,如通过研究英国报纸相关报道来看西方文化中的中国形象变迁等。

其二,推断传播者的特征和态度。

1)通过媒介内容和再现手段来描述与传播有关的变量特征,比如通过研究广告在报纸中的地位和比例来体现广告对报纸的影响。

2)了解媒介对某些群体(如少数民族、外国人、儿童、女性等)和某些议题(如艾滋病、农民工等)的态度,以此来批判地评价媒体在社会权力运作过程中的地位和立场。

3)跟受众调查结合在一起,估计特定媒介内容的传播效果。

内容分析法的步骤如图6-3。

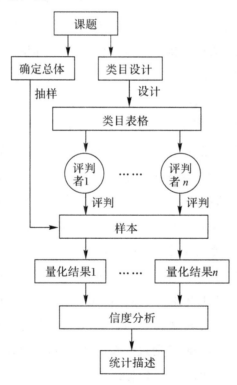

图6-3 内容分析法的步骤

第一步:设定研究问题或研究假设。该步骤需要广泛收集并阅读媒体信息的相关内容,初步形成研究问题或假设。该假设既可以来自常识或个人感兴趣的内容,也可以根据现有理论进行发散、联系其他理论或问题,还可以是社会实践中发现的实际问题。

第二步:确定分析单位。在确定研究问题或假设的基础上,分析问题或假设,找出必要的、可能的、需要考察的影响因素。这些因素应该与分析的目的有着不可分割的联系。根据伯格(1975)的理论,如果要分析文本材料,那么分析单元可能是词、句子、主题、段落、项目、概念、体裁、风格等,或者是上述若干要素的合并。在确定抽样策略之前,必须明确分析单位。

第三步:取样。因为内容分析法面对的是较为丰富的材料,这就导致研究人员不能穷尽所有的信息,因而需要采用抽取样本的方法,选择那些最有利于分析目的、信息内容代表性强、具有连续性、内容结构类似的媒体信息进行分析。随机抽样、系统抽样、分层抽样和集群抽样均适用于内容分析。

第四步:对材料进行编码和分类。内容分析本质上是编码操作。代码包含概念化和操作化逻辑,研究者必须仔细研究概念框架,并确定分析单位的分类标准,即将分析单位分配给最能表现分析目的的逻辑分类框架中。

第五步:计算和保存记录。频率测量是定量研究中使用最广泛的统计分析方法。在计算机处理数据的情况下,分析单元必须首先编码,将文本语言编入计算机识别符号,然后使用统计分析方法对每个类别的频率、语义强度等进行计数。

第六步:分析总结。统计分析和可靠性分析的结论,根据数据统计分析的结果和媒体信息定性判断相结合,得出可靠的结论,并基于此对内容分析法在社会学、跨文化交际研究中的应用进行总结评估。

下面以研究"英美主流媒体对"中国梦"的报道"为例,简单介绍方案的操作:

1)研究目的:分析英美主流媒体对"中国梦"的报道情况,有助于探究国际社会对"中国梦"的解读,分析"中国梦"在西方国家的传播效果以及策略,推进国家形象及文化建设。

2)确定分析单元(研究对象):以2012年12月1日至2013年12月1日在《纽约时报》《洛杉矶时报》《华盛顿邮报》《泰晤士报》《卫报》《每日邮报》中出现的关于"中国梦"的相关报道(此六份报纸作为面向该国的综合性日报,发行量大、范围广、影响大、有代表性)。

3)样本选取:采用合成星期法,即六家报纸分别从12月1日起开始抽样,首先在每个月的星期一中随机抽取一份当天的报纸,再从每个月的周二中随机抽取一份,以此类推,一直抽到周末。采用这种方法可以获得的样本是一份连续的周期样本,且优于随机样本。然后将涉及"中国梦"字眼的新闻报道作为分析对象。当然,如果报道量不大也可采用全部能找到的报道作为样本。

4)分类标准(编码分类):将选出的新闻报道从报道的形式特征、内容特征、篇幅大小和报道倾向四个类别进行分析。

形式特征:刊载的版面位置、大小、报道的类型、消息源。

内容特征:政治、经济、文化、社会四类主题。

篇幅长短:短(300字内)、中(300~1000字)、长(1000字以上)。

报道倾向:立场属于肯定、中性,还是批判。

5)训练编码员和试验性编码:在试分析结束后调整分析单元和分类说明,最后进行测试。

6)分析数据得出结论:根据内容分析法收集到的数据,分析主流媒体关于"中国梦"的宣传取得的效果和存在的不足,探讨相关策略。

内容分析法的优点在于费用较低、易操作、信源可真实表现。但也存在一定的缺点:第一,内容分析法仅适用于研究那些内容表意明确的媒体内容,在处理意识形态、思想观念、价值观念上,对那些意义微妙的概念分析能力相对较弱。第二,编码是内容分析的关键一步,对大量的媒体内容进行分类和编码是非常烦琐的。第三,内容分析只能研究记录下来的媒体内容,当需要获取的媒体内容超出研究者的能力范围时,则无法使用内容分析。同时,内容分析的内外在效度都不会很高,因为人为编码过程会产生误差,所以内在效度不高;而且媒体的总量庞大,所以通过抽取样本后的单一内容分析的外部效度也并不高。

四、话语分析法

米歇尔·福柯(Foucault,1972)认为,话语是指"特定的历史时刻谈论某一特定话题提供一种语言或者表述方式"。"话语"并不简单是一个语篇或者一组符号,而是"某种东西,它能生成其他东西(如一句话、一个概念、一种效果),而不是独立自在、可以进行单独分析的东西"。克莱斯(Kress,1985)则认为,话语是"表达一个机构的意义和价值观的一套有组织的系统性的陈述……一种话语提供一套关于某一特定领域的可能的陈述,组织并构造谈论某一特定话题、对象、过程的方式。"它为社会和个人行为作出描述、规定、许可和限制。对跨文化交际来说,由于不同的话语对应不同的族群、知识、权力关系和意识形态,不同的文化、族群及其成员反过来由话语建构、受话语约束。借由话语的产生、诠释,以及和社会关系,可以解释跨文化传播研究所涉猎的种种话题,如文化与文化之间的关系、社会认同、族群认同、文化认同,等等。跨文化交际中运用话语分析法,实际上就是要把握住跨文化交往中的各种话语,探究跨文化互动中的话语本质,考察话语在各种交际语境和场域之中意义的传递与反应,以及话语对构建社会现实、社会关系、社会地位等的作用。

近年来,学者们对话语分析的重视以及该学科的迅速发展催生了一个更为成熟的分析方法:批评话语分析(Critical Discourse Analysis,简称 CDA),这也是当代语言学研究的一个新兴分支。该方法来源于对 20 世纪在社科领域中占主导地位的实证主义的反思而催生的语言学研究之批评转向,率先由英国语言学家福勒等人 1979 年在《语言与控制》一书中提出。1989 年,费尔克劳夫(Fairclough)出版了《语言与权力》一书,是话语分析关注语言中的社会权力现象的开始。经过数十年的发展,CDA 从初创到发展,在吸收社会学理论和系统功能语言学理论的同时,还借鉴和融合了社会学和系统功能语言学的相关理论,吸收了认知科学、心理学、语用学、文体学、话语与语篇学、社会符号学等方面的研究范式和研究成果,因此引起了越来越多的语言学、社会学、哲学、心理学等学科领域的专家学者的注意,其发展呈现出方兴未艾之势。作为一门新的学科或研究方法,CDA 联系了语言学、社会学、心理学、大众传播学等直接相关的社会科学,以弥补纯语言研究的缺陷,在坚持批评语言学为中心的同时,扩展了语言学的批判视角。如韦斯和沃达克(Weiss & Wodak, 2003)所言,批评话语分析"从来没有,也从来不会尝试提供一个单一的理论和分析模式,任何单一的分析模式都不是批评话语分析的特征。"CDA 核心内容是研究语言结构与社会结构关系的中介体。譬如,分析语言中的权力关系和不平等,揭示话语中隐含的意识形态,揭示话语中包含的不公正、歧视、偏见。这是一种基于文本的偏向实证的研究方法,与传统的语言在社会生活和跨文化交际中的作用的理解截然不同。CDA 旨在探讨、反思话语中的社会和文化的不平等,并通过文本分析来达到对权力、价值观念和意识形态的深入理解,这种方法也改变着人们对语言在社会生活、跨文化交际中的作用的传统认识。

CDA 旨在探索社会文化中的不平等现象在话语中的反映,以及通过文本分析来探寻洞悉权力、价值和意识形态的方法,也因此能为跨文化交际研究带来活力。基于 CDA 对跨文化交际中的话语进行批评分析,需要遵循费尔克劳夫和沃

达克(Fairclough & Wodak,1997)提出的在理论和方法上的八条原则:

1)CDA 关注的是社会问题——对社会发展和矛盾在语言和其他符号中的表现进行剖析,而不是为了纯语言研究而分析语言的运用。

2)话语反映权力关系——批评性话语分析强调权力关系在话语中的体现。

3)话语是社会和文化的构成要素——话语与社会文化实际是一种辩证的同构关系,即互相包含、互相影响。

4)话语是意识形态的工具——既然话语具有上述功能,它自然成为意识形态的工具,即通过特殊的方法描写和建构社会,再现权力关系(不平等的阶级关系、不平等的性别和种族关系)

5)话语具有历史关联性——话语不可能在真空中产生,也就不可能在没有历史背景作参照的情况下得以解读。

6)语篇与社会的关系是间接的,其间充当中介的是话语次序——即与特定场合或情境相关的话语实践规则。

7)话语分析是解释性的——对不同的听者(读者)来说,由于情感、阶级地位、种族、性别、年龄、态度、认知图式及信仰的不同,尤其是对于有关背景所掌握的信息量不同,同一语篇可以有不同的解释和理解。

8)CDA 是一种社会行动(social action),其宗旨是揭露不平等的权力关系,促进人类社会与文化的进步。

CDA 的主要分析方法实际上可以归为三类:系统功能语法分析;语篇体裁交织性分析;话语历史背景分析。第一类由费尔克劳夫所代表的英国学派是以社会符号学和系统功能语言学为理论支撑和语言学基础的。第二类则是以冯·迪为代表,他们注重话语/篇章语言学和认知语言学,并致力于从"社会—认知"视角探究话语的本质。第三类以沃达克为代表,从历史角度出发,把话语放在历史语境(社会和政治)中,用"话语—历史"模式展开分析。以下以第一类为重点进行介绍。

按照费尔克劳夫(Fairclough,2014)的理论,CDA 研究可分为三个层面:其一,描写(describe),即描述语篇的形式结构特征;其二,阐释(interpret),即揭示语篇与话语实践过程的关系;其三,解释(explain),即挖掘话语实践过程及其与社会语境之间的关系。其中描写层面是单纯的文本分析,属于微观层面,包括对交际中的语言运用和话语交际的分析,一般运用系统功能语法进行语言学方面的描述;解释层面是对权力不平等和偏见等现象的分析,属于宏观层面,需要结合社会结构来说明权力和意识形态是如何产生作用的;而阐释层面,介于微观层面和宏观层面之间,需要由话语实践连接起来(见图6-4)。

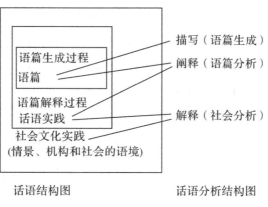

图6-4 话语与话语分析结构图(Fairclough,1995)

1999年,朱利亚卡里和费尔克劳夫在三维分析框架的基础上又提出了批评话语分析的五个步骤:①锁定一个与话语有关的社会问题;②通过对话语本身所在的社会实践网络,以及话语与该社会实践中其他成分之间关系的分析,确定处理该问题要跨越的障碍;③考虑解决该问题是否涉及社会秩序;④确认克服障碍的方法;⑤进行批判性反思分析。以跨文化交际语境中政治演讲为例,在跨文化交际研究中,通过使用CDA的各种分析方法,在跨文化交际的背景下,英美领导人的公开演讲可以被纳入跨文化交流的研究范围之中。对这些演讲进行深入的话语分析,可以进一步了解演讲人对词汇的选择、隐喻的方法、谚语的引用、名人名言的引用、评价手段的使用等情况,以此来洞悉演讲人的政治动机,评估其评价意义和劝导力,观察这种说服力在听众心中所起的重要作用。对这种话语的批评分析有助于揭示话语中暗示的意识形态、态度和信念,以及它们之间的复杂关系。

作为CDA的营养钵,系统功能语言学的方法同样适用于批评话语分析之中,其概念、人际、语篇三大功能对跨文化交际话语的解释力同样不容小觑。例如,概念功能指语言用于表达说话者的内部经验、世界及其各事物之间的逻辑关系的功能,主要由及物(transitivity)系统来实现。及物性是经验功能的重要语义系统,其作用是将现实世界与社会中的所作所为分解为多个过程,这同样适用于文化对话间的言语行为。如跨文化交际中的言语行为也可以从系统功能语言学提出的物质、心理、关系、行为、言语和存在这六大不同语言中的过程类型进行理解,并基于此研究其对话策略及其对社会结构权力、地位、角色的体现。

当然,自CDA被提出之初,就招来许多怀疑与争议,在跨文化交际研究的应用中应该同样要注意到这些不足。一些西方学者从不同的角度对CDA进行批评,例如,CDA对话语作用的强调是单向而非辩证的;CDA的权威性和客观性值得怀疑,语料的选择及其代表性也值得质疑;特别是,当文本被当作终结性的产品进行分析时,文本产生和解释的过程往往会被忽略——文本分析忽略了话语参与者对文本的动态分析过程,没有考虑研究文本解释的过程,以及读者和分析者在解释中的作用;另一方面,关于语言与意识形态的关系,CDA 有时过分强调意识形态,因此解释中可能会出现某种"想当然"的假设。

近年来,话语分析领域又衍生出积极话语分析、多模态话语分析、语料库话语分析等方法。理论上,就跨文化交际来说,包括作为文化的主要存在形式的意识形态和作为话语模式的选择潜势的体裁都值得从语篇、话语角度进行考察。而随着技术的发展,语料库手段的成熟还为研究人员在跨文化对话中词汇、语法特征和功能变异方面的使用特点提供了更为有力的工具。无论如何,这些新的话语分析方法在跨文化交际研究中的应用,其关键在于对交际中的话语的语言学特征和话语意义展开反思性的解释,挖掘各自特有的意义生成和解析策略。

五、扎根理论

扎根理论(Grounded Theory 或 Ground Theory)是指在经验资料的基础上建立理论,研究者在研究开始之前一般没有理论假设,直接从实际观察入手,从原始资料中归纳出经验概括,然后上升到理论。"扎根"一词很好说明了该理论的特点。扎根既指植物根系向土壤里生长,也比喻深入到人或事物中去。该方法正是这样一个深入一线现实资料并逐级生长最后建构出理论和概念的过程,也是一个需要不断反思、不断比较、不断归类,并逐步将现实世界中的鲜活的资料转化为具有抽象层次的范畴、维度、概念,直至建立抽象理论的开放性过程。如科尔宾与施特劳斯(Corbin & Strauss, 2012)所言,"扎根理论是归纳推理自它所代表的现象之研究。也就是它被发现、发展和通过系统性资料收集和分析而证明的某一现象存在的理由(如人与人之间的互惠关系)"。

扎根理论方法最早出现在社会学家巴尼·格拉泽(Barney Glaser)和安塞尔

姆·施特劳斯(Anselm Strauss)对医院中的患者的死亡过程的合作研究中。20世纪60年代初之前,美国的医院工作人员很少谈论那些重病患者的死亡状态和死亡过程。这些工作人员意识到这些问题,于是开始观察不同医院环境中的患者的死亡过程,包括患者是何时通过何种手段得到自己生命将至终点的消息,并如何处理这种信息。通过长时间的调研与对话,工作人员充分分析了其思想状态,形成了关于现场分析观察的初步笔记,构建了关于死亡的过程分析,最终建构出一个系统的方法论策略。《扎根理论的发现》(*The Discovery of Grounded Theory*,1967)第一次明确指出了这些策略,提倡在基于数据的研究中发展理论,而不是从已有的理论中演绎可验证性的假设。扎根理论十分重视从大量的原始数据与资料中逐步提纯理论,坚持只有通过对原始资料、数据进行深入的分析才能逐步建构自己的理论框架。这是一个归纳的过程,从下往上将资料不断地进行浓缩(见图6-5)。不同于一般的宏观理论,进行扎根理论的研究人员并不会提前对研究假设进行逻辑推断,而是从资料为基础开始分析;建构出的理论必须能够追溯到其原始材料上,必须要以经验事实的记录为基本依据。这是因为在倡导扎根理论的学者看来,只有从数据与原始资料中产生出的理论才有说服力。如果理论和资料保持一致性与系统性,理论就有了实际的用途,可以用来指导人们具体的生活实践。

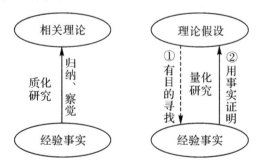

图6-5 扎根理论的研究逻辑(左)及其与其他量化研究(右)比较

研究设计和数据收集,根据陈向明(1999)的研究,基本可分为五个步骤:第一步,收集资料并通过逐级编码的方法,逐步抽象生成概念;第二步,资料和概念的比较、整合,系统地探索与概念相关的理论问题;第三步,建构出理论性的概念理论,厘清与理论之间的关联;第四步,理论性抽样,系统地对资料进行编码;第五步,构建理论,尽量获得概念理论的密度、变异度和高度整合性。其中收集数据进行逐步编码是非常重要的组成部分。如卡麦兹(Charmaz)所言:"编码产生了分析的骨头,理论整合会把这些骨头组成一套可用的骨架。这样编码就不是一个开始了,它形成了一个分析框架,你可以运用这个框架进行分析"。

所谓编码,是将收集到的资料片段通过简短的名称归类、对数据进行不断概括的过程。这个过程需要研究者充分发挥学术智慧,在忠实原始资料的基础上,寻找到具有概括性、代表性的可以命名的现象。按照卡麦兹的观点,根据资料抽象程度的不同,编码的过程可以基本分成四类,这四类可以按照顺序进行,也可以交叉进行。第一类称为"初始编码",即通过挖掘早期数据,寻找能够进一步指导数据收集和分析的观念。在进行编码的过程中,可以逐字逐句进行编码,也可以逐事件进行编码,努力从资料片段上提炼出有突出代表性的行动。第二类称为"聚焦编码",该过程比上一类更加有指向性和概念性,即运用大量数据筛选出最重要、最频繁出现的初始编码,以确定那些能够充分反映数据概况的编码。第三类称为"轴心编码",即把主范畴和次范畴联系起来,使得范畴的属性和维度具体化、精细化,对原始的初级编码进行重新整合,使其更加连贯、有逻辑。第四类称为"理论编码",即在聚焦编码形成范畴的基础上,使范畴之间可能的关系更加具体化,将支离破碎的概念重新聚拢,使之系统化。通过不断的比较和反思,可确定如果一个范畴与其他范畴都存在一定程度的关联,则会产生核心范畴,这些核心范畴就是未来研究报告的中心主题或者核心概念。编码过程也可简略由等级表示出来:一级编码,即文献中作者依据原始资料进行的初步的编码,研究人员需要秉持一种"开放"的态度,尽量摒弃先入为主的个人"偏见"和相关已有研究的定势,并将原始资料的所有信息记录在按照其本身的状态进行编码整理;二级编码,即运用各种手段来确定原始资料的属类,并进行编码;三级编码,即对原始资料进行回顾分析,理论与原始资料一致并且评价间信度高。在编码过程中,首先要真实还原访谈录音,然后开始一级编码,截取访谈信息。其次,依据这些访谈片段中的关键词进行归类,得到新的类属。最后,将得出的几个类属通过先验知识进行归纳,并且从关键词中可以找出知识和网络其他变量、行为之间的联系,从而得出扎根理论与相关结论。这一过程中,也有一个"输入学理"的过程,就是用理论化的概念("理论概念")去照亮眼前的经验事实,用所输入的"学理"化解或解释相关问题、冲突或疑惑,以此接近所要建立的扎根理论(图6-6)。

第六章 跨文化交际研究方法

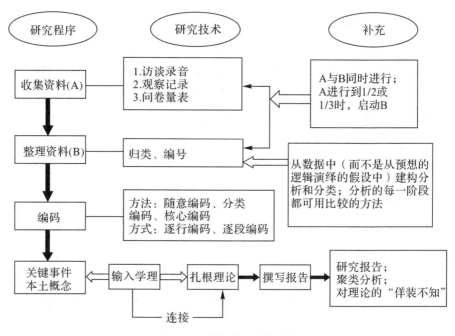

图 6-6 扎根理论实施流程

以下以陈向明(1999)对一些在美国留学的中国学生的跨文化人际交往活动及其意义解释进行的研究为例。她的研究采用扎根理论对资料进行逐步编码。首先,在开放式编码中,他们发现很多受访者使用一些"本土概念",比如"兴趣、愿望、有来有往、有准备、经常、深入、关心别人、照顾别人、管、留面子、丢面子、含蓄、体谅、容忍、公事公办、情感交流、热情、温暖、铁哥们、亲密、回报、游离在外、圈子、不安定、不安全、不知所措、大孩子、低人一等、民族自尊、不舒服"等。接着,在关联式编码中,在上述概念之间找到一些本质上的联系之处,将这些概念在"交往、人情、情感交流、交友、局外人、自尊、变化"这七个主要类属(维度)中相连。在每个主要维度中又都涉及一些相关的子类属,例如,"人情"下面有"关心和照顾别人、体谅和容忍、留面子和含蓄"等;"局外人"下面有"游离在外、圈子、不知所措、不安定、不安全、孤独、想家、自由和自在"等。最后,在所有的类属和类属关系建立之后,在核心式编码的过程中将核心类属定为"文化对自我和人我关系的建构"。通过对框架中的原始资料进行进一步分析,他得出了两个重要结论:一是文化对个体的自我和人我概念,以及人际交往行为具有定向作用;二是跨文化人际交往对个体的自我文化身份具有重新建构的功能。

扎根理论在一定程度上弥补了量化研究过于程式化、主观性差的不足,为理论的建构提供了充足的空间,其灵活性和开放性对于复杂的跨文化交际研究特别有借鉴意义。但需要注意的是,扎根理论也有一些不足,因其十分强调资料的重要性,所以在前期的工作中非常费时费力,需要处理大量的原始资料,如果可用的样本不足,将会带来很大的困难;另外,扎根理论在一定程度上忽视了文献阅读和前期理论储备,这就对刚开始接触该方法的研究者带来一定的困扰。但是,由于扎根理论所具有的理论建构的力量和作为现实资料与宏大理论的桥梁作用,使其一直颇受研究者青睐。

六、认知心理学方法

众所周知,早在 20 世纪 20 年代,美国语言学家萨丕尔(Sapir,1921)提出语言决定论和语言相对论(linguistic relativity and determinism),引发了对语言文化与思维关系的大探讨(intercultural communication paradox);在美国,对语言与文化关系的研究,从 20 世纪 50 年代开始,得到了十分迅速的发展。随着 1959 年霍尔《无声的语言》的出版,跨文化交际学确立了其学科地位。而自 1980 年起,认知语言学、认知心理学从一开始就强调语言、文化、思维三者之间密切相关,离开两者中的任何一个都不能对另外一个进行单独的分析探究,即语言、文化、思维三位一体。而与跨文化交际密切相关的文化与认知更是存在紧密联系:文化无处不在,对人类认知的过程和背景都能带来巨大影响,也能给人本身的认知过程以一定的解释。首先,不同族群的认知风格和认知特点的形成与其文化密切相关。换言之,我们对外在对象的理解会受到价值观、道德观、思维方式等文化环境相关因素的影响,其可能结果之一就是帮助我们形成不同的认知风格。其次,文化影响人的认知过程。认知研究关注的是如何研判人类处理信息的过程,这与计算机这种高度程序化的处理方式不同,人对信息的内部处理很大程度上取决于个人的已有经验、对于信息的选择和对信息意义的理解。当人类收到和处理信息时,大部分时候都不是一种条件反射式的处理,而是一个赋予其意义的过程。在这个过程中,个人的经验和主动性将深刻影响认知结果和反应。基于此,何华(2009)在《新视野下的认知心理学》一书中提出,文化影响认知的具体过程可以从认知选择、组织和解释的三个阶段来理解。其一,文化影响认知选择,影响的因素包括区别性强度及特征、以往的经历和期待、需要和动机等。其二,文化影响认知的组织,包括刺激分类与整合、语言的作用等。最后,文化影响认知的阐释,包括作为认知的参照框架、价值判断等过程。由这些讨论中可见,文化是认知过程的内在

第六章　跨文化交际研究方法

因素,将文化背景加入认知研究的变量中,是认知研究的内在要求;认知心理是文化生成与差异的根源,把认知加入文化(跨文化)研究,也是应有之义。

跨文化认知研究始于人类学的相关研究。人类学最初的研究就涉及不同族群感知的跨文化差异。英国人类学家里弗斯(Lane Fox Rivers)很早就利用"缪勒—莱尔"图形和"水平—垂直"图形对比研究发现,生活在摩雷岛的巴布亚土著与英国人相比并不容易产生"缪勒—莱尔"错觉,但更有可能产生"水平—垂直"错觉。美国心理学家侯德赛(郑雪,1988)在深度知觉的跨文化方面进行了更为深入的实验,他发现南非和加纳居民对三维图形并不能产生有效理解。20世纪80年代,认知人类学还发展出了文化图式(cultural schemata)理论。根据该理论,跨文化交际中的人们在互动时,除了从直接的文本与对话中获得信息外,还会经由文本以外的手段和途径传递和交流信息。其中,最重要的就是文化背景(如历史、风俗、价值观念、宗教等)内容建立起来的图式结构,它是形成交际者先验图式的基础。这种文化图式和先验的语言图式、语言外图式一起在跨文化交际中相互作用,最终对交际的结果产生重要影响。这些研究与认知心理学密切相关,因为二者都旨在探索认知过程的本质,跨文化认知则将这种本质的探索放在了异质文化的互动背景之中。我国心理学家郑雪(1988)所做的相关研究表明智能发展的差异同个体文化背景和某些个性特征有关,而与民族性无关。长期以来,跨文化相关研究已经表明,不同文化环境赋予在其中长大的个体不同的认知过程,而这些独特的认知过程反过来能促进个体更好地适应环境,这为跨文化认知研究提供了理论依据。事实上,跨文化认知研究一直处于方兴未艾的阶段。未来的研究方向可以集中在以下几点:信息加工过程差异的跨文化研究;多种文化测量和文化公平测量;认知风格与认知标准的跨文化研究。以跨文化敏感的研究为例,美国著名学者米尔顿·贝内特(Milton Bennett)正是基于跨文化交际与认知心理的结合提出了跨文化敏感度发展模式(DMIS)。这个模式为研究者了解人们经历文化差异的过程提供了一个新的视角,有助于把握人们是如何从不同的文化角度观察、思考和解释其所在环境及其周围发生的事。这种发展模式体现了处理文化差异的一系列渐进的敏感性,这主要是通过对差异的认知和接受过程的研究而实现的。根据贝内特(Bennett,2017)的研究,该模式共有六大发展阶段,连续经过民族中心主义阶段、民族相对主义阶段、拒绝阶段(孤立策略、隔离策略)、防御阶段(诋毁策略、优越感策略、文化倒置策略)、文化调适阶段、移情阶段、接纳阶段、尊重行为差异阶段、尊重价值观差异阶段、多元文化主义阶段、文化融合阶段等诸多子阶段后,个体获得了更大的理解能力,同时对文化差异有了更为积极的经验,发展文化敏感度就意味着学会认识和处理在感知世界过程中文化与文化之间的根本差异,这就为跨文化交际敏感度提供了更为科学的解释。

心理因素在很大程度上影响跨文化交际的过程,因此在跨文化交际中要特别注意运用一些心理学研究方法。如人们在进行跨文化交际的过程中,潜在的思维定势、文化偏见、民族中心主义等常常会带来不良的心理暗示,最终将很有可能导致跨文化交流失败,这就需要研究者从文化心理的维度加以解析。根据车文博(1979)的观点,20世纪初,科学心理学的奠基者、德国著名心理学家冯特(Wilhelm Wundt)将心理学的研究方法分为两种:一种是实验内省方法,通过观察个体的内心活动和个体的体验,以及分析个体的表述和介绍来研究其心理活动;另一种是民族心理学方法,即将民族文化的基本构成要件,如语言、神话、习俗、法律等资料进行归类和比较分析,来解释人的心理过程,进而揭示社会心理的发展规律。从宏观上来讲,20世纪70年代,霍尔在《超越文化》一书中就提出,人类要走向真正的跨文化交际,必须要"超越文化",而要超越文化,需要将关注的重点放在"无意识文化"上,即那种已经深入到一个国家、民族、群体或者个人深层心理结构的一种文化,这是一种从民族到个人行为系统融合的"隐性文化",恰似一张看不见的网络,把一个民族、社会、群体、个人紧密联系在一起。在他看来,要解构这种"无意识文化",对尊重文化差异进行空虚讲道是远远不够的,关键还要从文化实践中的观念、语境和文化心理表现、文化形象和记忆等方面入手,以此来解开人们的心结。如此一来,心理学的方法在跨文化交际中呈现出一定的优势:使研究直接进入人类精神表现的文化内核层面,呈现出超越文化过程中的基本心理问题。单波(2010)就认识到,从人类学的视野可以把握心理学方法在分析跨文化传播现象方面的特殊价值:要让研究者作为"陌生人"融入某种文化内部,在参与式观察中获得文化交流的特殊心理体验,在日常生活中理解文化的感知与冲突;把通过"深描"(thick description)所获得的对文化结构与历史的理解同人的态度、兴趣、气质、移情作用等心理因素结合起来,形成对文化与传播行为的关系的整体理解。而从微观上来说,在更为具体的跨文化交际问题中,心理学的分析同样十分必要且具有说服力。以隐私(privacy)的研究为例,阿尔特曼(Altman, 1977)认为隐私是人们允许接触某一自我或群体的选择性控制机制,而从心理学维度看,隐私这一个概念与心理环境密切相关,与我们对环境的观察密切相关,它涉及人们如何对待和使用环境因素,以及如何控制和规范与他人的互动。心理环境是指我们对物理环境的看法,以及如何使用物理环境进行观察并产生认知。威廉·伊特尔森(Ittelson,1973)就提出,我们至少从五个层面上与周围环境产生联系:我们对环境有感情;我们适应环境;我们把环境里的现象分类;我们根据特征与关系来组织环境;我们调控环境。隐私就是人这一主体对客体环境的知觉、信仰选择,以及如何利用环境的结果,为我们是否要与他人进行互动、与谁进行互动、在何种特定的时间与他人互动等提供了一个选择机制。

跨文化交际从诞生起就处于质化研究与量化研究、实证与人文的互动与张力之中。中国跨文化交际的研究,由于长期以来系统的方法论讨论缺位和研究者其他辅助性知识的缺乏,一直无法充分运用量化研究的手段、设计和程序进行研究。还应看到的是,同样由于主客观条件的限制,真正意义上深入到位的质化研究依然不多。对于我国跨文化交际现实而言,规范、充分的两类研究都具有重要的理论与现实意义,过分强调各自的优劣并无任何好处,唯有充分研习前文中提到的各种方法,并将其应用到富有我国特色的本土语境和全球化视域下复杂的文化现实,推进我国跨文化交际的研究才不会流于表面。

第七章

跨文化传播研究

第一节 跨文化与传播学概述

一、关于跨文化传播学

跨文化交际学(intercultural communication)是传播学的分支学科,常常也被译为跨文化传播学。本书将跨文化交际学与跨文化传播学区分开来,前几章系统介绍了跨文化交际学的相关理论与研究方法,本章则从跨文化研究的视角来介绍传播学的相关理论与实践研究,主要聚焦于国际传播。

传播学是研究人类传播行为及传播过程的发生、发展规律,以及人与社会关系,研究社会信息系统及运行规律的科学。传播学的研究范围包括传播理论研究、传播模式研究、传播主体研究、传播客体研究、传播载体研究、传播对象研究,以及传播环境研究。传播环境研究既包括对于媒介环境的研究,也包括对社会环境的研究。社会环境现象的研究涉及规范因素、价值因素、经验因素、关系因素,以及社会意识因素,如政治、经济、道德、法制与文化等。社会环境现象具有明显的文化差异性,因而具有跨文化传播的特征。

国际传播是指通过个人、群体、政府和技术,在不同国家和文化之间传递价值观、态度、观点和信息的研究领域。信息的发出者主要是国家、政府组织、非政府组织或跨国传媒机构等。对国际传播的研究必须考虑政治、经济、技术、文化、语言等维度,因而国际传播通常具有跨族群和跨种族的特点,即具有跨文化传播的特征。

跨文化传播学研究的是文化与传播以及它们之间的关系,尤其注重文化对传播的影响,致力于消解文化传播与交流中各种层面的阻碍,同时为跨文化传播行为提供借鉴与对策。有学者将跨文化传播分为跨文化人际传播(intercultural communication)和跨文化国际传播(international communication),这实际上反映了跨文化传播的广义和狭义两个概念。广义概念的跨文化传播包括了国际传播,国际传播实质上就是跨越文化的新闻信息传播,涉及文化背景差异。狭义概念的跨文化传播就是跨文化人际传播,以不同文化背景下的文化主体——个人或族群的相互作用作为研究核心和重点,采用人际传播手段,如跨境旅游、留学、移民等。中国学者将跨文化传播的研究对象界定为来自不同文化背景的个人、组织、国家之间的交流,国际传播就是跨文化传播的内容之一。

学者姜飞、黄廓(2009)对跨文化人际传播和跨文化国际传播进行了比较,认为跨文化人际传播似乎映射着跨文化传播研究的"正统血脉",将文化的宏大话语叙事作为背景,以承载并传达着这个叙事逻辑的文化个体为焦点,相对于跨文化国际传播研究,研究范围和研究对象较小,较为具体。而跨文化国际传播脱胎于跨文化比较研究(cross-cultural communication),研究领域大大拓展,借助媒体进行跨国跨文化传播是其研究的核心和重点。从研究特征来看,跨文化国际传播长于叙事,尤其擅长宏大叙事,探究不同文化背景下的组织、国家之间的相互作用,以及导致这种作用的深层次原因,并对此进行深度剖析。跨文化人际传播则通过个体经历的个案研究,为研究者和听众创造一个小语境,作为个体与"社会""国际社会"接轨的缓冲。

因此,国际传播与跨文化传播有着密切的联系,国际传播的环境明显是在跨文化的领域内进行的,其受众具有不同的文化背景。要强化国际传播的效果,必然要研究不同文化背景下受众的接受习惯和接受心理,跨文化传播的理论为国际传播提供了相应的研究基础。

跨文化传播学是一门利用文化与信息传播的关系,对各种跨文化现象进行归纳分析,探讨不同文化之间信息的沟通、理解与意义建构的科学。跨文化传播是以文化他者为研究对象,以文化和传播为双焦点,融和过程、关系、意义、消费等视点,以新文化主体和新知识的生产为理论目标,以文化对媒介的影响——文化在人、组织、机构、国家等层面的传播过程和规律,媒介对文化的影响——在文化的传播过程中大众传播媒介的基础性和调节性作用为切入点,以实现不同文化之间的理解、合作、共存、共荣为现实目标的一门交叉学科。跨文化传播研究的特殊视角,就是要解除人们固有的文化带来的观念的绝对边界。跨文化传播的研究对象有交际过程,有文化与交际的关系,有传播背后的意义边界,也有文化消费行为。

从传播层面上看,体现的是不同文化的比较、文化与传播关系和传播关系的核心。这些问题的解决是相互交织的,而跨文化传播的根本目的是解决不同文化之间的意义阐释和意义理解问题(姜飞,2011)。

跨文化传播研究探寻的是在不同文化互相对比与互相参照的过程中认识文化的特性,使各种文化都能通过对话而获得新的思想资源。在经济全球化的背景下,跨文化传播更加活跃和频繁。大众媒介在跨文化传播中扮演着重要角色,它在改变传统文化边界、拓展文化空间的过程中,推动跨文化传播的发展,进行文化整合。在这种情况下,大众媒介如何建构具有丰富性、多样性和有序性的跨文化传播,成为一个重要的时代话题。

近些年来,跨文化传播研究面临新的时代背景。全球信息传播技术的突飞猛进、电子网络社区的形成、全球和区域经济组织与跨国公司的崛起、信息技术对军事冲突的控制能力增强、大规模的移民、急速推进的城市化、网络技术和自然语言的结合、全球文化市场扩张、国际品牌的形象认同等,使跨文化传播的紧迫性被凸现出来。全球化趋势与本土化的矛盾,如媒介网络、市场跨度的全球化和形象、意识形态、语言符号的本土化,全球媒介环境对国家政治稳定、社会改革的影响等,都是值得深入探究的问题。在文化层面,如何抵制或消解文化霸权,维护文化多元和民族语言的独立性与纯洁性问题,以及研究民族语言国际化的可能性问题,需要我们进行后殖民时代的文化分析,对西方文化和价值观念的全球扩张保持清醒的认识,并关注现代性和文化认同危机问题。文化认同或文化身份问题随着全球信息传播和人员流动加速而变得十分普遍和深刻,人们正在日益走向一种混合型的、拼接性的、多面性的文化生存。这些问题都呼唤跨文化传播的研究及解决方案。

二、跨文化传播的意义

半个多世纪以来,文化"同质化"主要表现为以美国为代表的西方国家控制着文化输出的主动权,使后发展国家的文化传统面临着巨大的威胁:能表明当地或国家特征和连接当地或国家的文化价值观,在世界全球化过程中面临着"同质化"的危险。文化霸权主义意味着单一化,是对多姿多彩的世界的摧毁,是对丰富个性文化的否定。因而保护文化多样性是不同文化和国家维护自身利益、捍卫和承继自身成就与价值、维护本民族文化的吸引力与影响力,甚至是保持世界相对稳定的必要前提。如果没有文化多样性的存在,异质文化也就丧失了发展动力。不同文化价值的趋同,无法取代不同文化之间固有的诸多差异。社会和谐和国际理解呼唤尊重文化多样性,因为承认"他者"文化的合理性,不仅能够反思自身文化的价值,也为自身文化的发展提供了必要的可能性。多样性观念也昭示人们:人类是相互依存的,每一个人、每一种文化都依赖于整体的福祉;每一种文化都是平等的。只有不同文化间的和谐共存,取长补短,才能保持文化活力,维护世界文化的多样性。

"刻板印象"或"刻板成见"一直被认为是跨文化传播的重要障碍,其深层动因是民族中心主义。由于"刻板印象",跨文化媒介通过放大细节形成和维护对他者的定型,并固化成"媒介定型"的市场逻辑和制度逻辑。这对于我们正确理解大众媒介传播中的"妖魔化"问题有着积极的参考意义。因而,有效的跨文化传播应了解和尊重东道国文化,在"标准化"信息传播过程中,采取适合东道国文化特点的传播内容和传播方式,卓越的传播模式应保持"本土化"传播与"标准化"传播的平衡。

跨文化传播要以"主体间性"和"生活世界"为原则,才能实现文化间的共融共通。"主体间性"是指作为社会主体的个体与个体、个体与群体、个体与社会之间的关系。哈贝马斯(1996)的交往行动理论认为,人与人的交往是个体之间的基本存在方式,经济、政治和文化等各种社会行动的根基在于日常交往,其主要内容也以语言交流等人际交往为主,提倡建立互相理解与沟通的交往理性,最终实现社会和谐。"生活世界"的概念最早由胡塞尔提出,指的是某一生活主体从自身角度体验的世界,是"自然态度中的世界",是唯一实在的、通过知觉实际地被给予、被体验以及能够体验的世界(胡塞尔,1988)。哈贝马斯(1996)则认为,语言与文化是构成"生活世界"的基本要素,交往行动是一个与语言、文化符号世界互动的过程。

第一,"主体间性"作为一种现代人类社会生活的基本特征,是全球化和人类跨文化交往的产物。因此,跨文化传播研究要关注不同文化之间的交往变迁,以及"主体间性"的复杂趋向,用"主体间性"的概念反映和诠释跨文化传播活动,强调以差异、多样性为前提的主体间交往形成的鲜活而具体的社会关系。同时,主体之间在观念、规范、认知及利益等方面的差异,也构成主体间交往互动的条件。主体必须接受交往所需的规范和秩序,在协商、平等对话的基础上展开合作。这无疑对整个人类社会的和解与沟通都具有积极意义,使东西方不同文化交往观念的交融与互补成为可能。

第二,要回归"生活世界",即回到日常生活、意识生活或语言世界之中,从现实生活出发进行思考,解构旧有观念,建立一种奠基于全球社会中不同文化的现实生活的认识论。哈贝马斯(1996)认为,"个体间交往是在'生活世界'中发生的,'生活世界'就是人们要在交往中达到相互理解所必需的共同背景知识。人们已经不再把自我认同局限为我们作为家庭、地域和民族的成员所获得的固定角色。在复杂不定的角色期待中,能够使我们保持不变的是规划个体生活的抽象能力"。"生活世界"应具有的特征为:不断修正动态变迁的传统;把制度要求的合法性转变为使用话语规范;高度抽象的自我认同是认同的基础。

第三,交往理性有助于跨文化交往行为从无序走向有序,形成自由的交往模式和理性的社会秩序。哈贝马斯的"交往行动"指的是:主体之间的涉及人与人的关系的行为;以符号或语言为媒介的相互沟通的行为;以社会规范作为准则的行为。"交往行为"合理化的社会才是人人相互理解、平等、和睦相处的社会,人才能实现"人"的意义,符合"生活世界"全球化的趋势和要求。

由此可见,"主体间性"与"生活世界"原则为人与人之间的相互对话,不同文化、民族之间的相互理解,以及不同国家之间关系的协调提供了基本前提。随着传播技术的发展,在跨越国界和文化的大传播条件下,个体与文化的关系,已经由隐性变成显性,个体与文化之间处于不断的协商和沟通之中。在不断创新的传播技术刺激下,文化的内涵和外延随之不断拓展与变迁。文化主体也在文化的作用下从个体到群体进行着"自我"和"他者"之间的分化,因而在跨文化传播中,"人"的主体性被分解,变成"自我"和"他者","文化"研究被置于与"自我"和"他者"并列的重要地位,从"自我"出发,研究"文化他者"与"文化自我"之间的文化与传播过程和关系。简言之,人际传播的研究是一种"同质文化"间的人际研究,而跨文化传播研究是一种"文化际"或"异质文化"间的传播研究。

三、跨文化传播的特点与功能

基于传播学视角下的跨文化传播具有如下五个特点:

第一,跨文化传播的主体一般是政治组织或大型的跨国媒介集团。由于能够形成一定影响力的跨国境信息传播不是一件容易的事情,因此传统的跨文化传播都是由有实力的媒介机构,如国家、国际机构和企业、公司等主导。随着互联网等新媒体技术的发展,虽然个人也可以通过网络成为跨文化传播的信息发出者,但是如果没有其他国际传播媒体的转播,影响通常有限,因而不是一般意义上的传播主体。因此,从国际信息的正常传播渠道来说,政治组织和跨国媒介集团是跨文化主流传播主体。

第二,跨文化传播的媒介技术要求高。跨境传播需要远距离甚至越洋传播的技术支持,包括运送报纸、书籍、杂志的跨国交通运输工具,电报、越洋电话、海底电讯电缆,以及更先进的激光传真、国际通信卫星、海底光缆等技术。随着高新科技不断发展,跨文化传播更加快捷与方便。

第三,跨文化国际传播的传送方式受到国际规则和各国政策的限制。通过电磁波频谱和卫星轨道等方面的传播,由国际电信联盟(International Telecommunication Union,ITU)制定世界权威标准和分配方案;通过报纸、书籍、杂志、电影的跨境传播,以及卫星电视的异国落地等都受接收国的法律法规和政策制约,广播频率也会受到政策性的干扰;通过互联网的传播,各个国家也有不同限制。这些限制都是基于政治、法律、经济,甚至文化利益的考量,因而各国对跨文化国际传播的开放度不一。

第四,跨文化国际传播的受众具有很强的不确定性。由于文化背景差异,跨文化传播中更容易对传播内容产生误解或分歧。国际传播的受众群体分散,需求多样化,因而需要了解不同受众群体的文化特征,更加讲究针对性。

第五,跨文化国际传播的政治性目的更强。和平时期的跨文化国际传播多以经济交往和文化交流的方式呈现,但是这些经济和文化活动背后都有隐性的政治目的,传播的各方都竭力宣传有利于本国的意识形态。因而跨文化国际传播体现的是国与国之间的竞争,具有重要的战略地位。

总而言之,虽然目前跨文化国际传播在传播主体、传播目的、传播手段等方面呈现多元化发展的趋势,各国对国际传播的限制也逐渐放宽,但是上述的五个主要特征并没有发生根本性的改变,需要在跨文化国际交流中予以重视。

随着国际媒介的不断发展,跨文化传媒的重要性日益凸显,跨文化国际传播的功能也因此大幅增强,主要体现在五个方面:

第一,跨文化国际传播是国家主权独立的象征。国际传播是一种特殊的跨越国界的传播与交流,是在主权国家之间进行的、以国家利益为出发点和落脚点的传播。国家主权在跨文化国际传播方面表现为:对本国信息资源拥有完全的管辖权和对其领土范围内的传播活动拥有完全的管辖权。随着科技的发展,跨文化国际传播使世界各国,尤其是第三世界国家面临着如何维护主权和国家利益的重大课题。因此,发展本国的国际传播,改变当前跨文化国际传播信息流向不平衡的态势,规避不良信息入侵,已经成为第三世界国家追求主权独立的重要手段。因此,我们要做到传播研究与跨文化传播研究相结合,集中研究经济、政治、道德或意识形态上的文化与异质文化比较的标准,特别是研究"创新—扩散"模式,才能促进新的观念和方法有效推广。

第二,跨文化国际传播促进各国人民之间的了解与沟通。在跨文化国际传播中,书籍、报纸、广播、电视、互联网等多种传播渠道相互结合、互为补充,使各种信息在更广的范围内传播和扩散,使人类的知识和信息在很大程度上实现共享,促进了不同文化背景下人们的相互理解,从而减少种族隔阂和文化误读。

第三,国际传播立足于宣扬本国的意识形态。在跨文化国际传播中,各国向外界传播的信息大多符合本国意识形态,为本国的政治、经济、文化利益服务。各国的国际传播都致力于宣传本国的良好形象,加强与其他国家的合作交流,提高本国在国际上的地位。

第四,跨文化国际传播是主权国家施行国际战略的重要手段。在跨文化国际传播中,国家政府组织是主要的信息发出者之一。主权国家借助国际传播报道和宣扬外交活动的成果,依靠跨文化国际传播的反应调整和实施自己的国际战略,通过目的性宣传,对他国受众施加影响,进而引导国际舆论朝着有利于本国的方向发展。

第五,跨文化国际传播是一个国家综合实力的展现。跨文化国际传播不仅是国家对外信息交流的重要渠道,而且是主权国家软实力的重要标志。传播与社会是相互影响的,不发达国家的传播系统一定也是不发达的。跨文化传播与一个国家的政治、经济、文化、生活等方面有着密切的联系,是文化软实力的体现。相对于国内传播而言,跨文化国际传播的传播范围、影响力等,都体现了一个国家的整体实力,包括硬实力和软实力。

四、西方跨文化传播借鉴

就国际经验而言,西方主要国家对外传播的共同特点是:立足本国国情;对文化形象的树立有明确的定位和目标;从国家发展战略的高度来进行长期规划;精心协调与整合各种传播渠道;重视发挥来自民间的智慧和资本的力量。

从美国的对外关系实践来看,美国文化形象的全球传播依赖于自身坚定的文化传统观念,有着清醒的跨文化传播思路和明确的目标指向。美国借助全球化的驱动力,基于现代社会共有的知识起点、思想过程和价值意义来突破不同民族国家的文化和意识形态屏障,并通过多样化的大众文化和公共外交等手段,建立起在全球范围内传播美国形象的对话平台。

1948年,美国政府颁布有关对外宣传与意识形态工作的《美国信息与教育交流法案》(U.S. Information and Educational Exchange Act),指明美国开展对外信息与传播活动的目标。其目的在于:使其他国家更好地理解美国,增加美国人民和其他国家人民之间的相互理解;与其他国家合作,进行人员、知识和技能的交流;提供技术和其他服务,并就教育、艺术和科技领域的发展进行交流。1965年,美国政府出台了《国家艺术与人文事业基金法案》(National Foundation on the Arts and the Humanities Act),创立国家艺术基金会与国家人文基金会,保证文化艺术领域的资金投入。1994年,美国制定了《乌拉圭回合协议法》(Uruguay Round Agreements Act),使美国的知识产权法律系统更加完善。1996年,美国出台了《电信法案》(Telecommunications Act),削弱政府管制限度,促进市场竞争,以保持和增强美国传媒企业在全球范围的竞争力。这些举措对美国文化与信息产业的发展影响深远,也成为促进美国文化形象构建与传播的系统保障。

二战结束后,美国政府将美国文化的对外传播与其海外利益密切关联,建立全球传播的"帝国网络",长期作为美国国家战略体系规划的重要议程。这一网络具有强大的技术、经济实力,并构成了一个"权力金字塔",美国处于占主导地位的"塔尖",塔底则遍布着众多经济落后的新兴独立国家。

2000年7月,美国国家利益委员会(The Commission on America's National Interests)发布《美国国家利益》(America's National Interests)报告,强调"重要的美国国家利益"包括:促进西半球的民主、繁荣和稳定;在战略意义重大的国家中推动多元化、自由和民主;保持全球信息传播中的领先地位,确保美国价值观主动影响其他国家的文化;促进民主制度在世界范围的发展。

"9·11"事件后,美国政府成立了白宫联合信息中心(Coalition Information Center),作为专门负责反恐宣传的应急部门。2002年秋,美国政府成立了国际传播办公室(Office of Global Communications),主要解决"世界憎恨美国"的问题,为赢得世界的好感而努力公关。为了重新定位在伊斯兰世界中的美国形象,美国强化电视和广播在中东地区"舆论战"中的议程设置功能,并建立萨瓦电台(Radio Sawa)取代美国之音的阿拉伯语广播,与半岛电视台等开展宣传竞争。2002年萨瓦电台开播,凭借大众流行音乐与新闻报道滚动播出的形式,迅速吸引了埃及、约旦、卡塔尔、科威特等国的大批年轻听众。

美国对外传播体系的主要特色还包括重视发挥来自民间的智慧和资本的力量。《美国信息与教育交流法案》强调,要最大限度地发挥民间组织的作用,只要民间组织能做好的活动,政府部门就保持不介入。

在半个多世纪以来的对外传播实践中,美国政府与各类民间智库、基金会在经费提供、政策制定甚至人事任命等方面都有密切的合作关系。美国政府在对外决策中往往委托民间智库进行调研并提交政策建议,规模庞大的各类民间基金会在对外交流项目中的投入也成为美国对外传播体系的主要资本力量。总之,学术界、志愿者组织、基金会、私人企业、行业协会等在美国的对外文化传播中发挥着不可替代的作用。

回溯和认识美国跨文化传播学的思想脉络及跨文化传播的发展历程,可以帮助我们更好地辨析上述思想,更清晰地认识我们当下面临的处境。

五、跨文化传播的现实问题

在走向多极化的世界中,科技的进步使国际社会变为信息社会。然而,政治与意识形态方面的斗争,以及经济、文化领域的竞争与渗透,却更加深入、激烈和复杂。跨文化国际传播虽然朝向多元化发展,但由于经济和技术因素的作用,西方国家拥有较强的媒介生产能力,使得国际传播中信息的生产和流通系统出现严重的失衡现象。

第一,传播媒介分布不平等。相较于发达国家,发展中国家在媒介数量和节目数量上存在着巨大的差异。例如,20世纪90年代中期,全世界开办国际卫星电视的国家和地区近20个,有卫星电视台50座,在世界各国各地区传播的卫星电视节目有300多套,其中大约有一半来自美国,另一半的绝大部分来自其他西方国家,发展中国家只占其中很小的份额。

第二,传播技术发展与资源分配不平等。联合国国际传播的主要资源分配采取先到先得的原则,发达国家利用其经济和技术优势抢先瓜分了国际公共资源,导致仅占世界20%人口的发达国家控制了90%的无线电频率。

第三,传播信息流量和流向不平等。发达国家由于在国际传播媒介上占有绝对优势,因而大量国际信息是从发达国家流向发展中国家的。据统计(侯东阳,2012),发达国家拥有世界信息总量的80%,而占世界人口80%的发展中国家却只拥有信息总量的20%。"二战"后,美国国际传播实力不断增强,国际传播空间不断拓展。美国所属传媒集团控制了全球超过90%的新闻生产和75%的视频节目制作,2002年美国占全球3330亿美元网上交易总额的64%;美国音乐制品占全球音乐市场份额的1/3,海外年销售额达到600亿美元。这些统计尚不包括作为美国第三大零售业的旅游业,以及教育和会展业。由此可见,全世界的传媒产品流通处于一种极不平衡的态势。在全世界跨国流通的每 100 本书籍中,就有 85 本是从发达国家流向发展中国家的;在跨国流通的每 100 小时的音像制品中,就有 74 小时的制品是从发达国家和新兴工业国家流向发展中国家的;美国影视产业量只有全球的 5%,市场份额却占了全球的 92.4%;美国公司出产的影片产量只占全球影片产量的 6.7%,却占领全球总放映时间的 50% 以上;美国控制了全球 75% 的电视节目的生产和制作。许多第三世界国家的电视节目有 60%～80% 的栏目内容来自美国,而在美国国内电视中,外国节目的占有率只有 1.2%。

第四,传播内容不平等。发达国家总是以西方价值观去选择事实,对发展中国家的报道基本上都是基于西方价值标准的判断。"泛政治化"是一种缺乏政治理性的行为,它无法达到异质文化之间的理解与互通,妨碍了不同文化之间的正常交流,还常常煽起极端民族主义。因此应当摒弃以"泛政治化"的思维模式来考察国际关系和他国文化的做法,构筑民族的理性主义大厦,以善意、包容和理解的心态积极开展文化交流。

上述不均衡、不公平、不合理的国际传播现状,给跨文化交际传播造成相当大的负面影响。在信息时代,信息作为一种基本资料,对国家的发展起着重要作用,它包含的特定观念、价值和意识形态,对一个国家的政治和文化也会产生重要影响,进而影响国家的软实力。世界信息生产和流通的不平衡与不平等的结构,必须予以重视。信息和传播上的劣势,意味着在国际竞争中的不利地位,意味着信息主导权受到控制和支配。因此,信息主权观念与信息传播全球化、文化主权观念与国际文化交流、政府控制与公民信息权利、发达国家与发展中国家在主权观念等方面存在的诸多矛盾,封闭的、陈旧的信息主权观念已经不适合信息全球化的现实,成为跨文化传播的阻碍因素,因而必须对旧的信息主权观进行批判性审视,树立新的信息主权观念。

第二节 文化霸权与话语权

一、文化霸权

全球化既促进了文化间的交流,也导致文化间单向的不平等传播。跨文化传播研究必须从根本上反思这种交流的不平等及其影响。全球化与本土化、全球化与传播霸权、全球化与文化多样性、强势文化与弱势文化等都是值得深入探讨的问题。基于文化自觉的立场,如何在后殖民主义话语的基础上,培育"文化间性"的理念,以他者文化为参照,思考中西文化互动对中国文化的影响,打破文化霸权主义由西方主导的话语权模式,寻求人类社会发展中的某些普遍性问题的答案和人类的文化共性,是跨文化传播本土研究和理论建构的重要突破口。

跨文化传播离不开"国家"这个重要概念,国家之间、民族之间的权力关系影响着跨文化传播,随着全球化进程的不断加快,不同文化间的交流和冲突更加严重。强势文化在全球的扩张会带来一些弱势文化的萎缩现象,文化霸权正在威胁着世界文化的丰富性和多样性。

文化霸权的概念来源于安东尼奥·葛兰西,他认为文化霸权以经验和意识的形式内化于社会思想中,是一种以掌握权力的社会群体为代表的意识形态(葛兰西,2007)。统治阶级并不是简单地"统治"社会,而是通过道德和知识的领导者积极引导社会,即统治阶级不是通过强制性的暴力措施,而是依赖于大多数成员的自愿认同,将对自己有利的价值观和信仰普遍推行给社会各阶级。

文化霸权与文化帝国主义是两个相通的概念,常用于考察东西方关系,有助于辨析东西方文化之间复杂的支配、抵抗、同谋现象,以及隐藏在表象背后的权力关系。文化帝国主义主要指以美国为首的西方发达国家,利用其强大的文化工业,在大众文化层面上传播消费主义和其他西方倡导的价值观念,对其他国家,特别是第三世界国家进行意识形态渗透和文化控制。传统大众传媒时代,信息技术和文化的国际格局控制权主要集中于发达国家,发展中国家高度依赖进口文化技术及西方国家的新闻、电影、电视娱乐形式等。这些文化形式打着消费主义的旗帜,在西方全球传播工具的作用下,系统地剥夺了发展中国家的文化优先权,以及对本国文化的控制力,或以自主的文化方式进入国际信息领域的能力。

文化帝国主义在传统媒介领域一直处于垄断地位,在纸质传媒、影视、音像方面始终把持着世界市场的最大份额,实现经济利益的同时,也在潜移默化地传播西方的意识形态和价值观。新媒体的产生,并没有打破旧有的文化帝国主义格局,文化帝国主义依然稳稳地占据着新媒体平台。这主要表现在以下三个方面。
1)网络信息垄断。网络上被频频访问的主要是美国等发达国家的网站,发展中国家主要是信息接收方。信息负载文化,信息在网络上的垄断就是文化的垄断,文化帝国主义正在以其强势的文化消解着世界文化的多样性。2)网络文化攻击。

美国等西方国家除了利用其信息优势对发展中国家肆意进行文化浸染外,还通过网络有意识地向发展中国家展开文化攻击。这种文化攻击分为两种,一种是破坏发展中国家的网络文化阵地,另一种是直接诋毁发展中国家的文化价值观念。

3)网络语言霸权。英语是网络上的主导语言。在互联网上,英语内容大约占90%。语言是人类信息交流重要的、基本的载体,语言的形式、类型和结构往往影响着信息内容的传播和接受。互联网上英语信息的霸主地位,使得其中蕴涵的文化意识形态在网络上广为散布。此外,网络用户学习英语的过程本身,也是一个受英语语言文化影响的过程。与此同时,由于语言障碍,广大非英语国家的信息传播范围也会受到影响,导致其在文化交流中处于劣势。

飞利浦森(Phillipson,2000)认为,文化霸权首先源于语言的霸权地位。英语的传播主要凭借世界体系中核心英语国家的强大国力。英美等国之所以不遗余力地推广英语教育,并不是为了促进国际交流,而是为了谋求文化霸权,建构国家间不平等关系。因为语言是文化的载体,语言的认同是文化认同的基础。语言的传播涉及宗教、贸易、民主、习俗等诸多因素,"英语的主导地位建立在英语与其他语言之间结构和文化的不平等之上,并且因两者间的不平等关系不断地被再造而得以确立和维系"(Phillipson,2000)。

文化霸权的概念在历史的进程中被演变为带有强烈政治立场与民族情感的主观批判。西方国家运用文化力量来影响和制约世界事务的战略,文化霸权不仅是一种客观层面的历史演进过程,更是一种主观层面的战略选择。在长达数百年的全球扩张过程中,西方列强在美洲、非洲和亚洲的大部分地区建立起殖民地,西方的生活方式、宗教、教育和技术等也随之来到这些国家,使殖民地人民完全被外来的西方文化所包围,自觉或不自觉地处在西方文化的影响之中。毋庸置疑,一个有文化依赖倾向的国家很难摆脱以美国为中心的西方文化导向作用。

国际体系不仅仅是一种权力结构,也是一种文化结构,国家对外文化关系因而具有两种性质不同而又相互关联的性质:一方面,不同文化之间的交流和沟通是"推动人类文明发展的一种十分重要的历史进程";另一方面,不同文化之间的交流与沟通也是"国际政治中一国政府为达到其外交目的而运用的一种特殊政策工具"。不仅如此,文化观念也在深刻影响和支配着对外决策者的行为,并对国家的对外政策手段、方式和风格产生不同程度的影响。二战以来,西方大国特别是美国以批量生产的大众文化为载体,通过大众传媒在全球范围内广泛传播西方文化,其目的是运用文化霸权对其他国家进行意识形态控制和文化控制。这一政策的目标不在于征服领土和控制经济,而在于控制和征服人心,把其霸权地位建立在比军事征服与经济主宰更为稳固的基础上。在文化霸权主义的引导下,一些国家被吸引或被推动而改变社会制度,主动接受或推广文化霸权国家的价值观和政治结构。

正如保罗·哈里森(1984)在《第三世界》一书中指出:文化霸权主义通过培植当地的买办,将某一社会集团的生活方式和价值观念作为标准,西方国家通过教育、广告、传媒,在第三世界面前树立起参照模式,引导当地人们刻意效仿,使之放弃本民族的文化传统。哈里森(1984)认为,第三世界一味追求西方的生活方式,已使争取发展的努力走上歧途,并迅速地把传统文化元素不论好坏一起抛弃了,文化上的帝国主义不仅征服了受害者的肉体,还征服了他们的心灵,使他们成为唯命是从的帮凶。在全球交往的视域下,文化霸权主义依然具有强大的生命力。虽然传统的殖民时代早已过去,但在世界政治、经济、文化等各领域的交往中,西方世界依然处于主导的中心地位。

正是因为当前跨文化传播中存在各种形态的文化霸权,跨文化传播需要一种积极的文化伦理。各国都需要积极投入到反对文化霸权的跨文化传播之中,包括如何通过国际传播及相关技术来推动本国社会和文化发展;如何在全球化的发展趋势下保护本国文化的独特性与世界文化多样性。其核心理念应该是:各民族或民族文化平等参与世界性对话体系,以跨文化传播为基础建立世界各民族文化共同参与的公共论坛,每种文化都是一个文化主体,有权对全球性议题表明自己的立场。文化主体间不是文化控制或文化支配的关系,因而变革当前跨文化传播中信息单向流动和单一控制下的文化霸权传播体制势在必行,应逐步建立开放、自由、平等、多元的跨文化传播新秩序。同时,资本逻辑下的娱乐性、消费性的跨文化传播模式,应该与知识的、专业的、审美的跨文化传播齐头并进,共同解构文化霸权传播模式,实现跨文化的多样化传播。目前,很多国家都在进行着"反文化霸权"的思潮,拒绝文化霸权主义强加给他们的文化价值,努力伸张自己的文化价值,反映了这些国家在文化主权意识的觉醒与文化上的抗争,表明人们在对于本土文化的推广和传播秩序的批判中谋求新的文化途径的努力。

二、话语权

今天的中国已经走上了和平发展道路,中国与外部世界的跨文化传播实践日益广泛深入,中国经济快速发展和社会加速转型的现实更为跨文化传播学在中国的本土化拓展提供了历史机遇。同时,全球化浪潮的曲折发展,也带来了一系列错综复杂的全球性、现代性问题,文化主权与文化霸权之争、强势文化与弱势文化之争愈演愈烈。21世纪的今天,西方话语仍在国际话语结构中占据着霸权地位,中国在国际话语权的权力份额和权力运用上存在着多种困境,综合实力的崛起并没有使中国的国际话语权得到相应程度的提升,西方国际话语权的强势和霸权地位,仍使中国在国际话语权的现实处境和权力运用方面面临着多重困境。如何摆脱这些困境并提升中国的国际话语权,是中国走向世界过程中的重要课题。面对国际话语权的失衡局面,中国如何处理与国际社会的关系、应对外在世界的质疑和挑战、向国际社会说明自身发展道路的正当性、保障自身的合理权益等,都依赖于自身在国际话语秩序变迁过程中的具体努力,争取与中国的大国地位相适应的、更为主动的国际话语权,是中国应对由西方国家主导的国际体系的长期诉求,攸关中国的国家形象和国家利益。

话语生产是话语意义的生产过程。话语的编码和解码过程,涵盖复杂的社会关系和权力关系,政治、经济、文化层面的资源与权力格局都影响着话语生产。话语能力是对各种话语文本的解读和阐释,而解读和阐释的方式很大程度上反映了话语权的大小。话语会受到内在控制、外在控制和主体控制的影响。文化因素是左右话语生产与控制的重要因素,折射各种话语或文化形态之间的影响、渗透、控制与反控制的复杂局面。国际话语是行为主体在国际交往中呈现的立场、观点和影响力,代表该行为主体的自身利益和承担的国际责任与义务,受到国际社会中政治、军事、经济、文化等各因素的影响。

国际话语权是个内涵丰富的概念,包含了国际行为主体对国际事务的定义权、在全球社会传播或表达与其利益及国际义务相关话语的影响力、对各种国际标准和规则的制订权,以及对重大事件的评议权或裁判权等。国际话语权是软实力的重要组成部分,虽然话语内容往往由国际行为主体的实力及其在国际事务中的地位和影响决定,但国际话语权的大小总体上与软实力的权力分配状况高度正相关,既是世界各个国家和民族的文化在国际文化与传播格局下流动与分配的复杂结果,也受到政治、经济、意识形态等因素的制约。在当前国际格局和权力结构深刻变化的背景下,国际话语权日益重要,特别是伴随着中国的和平崛起,和旧有的国际话语秩序的改变,西方国家为了维护其既得地位,对国际话语权的争夺显得愈发激烈。

支撑国际话语权的要素有很多,关系到政治、经济、文化和社会的方方面面,与之相关的研究领域也很多,跨文化传播研究就是这样一个研究领域。这是因为,跨文化传播与全球社会这个巨大话语场中的各个层次都有着千丝万缕的关联。跨文化传播突破了传统的国家、社会、政治和地理范畴,涉及不同国家、民族和文化之间发生的信息传播与人际交往,以及人类各个文化要素的扩散、渗透和迁移,容纳并呈现了政治、经济、科学、宗教、道德、文学、艺术,以及日常生活等各种话语形式。针对这种民族与民族之间、国家与国家之间必不可少的活动,探究话语和话语权的关系实质,就是"说什么"和"怎么说"的问题,通过跨文化传播及相关领域的研究,可以从话语的生产、控制和能力方面更好地把握这些问题。

跨文化传播不能简单地被看作是"文化侵略",对异质文化的跨文化传播不能采取禁止或围堵的政策,应当充分肯定西方国家政治文明的积极功能。跨文化传播既有可能对国家安全和国家主权构成挑战,又有可能促进东西方文化交流、拓展文化创造的空间。

跨文化传播理论的本土化研究,以西方社会科学体系为参照对象,立足于把握全球化语境中人类社会系统和社会关系的全面图景,从本土视角来修正这一体系的局限性,结合中国社会、文化的基本特征和需求来阐释和评估这些理论的本质特征、特定假设、遵循的特定逻辑、跨文化传播理论能够回答的问题类型,进而从本土应用的视角来确定这些理论的内涵、价值、功能和意义。跨文化传播理论能够深层次地解释和解决本土问题,结合本土经验,界定一系列清晰的概念、理论、方法和分析框架。

中国与外部世界的文化交往、文明对话,以及寻求国际话语权的现实需要,更突出了建设具有本土特色、本土适用性的中国跨文化传播学科体系的重要性。尤其是,近年来围绕中国对外传播和对外交往的实践,发生了许多需要由这一领域直接做出回答的重大议题,比如国际人权争论、环境问题、恐怖袭击等,在这些问题上发出的中国话语,既与寻求国际话语权的努力直接相关,也关系到中国的现代化进程。这些问题拓展了中国跨文化传播研究的研究视阈,如何发展中国的国际话语、提升中国的国际话语权,是一个重大的系统性工程,任重而道远。

保障中国现代化进程的良好国际环境,让中国声音成为世界和平与发展的重要力量,这是争取国际话语权的根本原因。中国跨文化传播研究当前要做的一个重要工作,就是在开放、融合的心态下,加强学科体系建设和科研方法创新,同时,注意借鉴国际学界通用的表述方式和语意语境,针对新的时代条件下的中国实践,提出符合国际学术通约性,亦能符合国际话语环境的中国话语,汇聚和表征中国的努力、思考和期望,进而与相关领域的研究进行"知识整合",共同探索和改进有利于中国话语的生产与控制的途径。

面向展示和提升中国话语的目标,中国的跨文化传播研究应当立足于扎实的工作,逐步积累理性认识、完善基础理论。这一工作的重中之重,就是认真探讨西方跨文化传播理论在中国社会、文化环境中的适用性和局限性,进行细致的、体现本土文化差异的研究,既要接近中国人的文化和心理世界,也要契合中国社会发展的现实和需要,还要有能力接受国际学术共同体的检验。只有这样,才可能搭建一座连接国际学术话语与中国话语之间的"桥梁",真正提高中国跨文化传播研究的学术话语权。在这个意义上,以提升中国国际话语权为目标的跨文化传播研究,应当帮助国际学界增进有关中国社会、文化的理性认识,并使这一学科在中国的发展获得新的意义,并基于与全球社会的现实和学术实践同步的努力,凝聚思想,形成共识,指导相关机构的行为和政策。

这些目标概括起来,就是要以本土化努力提升中国学术的自主性,积极探索国际话语生产、控制的特征及规律,引领中国知识界对国际话语权议题的关注,参与调整、解释和传播中国的国际话语,构建有国际影响力的学术话语体系,积极服务于中国对外传播和对外交往的实践,寻求中国国际话语的自主性和影响力,同时,培养高素质的跨文化传播队伍,加强对外传播平台和传播内容建设,做好跨文化传播的议程设置,通过运用"本土立场、国际表达"的跨文化传播话语方式,积极展示和提升中国话语,在国际话语权争夺的全球场域中争取中国和平发展的广阔空间。

三、软实力

软实力的概念由约瑟夫·奈提出,他把综合国力划分为硬实力(hard power)和软实力(soft power)。硬实力是强制性权力,包括基本资源、军事资源、经济资源和科技资源等,以军事实力和经济实力为典型。软实力则是一种同化性权力,指"常常源于文化和价值观念并在大多情况下被忽略的吸引力",包括有吸引力的文化、政治价值观和政治制度以及被视为合法的或有道义威信的政策等。文化、意识形态和国际制度是软实力的核心要素,一个国家战略意图的实现,有赖于其通过观念的吸引力或确定政治议程来塑造他者倾向的能力,即让他人做你想要他们去做的事情。简言之,软实力是一种通过吸引力而非威逼利诱即可达到目的的能力。这种吸引力源于三个方面:1)该国文化观,作为一国综合实力的体现,文化观在能够对他国产生吸引力和感召力时生效;2)政治价值观,这体现在社会制度、法律、人权、分配等方面,当该国在国内外均能真正践行这些价值时生效;3)外交政策,当其外交政策被视为具有合法性和道德威信时生效(Nye,2004)。目前美国文化对世界的吸引力就代表了美国的软实力,也是一种支持美国国家安全战略的方式。美国的软实力依然强劲,尤其是在美国经济前景尚未明朗、难以维系强有力的军事统治的全球网络联盟中,软实力帮助美国赢得了更多的追随者。对处于现代化进程中的国家而言,其他国家有关软实力乃至世界秩序的话语,对应的是其特有的政治制度和文化形态,需要清醒面对和运用,审慎分析各自的软实力建设语境。

一些中国学者提出了"文化软实力"的概念,将其定义为:民族或国家的传统文化和现代文化所共同具有的、体现鲜明民族精神特质的精神魅力和影响力,涉及政治制度和价值体系、科技与教育实力、文化遗产和文化产品、国民素质与道德水准,也包括知识、体制的创造力和决策、外交等方面的智慧与实践等因素。这一概念将文化软实力看作一国参与国际竞争的手段和工具,包含着国家主流意识形态和基本价值取向,民族或国家以特定的精神魅力参与国际竞争服务。

将软实力的概念贯彻在中国的对外和对内文化政策中,一方面要努力寻求发展中国家的支持,一方面要以意识形态和商业并重的方式提升与文化相关的国家利益。在对外实践中,中国选择的方式应该是在绝大部分时间和绝大部分方面依靠和平的国际交往,依靠"和为贵"的原则,进行和平贸易与国际协商,重视渐进累积性、广泛弥漫性、互利性,力求以最小成本、最少阻力实现双赢。在内部实践中,主要通过国家决策者运用大力发展文化产业等手段,以文化产生的影响力发挥软实力的功用。近年来,中国推行的"文化强国"战略,通过加大对文化产业的投入,培育有实力有竞争力的文化产业,发展文化创意等新兴文化产业,推动文化产品直接进入国际文化市场。这一战略的特点在于把软实力建设作为国家经济转型升级的重要组成,期待就此实现文化与经济社会发展的平衡关系,增进国内的文化自信,增强中国的国际影响力。

在中国的文化软实力建设中,应根据国家的整体战略设计,以及有利于国情和长远利益的文化价值取向与衡量标准,形成独立可行的理论话语,特别要契合实现中华民族伟大复兴的目标,而不单单以吸引力和影响力为主要目标。中国的文化软实力建设任重而道远,因为作为"地方性知识"的中国文化,要成为真正具有全球性影响力的"全球化知识",需要长期的努力。对中国社会的文化建设来说,国家的财富与文化、影响力并不具有完全的正相关关系,文化不仅仅是一种软力量,也是一种基于个人和群体实际生活感受的现实选择,与每一个国民的切身利益、个人追求、生活方式有着千丝万缕的联系,文化产业的发展是一个渐进的累积过程,需要避免短视和急功近利的行为,文化的多元与包容是文化自信的体现。

第三节 中国国家形象的对外传播

一、国家形象

在民主化、信息化、全球化的背景下,国家与国家的关系,乃至人类未来的命运,在很大程度上取决于各国民众对国际社会各个行为主体(国家)的认知判断和情感投射。在国际社会,一个国家是否能够得到国内外民众的普遍认同,其政策目标和施政行为是否能够得到国内外民众的理解和支持,与当事国在国内外民众心目中的形象是分不开的。

国家形象是指特定国家的历史和现状、国家行为、国家的各项活动及其外部影响在国际社会和公众心目中产生的印象、认知和评价。对不同国家的公众而言,获得这些印象、认知和评价,有利于他们理解复杂的国际社会,做出自己的评价和选择。对国家而言,国家形象是在全球场域下国家软实力和硬实力的整体呈现,是全球社会中公共信息传播和国家对外交往实践综合作用的结果。有意识地建构本国形象和解构他国形象,正在被越来越多的国家视为扩大权力和利益博弈的途径。

国家形象是国家在国际社会的口碑,是当事国的物质存在和精神气质在国内外公众心理上的投影与映射,是国内外公众对当事国的历史、现实及其行为趋向的综合评价。在国际关系领域中,国家形象直接影响到国家利益能否得以实现。因为在国内外民众眼中,形象好的国家,大多是经济发达、民众富裕、社会文明、文化繁荣、政治民主、和谐包容、乐善好施、捍卫道义的国家,这些正面的形象表征对其他国家民众而言,是具有影响力、感召力、公信力的,在与其他国家进行竞争时,国家形象积极正面的国家更容易得到国际舆论的同情和支持,而对于本国人民来说,正面的国家形象是其自豪感、归属感、向心力、凝聚力的重要来源。积极正面的国家形象对于国家治理、国际竞争、国家间的交流互动,都是不可或缺的积极因素。

虽然国家形象是一种客观存在,但公众对国家形象的认知来源多种多样,多数情况来源于媒介的塑造。国家形象首先是国家的客观存在，包括土地、人民、政府、军事、经济与文化等，是不以人的意志为转移的客观存在。国家形象也可能源于直接体验，即国内外公众的直接感知，如通过跨文化人际交往认识该国民众，或通过留学、阅读、参观、旅游等方式亲身体验某个国家，从而形成对特定国家的刻板印象。这种印象或感知也会因历史、文化、风俗的差异而千差万别。国家形象还来源于媒体对国家的报道。在极少数的个别场合，我们亲历一些事件，我们会因此而成为某国家相关事件的见证人，从而形成我们对这个国家的印象，但是由于世界广大，在绝大部分场合，我们是通过媒体报道来认识相关国家的，而媒体的相关报道总是有自己的立场、态度与情感投射，并不会是完全客观中立的，因此，通过这样的方式形成的认知，也不会是完全客观的。

国家形象的认知带有主观性。因为它是不同评价主体根据各自的知识、经验和观念进行评价的结果。由于受到社会环境、生活方式、认知结构等条件的制约，即使对于同一国家，不同评价主体眼中也可能会呈现出迥然不同的国家形象。国家形象也是一种具有内在一致性与延续性的文化刻板印象，真实与虚构、知识与想象相互交织，难以厘清。这种虚实交互的形象总是共存于人们的意识中，一经周围环境的联想，便会显现出来。

国家形象的生成，既基于人类的认知本能与交流欲望，也折射出人类的基本价值取向和追求美好生活的梦想。他国如何看待中国，中国如何看待和塑造自我，决定着中国乃至世界的命运。"中国在世界上的地位，特别是美国与中国的关系，与人类的生存关系密切，美国对中国的历史形象的看法，以及美国与中国的互动，亦会帮助或阻碍我们的生存"（Fairbank，1969）。

国家形象研究是一个综合的研究领域，需要不同学科研究者的共同努力。对跨文化传播本土研究而言，系统梳理中国文化的历史过程、内外环境，探究西方有关中国形象的变迁，考察当代中国形象的生产与传播路径，以及中国与外部世界之间跨文化传播的知识与策略等议题，是跨文化传播本土研究能够贡献的力量。由于国家形象对国家的重要意义，自国家这一概念产生以来，各国政治精英和思想家们无不重视国家的形象呈现，希望以理想的国家形象来面对世界。理想的国家形象，不仅可以提升对国内外民众的吸引力、影响力、感召力，同时也是国家软实力的重要表现。

对中国而言，建构与大国地位相适应的国家形象，既是现代化进程的要求，也是决定和平与发展道路的根本问题。要注重塑造我们的国家形象，可以重点展示我们历史底蕴深厚、各民族多元一体、文化多样和谐的文明大国形象,可以重点展示我们政治清明、经济发展、文化繁荣、社会稳定、人民团结、山河秀美的东方大国形象,可以重点展示我们坚持和平发展、促进共同发展、维护国际公平正义、为人类作出贡献的负责任大国形象可以重点展示我们对外更加开放、更加具有亲和力、充满希望、充满活力的社会主义大国形象。

进行跨文化传播的本土研究,就不能离开国家形象研究,这是跨文化研究领域参与社会实践的重要途径。要做好这项工作,首先要考察中国形象的历史衍变,其次是分析那些受各种主观意识影响或被他者塑造的中国形象,最后是对国家文化战略和全球伦理等议题的深刻反思,从而构建出对外传播中的中国国家形象。

二、中国国家形象的嬗变

中国的形象在国际社会认知中历经沉浮,形象多变。在历史长河中,中华文明是世界上唯一延绵不断且延续至今的古老文明,也是积淀和内容最为丰富的文化体。"悠悠两千载,中国人表明自己拥有程度极高且造诣极深的多样化文化价值,拥有控制、协调和管理幅员辽阔而人口众多的国家的能力,拥有有效地把技术开发应用于生产的扩大并管理数倍于19世纪欧洲国家人口的组织天才。中国人过去的生活标准是其他民族根本无法比拟的"(罗兹曼,2010)。

13世纪晚期出版的《马可·波罗游记》,是遥远的欧洲和其他国家对中国国家形象生成的起点。此书不仅创造了西方集体记忆中最早的有关中国的清晰形象,还引发了西方探寻东方宝藏的狂热。至中世纪晚期,对中国社会中政治开明、宗教宽容的"文化乌托邦"的想象,还激发了西方社会被基督教文化压抑的世俗欲望,在一定程度上启发了文艺复兴和早期的启蒙运动。这一时期,中国多数情况下在中西文化交往中处于比较主动的、强势的地位。

17世纪中期到18世纪中期,欧洲各国出现了泛中国崇拜的思潮,从孔子的哲学思想,到瓷器、丝织品、茶叶、漆器,以及中国的装饰风格、园林艺术、诗歌与戏剧等,都成为人们谈论的话题、模仿的对象和创作的灵感来源。中国向欧洲人展示了其梦寐以求的幸福生活。欧洲知识界不仅宣扬中国哲学思想、文学艺术、社会风尚等,还援引中国经验去批判欧洲的宗教狂热和政治制度,主张欧洲应以中国为榜样。中国文化对欧洲的影响远远超过了欧洲文化对中国的影响。这时期的中国无论是在经济方面还是文化方面都处于世界前列,而耶稣教会与传教士对中华文明、儒家文化与典制持有高度的敬意,并将大部分中国古代典籍译为拉丁语或其他欧洲语言,他们所传播的中国思想对欧洲知识界影响深远,并促成了一些重要观念的形成。许多对世界文明影响巨大的欧洲学者都仰慕中国文化,包括莱布尼茨、蒙田、伏尔泰、孟德斯鸠、狄德罗和魁奈等。

18世纪后期,随着启蒙运动的深入,以及科技进步和工业革命的推进,西方开始摆脱对东方国家的崇拜,西方中心主义的观念开始形成。这一阶段,西方殖民主义向全球扩张,近代中国社会开始被动卷入世界化进程中,西学东渐日益强盛,出现西方文化向中国强势传播的局面。在西方,中国的形象逐步变得陈旧、落伍。对于新生文明的认同,通常要建构一个时间与空间上的他者进行对比,一个停滞的异域的中国形象有利于西方人产生对西方现代文化的自我认同,也有利于建构西方中心主义的世界秩序。西方创造出的落后的中国形象,有助于肯定启蒙主义的进步观念和西方逐渐形成的现代文明。

20世纪30年代后,中国坚持反对帝国主义和殖民主义的政治主张,显现出国家建设的新成就。改革开放之后,中国打开国门,经济地位快速崛起,逐步实现与西方世界平等对话。但仍有一些国家,一直利用有关中国的负面议题,持续建构负面的中国形象。中国形象的嬗变与经济利益的角逐、国家权力的分配、历史文化的积淀等因素相互交织,互为作用。

长久以来,中国的国家形象一直受到多重因素的影响,中国形象在国际社会的嬗变,映射出世界历史进程中权力与话语格局的变动态势,中国形象的起落,凸显了中国与外部世界关系的整体变动趋势。一些西方国家眼中的中国形象更多是西方文化实现自我认同的隐喻性表达,是西方文化自身投射的"他者"空间。

三、国家形象的建构

国家形象的产生是基于认知本能和交流欲望的,也折射出人类追寻美好生活的需要。国家形象是多层次的,可表现为文化形象、政治形象、经济形象、外交形象等。其中,文化形象是国家形象的重要构成元素,是判断一个国家的国际影响力的重要标尺。

进入21世纪以来,中国经济快速发展,成为世界第二大经济体,中国国家形象整体向好发展。从建构中国国家形象的层面来看,中国在对外传播和国家形象建设方面投入的资源相当多,从传统媒体到新媒体,在政治、经济、文化和国际关系等领域,基本已建立起覆盖全球的传播体系。国家形象建设与传播的效果已有很大提升。

中国国家形象的构建,需要首先强化中国文化形象的整体性建设,其核心是将什么样的中国文化展示在世界面前。中国形象在国际社会中应当走上主动建构的道路,即利用多样化的文本,在全球社会的多元空间中努力明确文化身份、寻求文化地位,主动建构积极丰富的国家形象。

积极主动地推进中国文化形象的建构,必须明确如下问题:中国发展应建构什么样的国家形象?中国希望国际社会看到和接受的中国文化是什么?在和平与发展成为时代主题的前提下,中国文化形象的建构与传播如何塑造或影响外界对中国形象的认知与评价?如何综合中国文化过去、现在和未来形象,进行有机建构?

"传统中国"形象建构,应注重将传统作为"现代中国"形象建构的思想资源,真实地追问、培育和弘扬适应现代社会的新的文化本位和民族精神。目前国际上的中国形象是由功夫、京剧、瓷器、烹饪、孔子、兵马俑等简单而又散乱的传统符号组成的,影响着整个世界对"传统中国"的认知。这种状况有意无意地迎合了一些西方人基于中国文化定势的期待,符合古老、神秘、充满异国情调的"中国想象"。"传统中国"形象建构的主要任务,就是重新探索和解释传承千年仍具有生命力的中国传统,增强文化自信,包括思想、制度、道德、价值观、审美等丰富的中国优秀传统文化内涵。

"现代中国"的形象建构,应注重推动当代文化创新,努力改善文化生态。"现代中国"的形象要立足于当代中国文化和社会生活,契合中国文化可持续发展的现实,才能获得国际社会的认可和接受。大众文化是"现代中国"形象建构的重要领域,也是中国参与全球文化竞争的切入点。20世纪90年代以来,大众文化在全球文化形态中占据主导地位,是全球文化消费的主要方式。大众文化影响着全球文化传播的范围、内容和速度,成为全球文化的主要内容,甚至推动着世界范围的文化变迁。但是,中国的文化产业发展还处于早期阶段,中国大众文化的吸引力与人民的期望仍有不小差距。面对全球社会文化资本的博弈和竞争局面,中国应当正确理解大众文化生产与传播的规律,通过合理的文化战略,有效利用各种资源,使之在国际社会发挥积极文化影响,实现"现代中国"的形象构建。

"未来中国"的形象建构,需要与时俱进地发展中国文化的理念和价值,寻求中国文化与他国文化在价值、情感、审美和伦理层面的共通，以及中国文化参与实现人类共同利益的路径，逐步确立中国与外部世界的良性互动，并通过提升自身形象的影响力，与各国优秀文化展开广泛而深入的交流，共同构建人类命运共同体。在全球化时代，"未来中国"的形象建构，要立足于现代化的需求及人类文化发展的整体趋势，建立全球本土化视角下的多重文化参照维度，提炼中国文化中具有积极意义的文化要素，并推动这些要素的现代化和世界化。

四、文化形象的对外传播

国家形象的文化建构，涉及文化形象自身的建构，以及如何长期、有效地实现文化形象的对外传播。文化形象无法脱离国际传媒环境的影响，它体现在跨文化交往实践中，也体现在对外传播的文本之中。无论文化资源多么丰富，要实现预期的国家形象建构，必须加强传播手段和传播战略建设。同时，文化形象的对外传播必须考虑全球社会的整体语境。

文化形象的对外传播效果并不完全由国家的整体传播能力决定，它同时也受制于国内各行各业的话语能力。在全球信息传播的格局中，中国对外文化传播面临的使命是：清醒、自觉地面向全球社会，聚合社会各层次的力量，加强对外传播体系建设，以中国文化走向世界为目标，谋求长期的、可持续的影响。面对"传统中国""现代中国"与"未来中国"三个层次的中国形象的整体传播目标，需要社会各界共同努力，建立多层次的国家形象传播体系，传播真实、丰富、可信的中国形象。

在日益全球化的世界中，文化形象对国家利益和国际关系格局的影响越来越突出，忽视文化建设和文化竞争，任何国家都无法成为真正有影响力的国家。对中国而言，文化形象与国家形象的建设，是一个世界大国的文化元气和综合实力的彰显，必须以理性、深沉的努力为后盾。随着经济腾飞，国力强盛，中国的国际地位正在发生着历史性改变，为文化形象的建构与传播提供了重要的机遇——以怎样的形象来面对当今的世界，已成为中华民族伟大复兴道路上面对的重要课题。

必须看到，国家形象是国家的政治、经济、社会、文化等各方面发展的实际展现，并不能仅仅依靠技术层面的公共关系、媒体包装或"形象工程"，需要进行长期的、坚持不懈的努力。文化形象是文化和社会建设的必然结果，不能忽视政治、经济、社会制度的完善，以及核心价值体系的建设。

第四节　中国文化"走出去"研究

一、中国文化"走出去"概述

中国文化"走出去"是中国文化对外传播的热点,中国文化"走出去"是指我国的文化以文化外交、文化贸易及文化交流的形式,向世界传播中国文化符号和价值观念,建立他国民众对中国的文化的认知及价值认同,目的在于使中国文化、中国模式、中国故事走进他国人民的内心世界,走进人类历史的深处,从而增强中华文化的国际影响力和中国的国际话语权,提升中国文化软实力。不同学者、专家目前就中国文化"走出去"进行了较为广泛的研究,内容涉及中国文化走出去的内容模式研究和问题策略研究等。

二、中国文化"走出去"翻译研究

汉语与其他语言存在巨大差异,外国人更好认识和理解中国和中国文化的主要途径便是翻译。尽管不同文化中人们的背景、生活方式、哲学思想、政治制度不同,但作为人类,我们还是有很多共同的信念、希望、情感和需要。超越人类的表面差异,将着眼点集中在人类情感的共性上,正是不同文化的文学作品能够吸引人的根本原因。目前中国文化"走出去"的状况并不理想,既能满足当代人的需求,又有厚重的文化内涵的重量级作品并不多见。其实,文化传播有其规律性,通常弱势文化总会主动学习和借鉴强势文化。文化总是由强势文化向弱势文化译介,而且总是由弱势文化语境里的译者主动地把强势文化译入自己的文化语境。当今的中国文学、文化"走出去"要想取得预期的成功,应当提升对文学、文化的跨语言传播与交流的基本译介规律等方面应有的认知。

中国文化"走出去",首先要解决的重要问题是选择翻译传播什么样的作品,才能更好地代表中国文化。目前主流是以中国优秀文化作品的翻译为主,其中以对中国古典文化作品的翻译占多数,元曲、杂剧的翻译成果卓著。因此,在中国文化走出去的翻译作品选择上,应该选择那些能够诠释中国本土文化与中国经验的、具有普遍价值与人文精神的作品,这样的作品译介出去的接受度或许会相对较好。

因此,在决定代表中国文化"走出去"翻译作品之前,必须对中国文化"走出去"的现状及中国文化影响力进行全球范围的调查与研究,研究前人的译本及其凸显的思想,并将其与国内权威的翻译进行对比,研究这些译本是否符合原意,对中国文化的反应是否正面、恰当。

中国文化"走出去",翻译无疑是重要的。但是,中国文化如果要真正"走出去",仅有翻译是不够的,还要注意除翻译以外的多种因素。因此,必须立足本国需要,传播优秀的传统文化,运用各种媒介弘扬社会主义核心价值观,中国文化才能在国际社会发挥积极、正面且巨大的影响,为人类的和谐发展和共同进步作出贡献。

附录

参考资料

Adler, N. (1986). *International dimensions of organizational behavior*. MA: Kent.

Adler, N. J., & Jelinek, M. (2000). Is "organzation culture" culture bound?. In G. R. Weaver (Ed.), *Culture, communication and conflict: readings in intercultural relations*(2nd ed.). Boston: Pearson.

Altman, I. (1977). Privacy regulation: culturally universal or culturally specific?. *Journal of social issues*. 33(3), 66 – 84.

Andersen, P. A. (1994). Explaining intercultural differences in nonverbal communication. In L. A. Samovar & R. E. Porter (Eds.), *Intercultural communication: A reader*. Belmont, CA: Wadsworth.

Anderson, W. L., & Stageberg, N. C. (1962). *Introductory readings on language*. NY: Heft, Rinehart and Winston, Inc.

Asher, R. E.(1994). *The encyclopedia of language and linguistics* (Vol.4). Oxford, New York, Seoul, Tokyo: Pergarnon Press.

Banton, M. (1965). *Roles: An introduction to the study of social relations*. New York: Basic Books.

Bardhan, N., & Orbe, M. P. (2012). *Identity research and communication: Intercultural reflections and future directions*. MD: Lexington Books.

Basso, K. (1979). *Portraits of "The Whiteman"*. NY: Cambridge University Press.

Basso, K. (1988). Speaking with names: Language and landscape among the Western Apache. *Cultural anthropology*, 3(2).

Befus, C. (1988). A multilevel treatment approach for culture shock experienced by sojourners. *International journal of intercultural relations*, 12.

Bennett, M. J. (2017). Development model of intercultural sensitivity. In Kim, Y, (Ed.), *International encyclopedia of intercultural communication*. Hoboken, NJ: John Wiley & Sons.

Benveniste, E. (1966). *Problems in general linguistics*. M. E. Meek (Trans.). Gables: University of Miami Press.

Berger, C. R., & Calabrese, R. J. (1975). Some explorations in initial interaction and beyond: Toward a developmental theory of interpersonal communication. *Human communication research*, 1(2).

Berry, J. (1990). Psychology of acculturation. In R. Brislin (Ed.), *Applied cross-cultural psychology*. CA: Sage.

Berry, J. (1994). Acculturation and psychological adaptation. In A. Bouvy, F. van de Vijiver, P. Boski, & P. Schmitz (Eds.), *Journeys into cross-cultural psychology*. Lisse, The Netherlands: Swets & Zeitlinger.

Berry, J. (2004). Fundamental psychological processes in intercultural relations. In D. Landis, & J. Bennett (Eds.), *Handbook of intercultural training* (3rd ed.). Thousands Oaks, CA: Sage.

Bewes, T. (1997). *Cynicism and postmodernity*. NY: Verso.

Blaut J. M. (1993). *The colonizer's model of the world*. NY: Guilford Press.

Bloch, B., & Trager, G. L. (1942). *Outline of linguistic analysis*. Baltimore, MD: Linguistic Society of America at the Waverly Press, Inc.

Bloomfield, L. (1942). *Philosophical aspects of language*. In C. F. Hockett (Ed.), *A Leonard bloomfield anthology*. Chicago and London: The University of Chicago Press.

Boas, F. (Ed.). (1911). *Handbook of American Indian languages*. Washington D C: Smithsonian Institution.

Bolinger, D., & Sears, D. A. (1981). *Aspects of language* (3rd ed). New York: Harcourt Bruce Jovanovich Inc.

Burgess, E. (1924). *Introduction to the science of sociology*. Chicago, IL: University of Chicago Press.

Bussmann, H. (1996). *Rutledge dictionary of language linguistics*. G. Trauth, & K. Kazzazi (Trans.). London and New York: Routledge.

Buzzanell, P. M. (1999). Tensions and burdens in employment interviewing processes: Perspectives of non-dominant group members. *Journal of business communication*, 36(2), 143–162.

Carbaugh, D. (2008). Ethnography of communication. In W. Donsbach (Ed.), *The international encyclopedia of communication* (Vol. 4, pp. 1592–1598). Oxford: Wiley Blackwell.

Carrell, J. (1961). *The study of language: A survey of linguistics and related disciplines in America*. Cambridge: Harvard University Press.

CE. (1991). *Collier's encyclopedia* (Vol. 14). New York: Macmillan Educational Company.

Chen, G. M., & Starosta, W. J. (2007). *Foundations of intercultural communication*. Shanghai: Shanghai Foreign Language Education Press.

Chen, Y. W., & Collier, M. J. (2012). Intercultural identity positioning: Interview discourses from two identity-based nonprofit organizations. *Journal of international and intercultural communication*, 5(1).

Chomsky, N. (1957). *Syntactic structure*. The Hague: Mouton & Co. Publishes.

Chomsky, N. (1999). *Powers & prospects: Reflections on human nature and the social order*. Boston, MA: South End Press.

Chouliaraki, L., & Fairclough, N. (1999). *Discourse in late modernity: Rethinking critical discourse analysis*. Edinburgh: Edinburgh University Press.

Collier, M. J. (1997). Cultural identity and intercultural communication. In L. Samovar and R. Porter (Eds.), *Intercultural communication: A reader*. Belmont, CA: Wadsworth.

Collier, M. J. (1998). Researching cultural identity: Reconciling interpretive and post-colonial perspectives. In D. V. Tanno & A. Gonzales (Eds.), *Communication and identity across cultures, international and intercultural communication annual* (Vol. 21). Thousand Oaks, CA: SAGE.

Collier, M. J. (2005). Theorizing cultural identifications: Critical updates and continuing evolution. In W. B. Gudykunst (Eds.), *Theorizing about intercultural communication*. Thousand Oaks, CA: Sage.

Collier, M. J. (2009). Negotiating intercommunity and community group identity positions: Summary discourses from two Northern Ireland intercommunity groups. *Negotiation and conflict management Research*, 2(3).

Collier, M. J., & Thomas, M. (1988). Identity in intercultural communication: An interpretive perspective. In Y. Y. Kim & W. B. Gudykunst (Eds.), *Theories of intercultural communication, international and intercultural communication annual* (Vol. 12). Newbury Park, CA: Sage.

Copi, I. M. (1953). *Introduction to logic*. NY: The Macmillan Company.

Cooley, C. H. (1902). *Human nature and the social order*. NY: Scribner.

Corbin, J., & Strauss, A. (2012). *Basics of qualitative research* (3rd ed.). London: SAGE.

Cornell, S., & Hartman, D. (1998). *Ethnicity and race*. Thousand Oaks, CA: Pine Forge.

Croucher, S. M., Sommier, M., & Rahmani, D. (2015). Intercultural communication: Where we've been, where we're going, issues we face. *Communication research and practice*, 1.

Crystal, D. (1992). *An encyclopedia dictionary of language and linguistics*. Oxford (UK), Cambridge (USA): Blackwell.

Crystal, D. (1997). *The Cambridge encyclopedia of language* (2nd ed.). Cambridge: Cambridge University Press.

Dauzat, A. (1912). *La philosophic du langage*. Paris: Earnest Flammarion.

DeCarlo, A. (2001). Rap therapy: An innovative approach to groupwork with urban adolescents. *Journal of intergroup relations*, 27.

Deutsch, K. W., & Foltz, W. J. (1963). *Nation building*. NY: Atherton.

Denzin, N., & Lincoln, Y. (Ed.). (1998). *Collecting and interpreting qualitative materials*. London: Sage.

Dinneen, F. P. (1967). *An introduction to general linguistics*. New York: Holt, Rinehart and Winston, Inc.

Driedger, L. (1985). Conformity vs. pluralism. In N. Nevitte and A. Kornberg (Eds.), *Minorities and the Canadian state*. Oakville, ON: Mosaic.

EA. (1996). *The encyclopedia Americana* (International Edition). GA: Grolier Inc.

EB. (1997). *Encyclopedia Britannica* (15th ed.). London: Encyclopaedia Britannica Inc.

EL. (1984). *Grand dictionaire encyclopedique larousse* (Tome 6). Paris: Librairie Larousse.

Fairbank, J. (1969). The assignment for the 70's. *The American historical review*. 74 (3).

Fairclough, N. (1995). *Critical discourse analysis*. London & NY: Longman.

Fairclough, N., & Wodak, R. (1997). Critical discourse analysis. In T. Van Dijk (Ed.), *Discourse as social interaction*. London: Sage.

Fairclough, N. (2014). *Language and power*. London & NY: Routledge.

Faulkner, S. L., & Hecht, M. L. (2007). Tides in the ocean: A layered approach to culture and communication. In B. B. Whaley & W. Samter (Eds.), *Explaining communication: Contemporary theories and exemplars*. Mahwah, NY: Lawrence Erlbaum.

First, A., & Lev-Aladgem, S. (2000). *An Israeli community theater as a site of feminine self-image reconstruction*. Paper presented at the annual meeting of the International Communication Association, Acapulco, Mexico.

Firth, R. J. (1937). *Tongues of man*. London: Watts & Co.

Fong, M. (1994a). *Chinese immigrants' interpretations of their intercultural compliment interactions with European-Americans*. Unpublished doctoral dissertation, University of Washington.

Fong, M. (1994b). *Patterns of occurrence of Chinese compliment response types to European American compliments*. Paper presented at the annual meeting of the National Communication Association, New Orleans.

Foucault, M. (1972). *The archaeology of knowledge*. New York: Pantheon Books.

Fox, S., Giles, H., Orbe, M., & Bourhis, R. Y. (2000). Interability communication: Theoretical perspectives. In D. O. Braithwaite & T. L. Thompson (Eds.), *Handbook of communication and people with disabilities: Research and application*. Mahwah, NJ: Lawrence Erlbaum.

Fromkin, V., et al. (1999). *An introduction to language*. Sidney: Harcourt Australia Pty Ltd.

Gates, D. (2003). Learning to play the game: An exploratory study of how African American women and men interact with others in organization. *Electronic journal of communication*, 13(4/5).

Giles, H., Mulac, A., Bradac, J. J., & Johnson, P. (1987). Speech accommodation theory: The first decade and beyond. In M. L. McLaughlin (Ed.), *Communication yearbook 10*. Newbury Park, CA: Sage.

Goffman, E. (1967). *Interaction ritual*. New York: Pantheon.

Goodenough, W. H. (1957). Cultural anthropology and linguistics. In P. L. Garvin (Ed.), *Report of the seventh annual round table meeting in linguistics and language study*. Washington DC: Georgetown University.

Gordon, M. (1964). *Assimilation and American life*. NY: Oxford University Press.

Greer-Williams, N. (2000). *Diversity and organizations: A smooth mixture*. Paper presented at the annual meeting of the National Communication Association, Seattle, WA.

Gudykunst, W. B. (1985). A model of uncertainty reduction in intercultural encounters. *Journal of language and social psychology*. 4 (2).

Gudykunst, W. B. (2004). *Bridging differences: Effective intergroup communication* (4th ed.). CA: Sage Publications.

Gudykunst, W. B. (2014). *Theorizing about intercultural communication*. Shanghai: Shanghai Foreign Language Education Press.

Gudykunst, W. B., & Kim, Y. Y. (2003). *Communicating with strangers*. NY: McGrawHill.

Gullahorn, J., & Gullahorn, J. (1963). An extension of the U-curve hypothesis. *Journal of social issues*. 19 (3).

Halliday, M. A. K., McIntosh, A., & Strevens, P. (1964). *The linguistic sciences and language teaching.* London: Longmans.

Halliday, M. A. K. (1985). *An introduction to functional grammar.* London: Edward Arnold.

Hall, E. T. (1976). *Beyond culture.* NY: Doubleday.

Hall, E. T., & Hall, M. R. (1990). *Understanding cultural differences.* Yarmouth, ME: Intercultural Press.

Hall, S. (1992). The question of cultural identity. In S. Hall, D. Held, A. Mc Grew (Eds.), *Modernity and its futures.* Cambridge: Polity Press in association with the Open University.

Hart, R. P., Carlson, R. E, & Eadie, W. F. (1980). Attitudes toward communication and the assessment of rhetorical sensitivity. *Communication monographs,* 47.

Harter, L. M., Edwards, McClanahan, A., Hopson, M., & Carson-Stern, E. (2003). *Exploring street journals from a co-cultural perspective: The case of Street-Wise.* Paper presented at the annual meeting of the National Communication Association, Miami, FL.

Hartmann, H. R. K., & Stork, F. C. (1972). *Dictionary of language and linguistics.* London: Applied Science publishers.

Harvey, D. (1990). *The condition of postmodernity: An enquiry into the origins of cultural change.* Cambridge, MA: Blackwell.

Haviland, W. A. (1993). *Cultural anthropology.* TX: Harcourt Brace Jovanovich.

Haviland, W. A. (2002). *Cultural anthropology* (10th ed.). South Melbourne (Australia), London: Wadsworth/Thompson Learning, corp.

Haviland, W. A., et al. (2005). *Cultural anthropology: The human challenge* (11th ed.). Belmont, CA: Wadsworth.

Hecht, M. L. (1993). A research odyssey: Towards the development of a communication theory of identity. *Communication monographs,* 60.

Hecht, M. L., Collier, M. J., & Ribeau, S. (1993). *African American communication: Ethnic identity and cultural interpretation*. Thousand Oaks, CA: Sage.

Hecht, M. L., Jackson, R. L., & Ribeau, S. (2003). *African American communication: Ethnic identity and culture* (2nd ed.). NY: Lawrence Erlbaum.

Helms, J. E. (Ed.). (1993). *Black and white racial identity: Theory, research and practice*. Westport, CT: Praeger.

Heuman, A. (2001). *Multiracial/ethnic identity: A co-cultural approach*. Paper presented at the annual meeting of the Central States Communication Association, Cincinnati, OH.

Hjelrnslev, I. (1961). *Prolegomena to a theory of language*. Madison: The University of Wisconsin Press.

Hoebel, E. A., & Frost, E. L. (1976). *Cultural and social anthropology*. NY: McGraw-Hill.

Hofstede, G. (1986). Cultural differences in teaching and learning. *International journal of intercultural relations*, 10(3).

Hofstede, G. (2001). *Culture's consequence: Comparing values, behaviors, institutions, and organizations across nations* (2nd ed.). CA: Sage Publications.

Hofstede, G., Hofstede, G. J. & Minkov, M. (2010). *Cultures and organizations: Software of the mind* (3rd ed.). NY: McGraw-Hill.

Hopson, M. C. (2002). *Playing the game: The value of exploring dialectical tensions and identifying co-cultural communication strategies of black males in predominantly white organizational structures*. Unpublished master's thesis, Western Michigan University, Kalamazoo.

Humboldt, W. V. (1920). On the comparative study of language and its relation to the different periods of language development. In T. Harden, & D. Farrelly (Eds.), *Wilheim von Humboldt: Essays on language*. Berlin: Peter Lang GmbH.

Humboldt, W. V. (1988). On language: The diversity of human languagestructure and its influence on the mental development of mankind. *Language*, 67(4), 843.

Huntington, S. P. (1993). The clash of civilizations. *Foreign affairs*, 72 (3).

Hymes, D. (1964). Introduction: Toward ethnographies of communication. *American arthropologise*, 66(6), 1-34.

Ittelson, W. H. (1973). Environmental perception and contemporary perceptual theory. In W. H. Ittelson (Ed.), *Environment and cognition*. New York: Seminar Press.

James, W. (1890). *The principles of psychology*. New York: H. Holt and Company.

Jespersen, O. (1946). *Mankind, nation and the individual from a linguistic point of view*. London: George Allen & Unwin Ltd.

Kellner, D. (1992). Popular culture and the construction of postmodern identities. In S. Lash & J. Friedman (Eds.), *Modernity and identity*. Cambridge, UK: Blackwell.

Kerblay, B. (1983). *Modern Soviet society*. NY: Pantheon.

Kim, Y. Y. (2014). *Becoming intercultural: An integrative theory of communication and cross-cultural adaptation*. Shanghai: Shanghai Foreign Language Education Press.

Kishishian, F. (2000). Acculturation, communication, and the US mass media: The experience of an Iranian immigrant. *The Howard Journal of Communication*, 11.

Kluckhohn, C. (1949). *Mirror for man*. NY: McGraw-Hill Book Co., Inc.

Kluckhohn, F. R., & Strodtbeck, F. L. (1960). *Variations in value orientations*. NY: Row and Peterson.

Kohls, R. L. (1979). *Survival kit for overseas living*. Chicago, IL: Intercultural Network/SYSTRAN.

Kondo, D. K. (1990). *Crafting selves: Power, gender, and discourses of identity in a Japanese workplace*. IL: University of Chicago Press.

Kramarae, C. (1981). *Women and men speaking*. Rowley, MA: Newbury House.

Kress, G. (1985). *Linguistic processes in sociocultural practice*. Oxford: Oxford University Press.

Lamsam, T. T. (2014). A cultural contacts perspective: Examining American Indian identity negotiations in academia. *Journal of cultural diversity*, 21 (1).

Lapinski, M., & Orbe, M. (2002). *Preliminary evidence for the construct validity and reliability of the co-cultural measurement scales*. Paper presented at the annual meeting of the International Communication Association, Seoul, Korea.

Lewis, M. M. (1936). *Infant speech: A study of the beginnings of language*. London: Kegan Paul.

Lieberban, P. (1998). *Eve spoke: Human language and human evolution*. NY & London: W. W. Norton & Company, Inc.

Lustig, M. W., & Koester, J. (2007). *Intercultural competence: Interpersonal communication across cultures*. Shanghai: Shanghai Foreign Language Education Press.

McArthur, T. (1992). *The Oxford companion to the English language*. Oxford: Oxford University Press.

Malinowsky, B. (1923). The problem of meaning in primitive language. In C. K. Ogden & I. A. Richards (Eds.), *The meaning of meaning: A study of the influence of language upon thought and of the science of symbolism*. London: Routledge & Kegan Paul.

Martin, J. N., Nakayama, T. K., & Flores, L. A. (2002). Identity and intercultural communication. In M. Fong and R. Chuang (Eds.), *Readings in intercultural communication*. Boston: McGraw-Hill.

Martin, J. N., & Nakayama, T. K. (2005). *Experiencing intercultural communication: An introduction* (2nd ed.). Boston: McGraw-Hill.

Martinet, A. (1962). *A functional view of language*. Oxford: Oxford University Press.

Matthews, P. H. (1997). *The concise Oxford dictionary of linguistics*. Oxford: Oxford University Press.

Miura, S. Y. (2001). New identity, new rhetoric: The native Hawaiian quest for independence. *Journal of intergroup relations*, 28(2).

Morgan, L. H. (1871). *Systems of consanguinity and affinity of the human family*. Washington: Smithsonian Institution.

Müller, F. M. (1861). Lectures on the science of language. In Roy Harris (Ed.), *The origin of language*. Bristol: Thoemmes Press.

Nanda, S. (1994). *Cultural anthropology* (5th ed.). Belmont, CA: Wadsworth.

NE. (1975). *The new columbia encyclopaedia* (Vol. 2). W. H. Harris & J. S. Levey (Eds.). NY and London: Columbia University Press.

Noller, P., & Fitzpatrick, M. A. (1993). *Communication in family relationships*. NJ: Prentice Hall.

Nye, J. (2004). *Soft power*. NY: Public Affairs.

Oberg, K. (1960). Cultural shock: Adjustment to new cultural environments. *Practical anthropology*, 7.

OED. (1989). *The Oxford English dictionary* (2nd ed.). Oxford: Clarendres Press.

Olayiwola, R. O. (1989). The impact of Islam on the conduct of Nigerian foreign relations. *Islamic quarterly*.

Orbe, M. (1996). Laying the foundation for co-cultural communication theory: An inductive approach to studying "non-dominant" communication strategies and the factors that influence them. *Communication studies*, 47(3).

Orbe, M. (1997). A co-cultural communication approach to intergroup relations. *Journal of intergroup relations*, 24.

Orbe M. (1998a). Constructing co-cultural theory: An explication of culture, power, and communication. *American communication journal*.

Orbe, M. (1998b). From the standpoint(s) of traditionally muted groups: Explicating a co-cultural communication theoretical model. *Communication theory*.

Orbe, M. (1998c). An "outsider within" perspective to organizational communication: Explicating the communicative practices of co-cultural group members.

Management communication quarterly, 12(2), 230 - 279.

Orbe, M., & Greer, C. M. (2000). *Recognizing the diversity of lived experience: The utility of co-cultural theory in communication and disabilities research*. Paper presented at the annual meeting of the Central States Communication Association, Detroit.

Orbe, M., & Groscurth, C. R. (2004). A co-cultural theoretical analysis of communicating on campus and at home: Exploring the negotiation strategies of first generation college (FGC) students. *Qualitative research reports in communication*, 5.

Orbe, M. (2003). *Community networking as engaged scholarship: Practical applications of communication theory and research methodology in the area of civil rights*. Paper presented at the biennial meeting of the World Communication Association, Haninge, Sweden.

Orbe, M., & Spellers, R. E. (2005). From the margins to the center: Utilizing co-cultural theory in diverse contexts. In W. B. Gudykunst (Ed.), *Theorizing about intercultural communication*. Thousand Oaks, CA: Sage.

Parker, P. (2003). Learning leadership: Communication, resistance, and African American women's executive leadership development. *Electronic journal of communication*, 13(4/5)

Philipsen, G. (1987). The prospect for cultural communication. In D. L. Kincaid (Eds.), *Communication theory: Eastern and western perspectives*. San Diego, CA: Academic Press.

Phillips-Gott, P. C. (1999). *African American communication, organizations, and assimilation: A co-cultural perspective*. Paper presented at the annual meeting of the National Communication Association, Chicago.

Phillipson, R. (2000). *Linguistic imperialism*. Shanghai: Shanghai Foreign Language Education Press.

Phinney, J. S. (1993). A Three-stage model of ethnic identity development in adolescence. In M. E. Bernal and G. P. Knight (Eds.), *Ethnic identity: Formation and transmission among Hispanics and other minorities*. NY: State University of New York Press.

Pinker, S. (1994). *The language instinct*. New York: William Morrow and

Company, Inc.

Potter, S. (1960). *Language in the modern world*. NY: Greenwood Press.

Radcliff-Brown, A. R. (1958). *Method in social anthropology*. Chicago & London: The University of Chicago Press.

Ramirez-Sanchez, R. (2008). Marginalization from within: Expanding co-cultural theory through the experience of the Afro Punk. *Howard journal of communication*, 19(2).

Robins, R. H. (1964). *General linguistics*. London: Longmans, Green and Co. Ltd.

Rokeach, M. (1973). *The nature of human values*. NY: Free Press.

Rousseau, J. (1772). Essai sur l'origine des langues. In Peter H. Salus (Ed.), *On language: Plato to von Humboldt*. New York: Holt, Rinehart and Winston, Inc.

Sam, D., & Berry, J. (2006). *The Cambridge handbook of acculturation psychology*. Cambridge, UK: Cambridge University Press.

Samovar, L. A., Porter, R. E., & Stefani, L. A. (2000). *Communication between cultures*. Beijing: Foreign Language Teaching and Research Press.

Samovar, L. A., & Porter, R. E. (2007). *Intercultural communication: A reader*. Shanghai: Shanghai Foreign Language Education Press.

Samovar, L. A., Porter, R. E., & McDaniel, E. R. (2013). *Communication between cultures* (6th ed.). Beijing: China Renmin University Press.

Samovar, L. A., Porter, R. E., McDaniel, E. R., & Roy, C. S. (2012). Communication between cultures (8th ed.). Boston, MA: Wadsworth.

Sapir, E. (1921). *Language*. New York: Harcourt Bruce & World Inc.

Saussure, F. D. (1922). *Cours de linguistique générale*. Charles Bally and Albert Sechehoye (Eds.). Paris: Payot & Co.

Sayce, A. H. (1880). *Introduction to the science of language*. London: C. Kegan Paul & Co.

Schleicher, A. (1863). *Die Darwinsche theorie und die Sprach wissenschaft*. London: Hotten.

Sewell, E. H. (1999). *Editorial cartooning in the gay press*. Paper presented at the annual meeting of the National Communication Association, Chicago.

Smith, A. D. (1992). National identity and the idea of european unity. *International affairs*, 68(1).

Smith, D. E. (1987). *The everyday world as problematic: A feminist sociology of knowledge*. Boston: Northeastern University Press.

Spellers, R. E., Sanders, F. L., & Orbe, M. P. (2003). *The business of black hair/body politics: A co-cultural analysis of black professional women's aesthetic representations in a contested site of workplace culture*. Paper presented at the annual meeting of the National Communication Association, Miami, FL.

Sweet, H. (1892). *A new English grammar: Logical and historical*. Oxford: Clarendon.

Tajfel, H. (1978). *Differentiation between social groups: Studies in the social psychology of intergroup relations*. London, UK: Academic Press.

Tajfel, H. (1982). Introduction. In H. Tajfel (Ed.), *Social identity and intergroup relations*. Cambridge, UK: Cambridge University Press.

Ting-Toomey, S. (1986). Interpersonal ties in intergroup communication. In W. B. Gudykunst (Ed.), *Intergroup communication*. London: Edward Arnold.

Ting-Toomey, S. (1993). Communication resourcefulness: An identity-negotiation perspective. In R. Wiseman & J. Koester (Eds.), *Intercultural communication competence*. Newbury Park, CA: Sage.

Ting-Toomey, S. (1999). *Communicating across cultures*. NY: The Guilford Press.

Ting-Toomey, S. (2005). Identity negotiation theory: Crossing cultural boundaries. In W. B. Gudykunst (Ed.), *Theorizing about intercultural communication*. Thousand Oaks, CA: Sage.

Ting-Toomey, S. (2013). Managing identity issues in intercultural conflict communication: Developing a multicultural identity attunement lens. In V. Benet-Martinez & Y. Y. Hong (Eds.), *Oxford handbook of multicultural identity*. NY: Oxford University Press.

Thompson, J., & Collier, M. J. (2006). Toward contingent understandings of intersecting identifications among selected U. S. interracial couples: Integrating interpretive and critical views. *Communication quarterly*, 54 (4).

Toomey, A., Dorjee, T., & Ting-Toomey, S. (2013). Bicultural identity negotiation, conflicts, and intergroup communication strategies. *Journal of intercultural communication research*, 42.

Triandis, H. C. (1972). *The analysis of subjective culture*. NY: Wiley.

Triandis, H. C. (1995). *Individualism & collectivism*. Nashville, TN: Westview Press.

Turner, J. C. (1999). Some current issues in research on social identity and self-categorization theories. In N. Ellemers, R. Spears, & B. Dossje (Eds.), *Social identity: Context, commitment, content*. Oxford: Blackwell Publishers.

Vendryes, J. (1925). *Language*. P. R. Kegan (Tran.). London: Paul, Trench, Trubner & Co. Ltd.

Volosinov, Nikolaevč V. (1929). *Marxism and the philosophy of language*. New York, London: Seminar Press.

WD. (1993). *Webster's third new international dictionary*. Springfield, MA: Merriam-Webster Inc.

Weber, M. (1971). Max Weber on race and society. *Social research*, 38, 30—41.

Weiss, G., & Wodak, R. (2003). Introduction: Theory, interdisciplinarity and critical discourse analysis. In G. Weiss, & R. Wodak (Eds.), *Critical discourse analysis: Theory and interdisciplinarity*. Hampshire: Palgrave MacMillan.

Whorf, B. L. (1941). Language, mind, and reality. In J. Caroll (Ed.), *Whorf's language, thought, and reality*. Massachusetts: The MIT Press.

Whitney, W. D. (1875). Nature and origin of language. In Roy Harris (Ed.), *The origin of language*. Bristol, England: Thoemmes Press.

Wilson, G. L., Hantz, A. M., & Hanna, M. S. (1995). *Interpersonal growth through communication. Dubuque, IA: WCB Brown & Benchmark.

Wood, J. T. (1994). *Gendered lives: Communication, gender, and culture*. CA: Wadsworth.

Yep, G. A. (2004). Approaches to cultural identity: Personal notes from an auto-ethnographical journey. In M. Fong & R. Chuang (Eds.), *Communicating ethnic and cultural identity*. Lanham, MD: Rowman & Littlefield.

Zhong, M. (2003). Contemporary social and political movements and their imprints on the Chinese language. In L. Samovar and R. Porter (Eds.), *Intercultural communication: A reader*. Belmont, CA: Wadsworth.

阿拉达日吐.后现代主义视野下跨文化传播学理论建构[D].内蒙古大学,2016.

安德森.菊与刀[M].北京:中国画报出版社,2011.

安德森.想象的共同体:民族主义的起源与散布[M].上海:上海人民出版社,2016.

安维华,钱雪梅.美国与大中东[M].北京:世界知识出版社,2006.

巴比.社会研究方法[M].邱泽奇,译.北京:华夏出版社,2009.

鲍曼.通过社会学去思考[M].高华,等译.北京:社会科学文献出版社,2002.

彼得森.文化智商[M].张小海,等译.北京:法律出版社,2008.

布劳特.殖民者的世界模式[M].谭荣根,译,北京:社会科学文献出版社,2002.

车文博.评冯特心理学的主要哲学基础[J].吉林大学学报(社会科学版),1979(6):59-67.

陈国明.跨文化传播:从术语到学科[N].中国社会科学报,2010-10-07(012).

陈向明.扎根理论的思路和方法[J].教育研究与实验,1999(04).

陈原.社会语言学[M].香港:商务印书馆香港分馆,1984.

戴格勒.一个民族的足迹[M].王尚胜,等译.沈阳:辽宁大学出版社,1991.

戴晓东.跨文化交际理论[M].上海:上海外语教育出版社,2011.

丁杰.皮格特极端交际取向的共文化视阈[J].学术交流,2012(04).

方光焘.一般语言学的对象与任务[M]//王希杰,等.方光焘语言学论文集.南京:江苏教育出版社,1986.

费孝通.中华民族多元一体格局[M].北京:中央民族学院出版社,1989.

冯玮.共文化视角下霍译本《红楼梦》中译者主体性研究[D].东北农业大

学,2015.

高名凯,石安石.语言学概论[M].北京:中华书局,1963.

格尔兹.文化的解释[M].上海:上海人民出版社,1999.

葛兰西.狱中书简[M].田时纲,译.北京:人民出版社,2007.

龚振黔,戴庆中.马克思主义哲学[M].贵阳:贵州教育出版社,1994.

郭继荣,王静,李园园.论中性抽象标示模式在跨文化交际中的作用[J].西安交通大学学报(社会科学版),2011,31(02).

哈贝马斯.交往行动理论:第2卷[M].洪佩郁,译.重庆:重庆出版社,1996.

哈里森.第三世界[M].钟菲,译.北京:新华出版社,1984.

何华.新视野下的认知心理学[M].北京:科学出版社,2009.

何茂春,张冀兵.新丝绸之路经济带的国家战略分析:中国的历史机遇、潜在挑战与应对策略[J].学术前沿,2013(23).

亨廷顿.文明的冲突与世界秩序的重建[M].周琪,等译.北京:新华出版社,1998.

亨廷顿.文明的冲突与世界秩序的重建(修订版)[M].周琪,等译.北京:新华出版社,2018.

侯东阳.国际传播学[M].广州:暨南大学出版社,2012.

胡附,文炼.现代汉语语法探索[M].上海:东方书店,1955.

胡明扬.语言和语言学[M].武汉:湖北教育出版社,1985.

胡塞尔.欧洲科学危机和超验现象学[M].张庆熊,译.上海:上海译文出版社,1988.

胡文仲.跨文化交际学概论[M].北京:外语教学与研究出版社,1999.

胡文仲.论跨文化交际的实证研究[J].外语教学与研究,2005,(05).

黄平,罗红光,许宝强.当代西方社会学、人类学新词典[M].长春:吉林人民出版社,2003.

霍布斯鲍姆.民族与民族主义[M].李金梅,译.上海:上海人民出版社,2000.

贾玉新.跨文化交际学[M].上海:上海外语教育出版社.1997.

姜飞.构建世界传媒新秩序的中国方向[J].中国记者,2011(7).

姜飞,黄廓.对跨文化传播理论两类、四种理论研究分野的廓清尝试[J].新闻与传播研究,2009,(6).

卡斯特.认同的力量[M].北京:社会科学文献出版社,2006.

库兹奈特.如何研究网络人群和社区:网络民族志方法实践指导[M].叶韦明,译.重庆:重庆大学出版社,2016.

李硕,于慧.美国印第安群体和白人群体的交际活动研究:从共文化角度进行探讨

[J].现代商贸工业,2017,(28).

李志远.中国残疾人共文化群体与主流非残疾人文化群体的跨文化非语言交际[D].哈尔滨工程大学,2011.

李志远.中国残疾人共文化形成的文化价值观维度考量[J].边疆经济与文化,2012,(03).

李志远,王丽皓.残疾人共文化群体求学过程中的交际障碍及应对策略[J].哈尔滨学院学报,2010,(09).

梁觉,周帆.跨文化研究方法的回顾及展望[J].心理学报,2010,42,(01).

梁漱溟.中国文化要义[M].上海:学林出版社,1987.

列宁.论民族自决权[M]//列宁文选两卷本:第1卷.北京:人民出版社,1916.

刘继南,周积华,段鹏,等.国际传播与国家形象[M].北京:北京广播学院出版社,2002.

刘伶,等.语言学概要[M].北京:北京师范大学出版社,1984.

刘耘华.清扫通向中国的道路:郝大维和安乐哲的中西比较文化方法论试探[J].文艺理论研究,2013,33(6).

栾岚,王丽皓.中国残疾人问题研究现状及应对策略:基于跨文化交际视角[J].林区教学,2010,(11).

罗兹曼.中国的现代化[M].国家社科基金"比较现代化"课题组,译.南京:江苏人民出版社,2010.

吕叔湘.中国文法要略[M].北京:商务印书馆,1982.

吕叔湘.语言和语言学[M]//吕叔湘语文论集.北京:商务印书馆,1983a.

吕叔湘.通过对比研究语法[M]//吕叔湘语文论集.北京:商务印书馆,1983b.

马林诺夫斯基.科学的文化理论[M].北京:中央民族大学出版社,1999.

尼牙孜,李丹."丝绸之路经济带"的建设基础:人文合作[J].新疆大学学报,2013,06.

倪海曙.中国拼音文字概论[M].北京:时代书报出版社,1948.

潘文国.汉英语对比纲要[M].北京:北京语言文化大学出版社,1997.

潘文国.语言的定义[J].华东师范大学学报(哲学社会科学版),2001,(1).

戚雨村,等.语言学百科词典[M].上海:上海辞书出版社,1993.

萨默瓦,等.文化模式与传播方式跨文化交流集[M].北京:中国传媒大学出版社,2003.

萨默瓦,等.跨文化传播[M].北京:中国人民大学出版社,2004.

参考资料

萨义德.东方学[M].王宇根,译.北京:生活、读书、新知三联书店,2009.

单波.跨文化传播的问题及可能性[M].武汉:武汉大学出版社,2010.

申小龙.中国文化语言学[M].长春:吉林教育出版社,1990.

斯大林.马克思主义与语言学问题[M].中共中央马克思、恩格斯、列宁、斯大林著作编译局,译.北京:人民出版社,1953.

史兴松,单晓晖.近五年SSCI期刊跨文化交际研究方法探析[J].外语教学与研究,2016,48(04).

孙健敏.跨文化心理学的研究方法:问题与反思[C]//第十五届全国心理学学术会议论文摘要集.中国心理学会,2012:2.

孙启耀.老年人共文化群体的文化定势研究——以微博平台上老年人相关发帖为例[J].通化师范学院学报,2019,40(11).

孙淑娟,王丽皓,周薇薇.从不确定规避理论看中国老年人共文化群体的非自信交际取向[J].开封教育学院学报,2018,(6).

孙英春.跨文化传播学[M].北京:北京大学出版社,2015.

田穗文,龙晓明.旅游发展中的跨文化研究[J].经济与社会发展,2003,(7).

王今铮,等.简明语言学词典[M].呼和浩特:内蒙古人民出版社,1984.

王力.中国现代语法[M]//王力文集:第2卷.济南:山东教育出版社,1985.

王丽皓.电影《我们俩》中老年人交际表现分析[J].湖北函授大学学报,2018,31(15).

王铭铭."文化变迁与现代性的思考",民俗研究[J].1998,(1).

王希杰.语言是什么?[M]//王希杰,编.语言学百题.上海:上海教育出版社,1983.

王媛.共文化的理论框架与演进轨迹[J].重庆社会科学,2015,(4).

项蕴华.身份建构研究综述[J].社会科学研究,2009,(5).

辛静,单波.2011年跨文化传播事件评析[J].中国媒体发展研究报告,2013.

徐通锵.语言论:语义型语言的结构原理和研究方法[M].长春:东北师范大学出版社,1997.

徐迅.民族、民族国家和民族主义[M]//李世涛,主编.知识分子的立场.长春:时代文艺出版社,2000.

许烺光.美国人与中国人:两种生活方式比较[M].香港:华夏出版社,1989.

姚小平.洪堡特:人文研究和语言研究[M].北京:外语教学与研究出版社,1995.

叶蜚声,徐通锵.语言学纲要[M].北京:北京大学出版社,1981.

伊萨克斯.美国的中国形象[M].于殿利,等译.北京:时事出版社,1999.

张静.语言简论[M].郑州:河南人民出版社,1985.

张昆.跨文化传播与国家形象建构[M].武汉:武汉大学出版社,2015.

张淑华,李海莹,刘芳.身份认同研究综述[J].心理研究,2012,5(1).

张新,郭继荣,车向前.网络群体交际与冲突的共文化阐释与对策研究[J].情报杂志,2018,(10).

郑雪.海南岛黎汉中小学生智能发展差异性及其根源的跨文化研究[J].心理学报,1988(2).

中美联合编审委员会.简明不列颠百科全书:第9卷[M].北京:中国大百科全书出版社,1986.

周大鸣.现代都市人类学[M].广州:中山大学出版社,1997.

周宁.走向"间性哲学"的跨文化研究[J].社会科学,2007,(10).

周薇薇,王丽皓.从语气标记语视角分析残疾人共文化的形成[J].沈阳农业大学学报(社会科学版),2010,12(06).

周宪.跨文化研究:方法论与观念[J].学术研究,2011,(10).